中国国情调研丛书
乡镇卷
China's national conditions survey Series
Vol. Towns

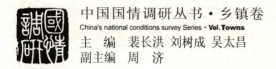

中国国情调研丛书·乡镇卷
China's national conditions survey Series·**Vol. Towns**
主　编　裴长洪　刘树成　吴太昌
副主编　周　济

城乡发展一体化的乡镇实践

——江苏省盐城市盐东镇考察

The Practice of the Integration of Urban and Rural Development

罗仲伟　李新仁　等著

中国社会科学出版社

图书在版编目（CIP）数据

城乡发展一体化的乡镇实践：江苏省盐城市盐东镇
考察／罗仲伟等著．—北京：中国社会科学出版社，
2015.7
ISBN 978-7-5161-6553-9

Ⅰ.①城… Ⅱ.①罗… Ⅲ.①城乡一体化—研究—盐
城市 Ⅳ.①F299.275.33

中国版本图书馆 CIP 数据核字（2015）第 160019 号

出 版 人	赵剑英
责任编辑	冯春凤
责任校对	张爱华
责任印制	张雪娇

出　　　版	中国社会科学出版社
社　　　址	北京鼓楼西大街甲 158 号
邮　　　编	100720
网　　　址	http：//www.csspw.cn
发 行 部	010 - 84083685
门 市 部	010 - 84029450
经　　　销	新华书店及其他书店

印　　　刷	北京君升印刷有限公司
装　　　订	廊坊市广阳区广增装订厂
版　　　次	2015 年 7 月第 1 版
印　　　次	2015 年 7 月第 1 次印刷

开　　　本	710×1000　1/16
印　　　张	21.5
插　　　页	2
字　　　数	298 千字
定　　　价	78.00 元

中国国情调研丛书·企业卷·乡镇卷·村庄卷

总 序

陈 佳 贵

　　为了贯彻党中央的指示，充分发挥中国社会科学院思想库和智囊团作用，进一步推进理论创新，提高哲学社会科学研究水平，2006 年中国社会科学院开始实施"国情调研"项目。

　　改革开放以来，尤其是经历了近 30 年的改革开放进程，我国已经进入了一个新的历史时期，我国的国情发生了很大变化。从经济国情角度看，伴随着市场化改革的深入和工业化进程的推进，我国经济实现了连续近 30 年的高速增长。我国已经具有庞大的经济总量，整体经济实力显著增强，到 2006 年，我国国内生产总值达到了 209407 亿元，约合 2.67 万亿美元，列世界第四位；我国经济结构也得到优化，产业结构不断升级，第一产业产值的比重从 1978 年的 27.9% 下降到 2006 年的 11.8%；第三产业产值的比重从 1978 年的 24.2% 上升到 2006 年的 39.5%；2006 年，我国实际利用外资为 630.21 亿美元，列世界第四位，进出口总额达 1.76 亿美元，列世界第三位；我国人民生活水平不断改善，城市化水平不断提升。2006 年，我国城镇居民家庭人均可支配收入从 1978 年的 343.4 元上升到 11759 元，恩格尔系数从 57.5% 下降到 35.8%，农村居民家庭人均纯收入从 1978 年的 133.6 元上升到 2006 年的 3587元，恩格尔系数从 67.7% 下降到 43%，人口城市化率从 1978年的 17.92% 上升到 2006 年的 43.9% 以上。经济的高速发展，必然引起国情的变化。我们的研究表明，我国的经济国情已经逐渐从一个农业经济大国转变为一个工业经济大国。但是，这只是从总体上对我国经济国情的分析判断，还缺少对我国经济国情变化分析的微观基础。这需要对我国基层单位进行详细的分析研究。实际上，深入基层进行调查研究，坚持理论与实际相结合，由此制定和执行正确的路线方针政策，是我们党领导革命、建设与改革的基本经验和基本工作方法。进行国情调研，也必须深入基层，只有深入基层，才能真正了解我国国情。

为此，中国社会科学院经济学部组织了针对我国企业、乡镇和村庄三类基层单位的国情调研活动。据国家统计局的最近一次普查，到 2005 年年底，我国有国营农场 0.19 万家，国有以及规模以上非国有工业企业 27.18 万家，建筑业企业 5.88 万家；乡政府1.66 万个，镇政府 1.89 万个，村民委员会 64.01 万个。这些基层单位是我国社会经济的细胞，是我国经济运行和社会进步的基础。要真正了解我国国情，必须对这些基层单位的构成要素、体制结构、运行机制以及生存发展状况进行深入的调查研究。

在国情调研的具体组织方面，中国社会科学院经济学部组织的调研由我牵头，第一期安排了三个大的长期分别是"中国企业调研"、"中国乡镇调研"和"中国村庄调研"项目。"中国乡镇调研"由刘树成同志和吴太昌同志具体负责，"中国村庄调研"由张晓山同志和蔡昉同志具体负责，"中国企业调研"由我和黄群慧同志具体负责。第一期项目时间为三年（2006—2008），每个项目至少选择 30 个调研对象。经过一年多的调查研究，这些调研活动已经取得了初步成果，分别形成了《中国国情调研丛书·企业卷》、《中国国情调研丛书·乡镇卷》和《中国国情调研丛书·村庄卷》。今后这三个国情调研项目的调研成果，还会陆续收录到这三卷书中。我们期望，通过《中国国情调研丛书·企业卷》、《中国国情调研丛书·乡镇卷》和《中国国情调研丛书·村庄卷》这三卷书，能够在一定程度上反映和描述在 21 世纪初期工业化、市场化、国际化和信息化的背景下，我国企业、乡镇和村庄的发展变化。

国情调研是一个需要不断进行的过程，以后我们还会在第一期国情调研项目基础上将这三个国情调研项目滚动开展下去，全面持续地反映我国基层单位的发展变化，为国家的科学决策服务，为提高科研水平服务，为社会科学理论创新服务。《中国国情调研丛书·企业卷》、《中国国情调研丛书·乡镇卷》和《中国国情调研丛书·村庄卷》这三卷书也会在此基础上不断丰富和完善。

2007 年 9 月

中国国情调研丛书·乡镇卷

序 言

　　中国社会科学院在 2006 年正式启动了中国国情调研项目。该项目为期 3 年，将于 2008 年结束。经济学部负责该项目的调研分为企业、乡镇和村庄 3 个部分，经济研究所负责具体组织其中乡镇调研的任务，经济学部中的各个研究所都有参与。乡镇调研计划在全国范围内选择 30 个乡镇进行，每年 10 个，在 3 年内全部完成。

　　乡镇作为我国最基层的政府机构和行政区划，在我国社会经济发展中，特别是在城镇化和社会主义新农村建设中起着非常重要的作用，担负着艰巨的任务。通过个案调查，解剖麻雀，管窥蠡测，能够真正掌握乡镇层次的真实情况。乡镇调研可为党和政府在新的历史阶段贯彻城乡统筹发展，实施工业反哺农业、城市支持乡村，建设社会主义新农村提供详细具体的情况和建设性意见，同时达到培养人才，锻炼队伍，推进理论创新和对国情的认识，提高科研人员理论联系实际能力和实事求是学风之目的。我们组织科研力量，经过反复讨论，制定了乡镇调研提纲。在调研提纲中，规定了必须调查的内容和自选调查的内容。必须调查的内容主要有乡镇基本经济发展情况、政府职能变化情况、社会和治安情况三大部分。自选调查内容主要是指根据课题研究需要和客观条件可能进行的各类专题调查。同时，调研提纲还附录了基本统计表。每个调研课题可以参照各自调研对象的具体情况，尽可能多地完成和满足统计表所规定的要求。

　　每个调研的乡镇为一个课题组。对于乡镇调研对象的选择，我们没有特别指定地点。最终确定的调研对象完全是由课题组自己决定的。现在看来，由课题组自行选取调研对象好处很多。第一，所调研的乡镇大都是自己工作或生活过的地方，有的还是自己的家乡。这无形之中节约了人力和财力，降低了调研成本。同时又能够在规定的期限之内，用最经济的支出，完成所担负的任务。第二，在自己熟悉的地方调研，能够很快地深入下去，同当地的父老乡亲打成一片、融为一体。通过相互间无拘束和无顾忌的交流，能够较快地获得真实的第一手材料，为最终调研成果的形成打下良好的基础。第三，便于同当地的有关部门、有关机构和有关人员加强联系，建立互惠共赢的合作关系。还可以在他们的支持和协助下，利用双方各自的优势，共同开展对当地社会经济发展状况的研究。

第一批的乡镇调研活动已经结束，第二批和第三批的调研将如期进行。在第一批乡镇调研成果即将付梓之际，我们要感谢经济学部和院科研局的具体安排落实。同时感谢调研当地的干部和群众，没有他们的鼎力支持和坦诚相助，要想在较短时间内又好又快地完成调研任务几乎没有可能。最后要感谢中国社会科学出版社的领导和编辑人员，没有他们高效和辛勤的劳动，我们所完成的乡镇调研成果就很难在最短的时间内以飨读者。

目　录

导　言

统筹城乡发展，以新型城镇化破解"三农"难题，以农业现代化支撑新型城镇化，是在新的历史条件下，围绕全面深化改革推动经济社会持续健康发展的重要领域和关键环节，是走中国特色新型城镇化道路的必然要求。在 2003 年 10 月召开的中国共产党十六届三中全会上，党中央提出"五个统筹"的思想①，并且将"统筹城乡发展"放在首位。2007 年 10 月，党的十七大首次确定城乡一体化是我国在 21 世纪的重大经济社会发展战略，指出城乡一体化是破解"三农"问题、实现城乡均衡发展的根本性举措。2012 年 11 月，党的十八大报告再次重申"城乡发展一体化是解决'三农'问题的根本途径"。2013 年 11 月，在十八届三中全会通过的《中共中央关于全面深化改革若干重大问题的决定》中，进一步在第六章"健全城乡发展一体化体制机制"中全面阐述了这一重大战略中四个方面的基本任务。

那么，在中国最基层的乡镇一级行政区划中，如何才能充分发挥城镇化的引领作用、工业化的主导作用、农业现代化的基础作用，推动城乡要素平等交换和公共资源均衡配置，以全面贯彻党中央提出的战略任务，积极推进城乡发展一体化进程呢？进入 21 世

---

① 党的十六届三中全会提出"统筹城乡发展、统筹区域发展、统筹经济社会发展、统筹人与自然和谐发展、统筹国内发展和对外开放"的新要求，是以胡锦涛同志为代表的新一届党中央领导集体对发展内涵、发展要义、发展本质的深化和创新，蕴含着全面发展、协调发展、均衡发展、可持续发展和人的全面发展的科学发展观。

纪以来，江苏省盐城市亭湖区盐东镇在不断巩固改革开放成果、继续挖掘乡镇经济发展潜力的基础上，紧紧围绕"城乡统筹发展、一体化发展"这一主题，在产业强镇、镇村建设、乡村治理、民生幸福、生态优美、基层党建、扩权改革等方面进行了有益的尝试。盐东人在探寻经济欠发达地区乡镇一级城乡一体化发展的方向和路径方面，以自己务实创新的实践和令人瞩目的业绩，为人们提供了有借鉴意义的经验和示范。

盐东镇①原为江苏省盐城市射阳县建制镇。作为盐城市推进大市区建设战略的一项重要举措，自 2007 年 8 月 1 日起，原射阳县盐东镇正式划入盐城市亭湖区②。盐东镇由此进入了一个新的历史发展阶段，此前一直处于摸索、尝试过程中的城乡经济社会发展一体化，成为盐东乡镇建设的主旋律。目前，盐东镇是盐城全市唯一入选的江苏省"强镇扩权试点镇"，是盐城市城乡统筹发展试点镇。

盐东镇南靠大丰市，北依射阳县，东临黄海和国家级丹顶鹤自然保护区，西距盐城市市中心 20 千米。在实施江苏沿海开发战略的大背景下，盐东在盐城地区的地理位置日益突出，随着交通条件的巨大改善，交通便捷程度大大提高，盐东开始显现其区位优势。目前，盐城沿海大开发主轴线 331 省道横穿全境，226 省道纵贯南北，西距沿海高速公路出口仅 5 千米，距南洋国际机场和盐城火车站仅 15 千米，距国家一类口岸大丰港 35 千米。截至 2013 年，盐东镇镇域面积 141.95 平方千米，下辖 14 个村（居委会），18372户，56564 人，加上外来人口 7000 余人，总人口近 6.4 万人。

盐东镇镇域成陆的历史并不长，主要由上千年淮河流域河流冲

---

① 经这一次区划调整后，盐城市亭湖区共辖有盐东、南洋、青墩、新兴、永丰、伍佑、步凤、便仓 8 个乡镇，大洋、五星、黄海、文峰、先锋、新洋、毓龙 7 个街道和 1 个省级经济开发区，总面积 850 平方千米，总人口 85 万人。

② 盐东镇电话区号为 0515，邮政区码为 224001，方言为江淮官话，为亚热带季风气候。镇中心至盐城机场 20 千米，距盐城火车站 15 千米，车牌代码为苏 J。

刷淤积形成的盐碱滩涂构成。在短暂的历史上，盐东镇是一个偏僻、荒芜的不毛之地，最初以熬制海盐为业，20 世纪 20 年代才开始土地开垦，植棉种粮，但社会生产力极其低下。资源匮乏、灾害频繁、交通不便、贫穷落后、不宜人居可以说是解放前盐东镇的真实写照。新中国成立后，盐东镇逐步发展成为一个以棉花种植著名的粮、棉、油等传统农作物生产基地。党的十一届三中全会确定实行改革开放以来，盐东镇解放思想，转变观念，勇于进取，敏于抓住经济体制改革过程中发展商品经济乃至市场经济带来的历史机遇，率先突破落后的传统农业生产方式的束缚，围绕农业棉花种植传统积累起来的生产关系和生产要素整合资源，积极主动地发展镇域纺织工业，依靠镇、村集体企业起步，在 20 世纪 90 年代末期逐步奠定一定规模的纺织工业基础，初步形成以东南工业集中区为"龙头"的"一线三点"乡镇工业发展空间格局，成为江苏省的纺织名镇。在乡镇工业的影响下，乡镇生产方式和生活方式都在悄然发生变化，农业产业结构也在乡镇工业的带动下不断得到调整。

　　进入 21 世纪以后，盐东镇坚持以科学发展观统揽全局，紧紧围绕建设社会主义新农村这一目标，坚持以工兴镇、以工强镇为第一方略，以抓党建促发展为第一要务，全镇经济社会事业迈开更大步伐，大规模的新农村建设拉开帷幕，并开始积极探索、尝试城乡一体化发展。盐东镇在正式划归亭湖区后，盐城市亭湖区在进一步做大做强盐东镇现有工业经济的同时，以盐东为"龙头"，依托临近大丰港的优势，加速产业布局向东拓展，构筑临海现代制造业、新型服务业聚集区，在全面融入沿海大开发的进程中，大市区建设迈出重要一步。盐东镇城乡发展一体化进入新的历史阶段。

　　2013 年，预计盐东镇全年实现地区生产总值 21.3 亿元，同比增长 15%；其中规模以上工业增加值 13.6 亿元，同比增长 24%；服务业增加值 2.53 亿元，同比增长 18%。财政总收入达到 1.149 亿元，其中公共财政预算收入 7440 万元，同比增长 29%；同口径实现财政总收入 2.93 亿元，同比增长 33%，其中公共财政预算收入1.56亿元，同比增长30%。工业固定资产投资8.8亿元、服务业投资4.98亿元。注册外资实际到账980万美元。农民年人均纯收入17240元，同比增长16%。新农保覆盖率确保达90%以上，新农合覆盖率达到100%。

工业经济的迅猛发展，实现了盐东由农业大乡向工业强镇的转变。工业集中区形成了东南、李灶、庆丰"一线三点"的格局，产业门类从单一的棉花加工扩大到纺织、制衣、化纤、纺机制造、医药、医疗药械、机电、热电、建材等多个行业，全镇工业企业已发展到200余家，其中投资超亿元项目5个，超千万元项目20个，在建亿元项目5个。永大、大宏2个企业集团固定资产均达7亿元，年销售额均超5亿元，大宏集团还成为国家级农业产业化重点龙头企业。拥有规模较大的轧花企业4家，国家高新技术企业1家，百台以上剑杆织机的织造企业35家，家庭织造业遍及全镇，已形成村村有项目、户户有织机、楼上办公、楼下加工的一道亮丽风景线。园区载体的建设已成为纺织重镇的核心基地和建设江苏纺织重镇的摇篮。全镇产业工人达1.3万人，70%以上的农业劳动力得到了转移。

农业产业结构的调整，推动了全镇设施农业、特色农业和观光农业的高效、集约发展，使农业现代化水平大幅度提高，并建成蛋鸡、生猪、高品质棉、羊角椒、西瓜、蔬菜六大特种特养基地，拥有一批地产农产品品牌，其中羊角椒生产已成为江苏省羊角椒生产第一镇。

早在2008年，盐东镇就实现了农村自来水入户率、广播通响率100%；硬路面、有线电视、宽带网、远程教育网达到村村通、大户通；农村合作医疗保障覆盖率达90%以上；对所有贫困人口均实施了最低生活保障；建成了省级示范敬老院，设立了扶贫济困基金，确保困难群众有饭吃、有衣穿、有学上、有生活保障和法律援助。以东南、李灶、庆丰为代表的3个千户农民新村已经初步建成。盐东正以一个文明富庶、和谐发展的现代农村的崭新面貌展示在世人面前。

盐东镇把招商引资和项目推进作为经济工作的重头戏，通过整合资源和要素，在招商工作上采取有力举措，充分运用土地指标，抓住产业转移契机，招引大项目落户盐东，吸引大客商投资盐东。2008 年成功招引重大项目 12 个，其中，亿元项目 4 个，千万元以上项目 8 个。2009 年成功举办了"4·28 常州·盐城（盐东）合作交流恳谈会"。盐东镇企业不断加快技术改造和新产品的研发，以加快投产达效速度，提高产品的科技含量，抢占市场份额，实现税收回报，培植全镇税收增长的支柱财源。盐东镇还依托东南工业园和李灶集镇建设，加快服务业发展，使之成为全镇税收增长的新亮点，带动劳动力转移的新纽带，进而使税源呈现各业兴起、遍地开花的态势。

"十二五"规划期间，盐东镇按照"产业转型发展、统筹城乡发展、民生优先发展"的工作思路，坚持统筹规划先行，产城互动引领，围绕生态做文章，加快产业融合，致富群众，走出一条建设富裕、生态、文明、美丽的科学发展之路。短短几年，一个统筹城乡、布局合理、功能完善、环境优美、管理有序、经济繁荣、活力四射的现代化生态新城已悄然崛起，一幅统筹城乡发展的美丽画卷正在徐徐展开。

2012 年，亭湖区下发了《关于推进盐东镇行政管理体制改革试点工作的实施意见》，提出借助行政管理体制改革试点工作，依托释放体制改革红利建设盐东的目标定位，明确要求用 3 年时间，将盐东建成规划布局合理、产业特色明显、经济实力雄厚、基础设施完善、生态环境优美、社会和谐发展的知名小城镇。据此，盐东镇将现有行政事业机构调整充实为"一办六局一中心"的新型基层政府架构，通过不断学习借鉴外省、市试点镇权限下放的成功经验，结合镇情实际，主动对接市、区相关部门，承接好涉及产业发展、项目投资、安全生产、环境保护、市场监管、社会管理、民生事业等 17 个区级部门的 56 项行政审批事项和 381 项行政执法类事项的权限下放。

2013 年是盐东镇抢抓机遇,加速新特产业发展的关键之年,更是贯彻落实党的十八大精神、全面加强美丽盐东建设的重要之年。全镇按照"埋头苦干战五年,跻身全市前十强"的总体要求,坚持以"强镇扩权"为最大政策、以"统筹城乡"为最好机遇、以新镇区、新园区、新社区"三新工程"为重要抓手,继续推行工作项目化、项目节点化、节点责任化"三化措施",精心打造"新特产业集聚带、生态旅游新干线、现代农业示范区、统筹城乡样板镇"等四大特色。凝心聚力,攻坚克难,紧张快干,争创一流,为全面建成高水平小康社会、奋力实现科学发展跨越做出积极的贡献。

随着城乡发展一体化的深入,盐东镇的发展目标和乡镇功能也在发生重大变化。2013 年以来,盐东镇分门别类,选择了产业强镇、镇村建设、民生幸福、生态优美、改革创新 5 大类 20 个重点项目,以规划引领统筹城乡发展,聘请国内一流规划设计院,在深入调查研究的基础上,科学编制、修订了全域规划。在最新一版的《盐东镇统筹城乡发展总体规划》中,盐东中心镇区的目标定位是打造沿海大开发前沿节点镇和盐城东郊低碳生态新城。

在功能分区上,突破行政区划的限制。在产业布局上,兼顾三次产业的互动融合,把城乡作为一个有机整体,将每一寸土地都纳入规划的范围,实现集镇、村庄规划全覆盖。在农业规划上,充分考虑新型工业、观光旅游和现代服务业的发展。在工业规划上,综合考虑原材料、劳动力及生态环境因素,与现代农业发展布局相衔接。在现代服务业规划上,充分结合现代农业和新型工业的分布和特点,突出配套功能。

通过科学规划,老镇展新貌。东南纺织产业集中区、驿龙湾生态区、千鹤湾国际老年养生区、盐东新镇区、盐东科技产业园区以及现代农业产业园区"六大板块"使工业集中区、公共服务区、商贸物流区、居民生活区和谐地构建成一个新型集镇。

　　小城镇的发展，同样要以产业为支撑，防止"空心化"；反之产业的发展，也要以城镇为依托，防止"孤岛化"。因而统筹城乡发展，必须坚持以产兴城，产城互动，以产业发展带动城镇建设，以城镇建设推动产业升级。而新镇区、新园区、新社区"三新工程"则是盐东镇推动城乡一体化的有效途径。

　　在新镇区建设上，盐东镇以《盐东镇统筹城乡发展总体规划》《村庄规划》为引领，分老镇区、社会事业项目区、千鹤湾项目区、行政中心及辐射区等四大区域。

　　在新园区建设方面，为彻底改善镇域发展工业初期"家家点火、户户冒烟"带来的环境恶化、效益低下的现实状况，盐东镇果断实施企业向工业园区集中的发展战略，推进新镇区、新园区、新社区的有机统一与和谐并进。按照"企业向园区集中、人口向城镇集聚、城镇配套服务产业"的发展思路，围绕做特做优纺织产业、做大做强建材产业、做新做精机电产业目标，力求在项目攻坚上取得新进展。随着一批特色产业的迅速落户，专业园区的集聚效应日益凸显。

　　在新社区建设上，盐东镇继续加大新农村民生工程实施力度，不断改善镇村生产生活环境，采用"镇村联动＋主动配合"模式，解决居民饮用水、天然气等问题。同时，按照"一楼五室两超市一广场"的标准启动一些村居综合服务中心的建设升级，这将为壮大集体经济实力、创新社会管理、构建和谐新农村创造更加优越的社会环境。

　　如今，盐东的形象在"三新工程"项目中不断推进，正发生着日新月异的变化，产业在这里落户，新城在这里拓展。

　　2013年，盐东重点打造由226省道生态走廊建设工程、临海高等级公路生态走廊建设工程、331省道生态走廊提升工程等构筑而成的"两纵一横"的三大绿色生态走廊，综合三条生态长廊面积达到万亩以上……在推进统筹城乡发展的过程中，盐东镇不断谋划并完善着城乡发展一体化的"盐东方案"，不断实践并探索着统筹城乡的"盐东样本"。

盐东镇的跨越发展,赢得了上级领导和各界人士的关注,也为自己赢得了极大的荣誉,早在2002年中共盐城市委就发出全市乡镇学盐东的号召;随后时任省委书记李源潮于2003年和2005年两次视察了盐东镇,并提出要把盐东镇东南村建成"苏北华西"的殷切期望。盐东镇先后获得了"江苏省先进基层党组织""江苏省棉纺名镇""江苏省文明乡镇"等光荣称号。目前正在积极创建国家级生态镇。

"千帆竞过浪潮涌,策马扬鞭疾奋蹄。"在新的历史发展阶段,站在新的起点上,盐东镇正以党的十八大和十八届三中全会精神为指引,瞄准全面实现盐东城乡经济社会发展一体化的伟大目标,以更加澎湃的激情抒写绚烂的华章,以更加铿锵的足音迈向新的征程。

专栏导—1

在盐城市亭湖区盐东镇政府网站开通时的致辞

在这春回大地,万物复苏的美好季节里,盐城市亭湖区盐东镇人民政府网(www.ycthyd.gov.cn)正式与您见面了,在此,我谨代表盐东镇党委、政府和全镇6万人民向关心支持盐东三个文明建设的各级领导和社会各界人士表示衷心的感谢!同时竭诚地邀请各界朋友经常性地点击和光临我们盐东政府网,为盐东经济社会发展多提宝贵的建议和意见!

盐东镇区位优势得天独厚。盐东镇地处黄海之滨,西倚盐城大市区,东邻国家级丹顶鹤珍禽自然保护区。盐城沿海大开发主轴线331省道横穿全境,226省道纵贯南北,西距沿海高速出口仅5千米,距南洋国际机场和盐城火车站仅15千米,距国家一类口岸大丰港35千米。盐东镇目前下辖14个行政村(居),地域面积142平方千米,耕地面积10万亩,人口5.8万人。

盐东镇综合实力不断增强。近年来,我们坚持实施"项目立镇、财政强镇、特色兴镇"三大战略,在区域发展中抢得了先机,赢得了主动,全镇工业化、城镇化步伐明显加快,经济社会步入了和谐发展、快速发展的快车道。2009年，地区生产总值突破20亿元，财政收入每年以35%以上的幅度增长，农民人均纯收入已突破9000元。综合实力已跃升至全市30强行列，正阔步向全市15强迈进。

盐东镇工业经济突飞猛进。主体经济对全镇财政贡献份额已超过80%。全镇拥有工业企业近200家，其中规模以上企业32家，销售过亿元的企业3家，纳税超100万元的企业15家。依托丰富的优质棉花生产基地，盐东的工业起步于纺织业。目前，已形成以纺织机械制造、轧花、纺纱、织布、制衣为主的龙形纺织产业链条。拥有1个国家级农业产业化重点龙头企业——大宏纺织集团，1个省级民营企业集团——永大纺织集团。纺机产业声名鹊起，远销巴基斯坦、越南、土耳其等国；"永系方"牌棉纱为国内知名品牌，市场份额也在不断扩大。2003年，盐东镇被授予"江苏棉纺名镇"称号。在培壮育强纺织业的同时，盐东镇也注重其他产业的引进和培植，环保能源、机械装备、医疗药械、绿色食品等项目也相继落户，并形成多业并进的喜人局面。

盐东镇载体建设日趋完善。在以工兴镇进程中，盐东镇始终坚持项目集中、土地集约、产业集群的发展理念，高起点规划、高标准建设工业集中区。目前建成的东南工业集中区占地10平方千米，建成区4平方千米，园区基础配套全面达到"四通一平"和A类园区标准，吸引了广东、福建、上海、浙江、黑龙江、河北、苏南及日本、德国等国内外客商前来落户投资，进园企业近百家，园区曾获"省级示范工业小区"称号。目前，我们正紧紧抓住区划调整和331省道扩建契机，紧依盐城市环保产业园，规划建设盐东新的工业集中区——盐东科技工业园，总体规划10平方千米，一期开发2.8平方千米，建成后，将成为盐东工业发展新的增长极。

盐东镇市场化农业亮点纷呈。高效农业面积比重已接近50%，钢架大棚、日光温室大棚、连栋大棚等设施农业正如火如荼地推进。全镇建成高效农业示范基地32个。全区唯一一家集绿色蔬菜种植、绿化苗木栽培、旅游观光休闲于一体的高效农业示范园坐落在盐东镇境内，目前已建成 3000 亩启动区，6000 亩核心区也已初步成形，总规划面积达 46000 亩。全镇优质棉种植面积达 8 万亩，优质啤酒大麦种植面积 6.5 万亩；羊角椒、西（甜）瓜、绿色蔬菜等种植面积已达 7 万亩。养殖业发展也蒸蒸日上，全镇拥有规模鸡场 146 个，蛋鸡饲养总量接通 300 万羽；百头规模猪场 68 个，年出栏生猪 8.5 万头。

盐东镇集镇建设日新月异。新型工业化、农业高效化的快速发展，加快了盐东镇城镇化建设步伐，带动了三产服务业繁荣，形成了李灶和东南两个集镇竞相发展的态势。集镇规划建设面积已超过 10 平方千米，集聚人口达 3 万人，城镇化率达 50% 以上。主次集镇的街道全部实现了硬化、绿化和美化，城镇绿化率达 28%。集镇餐饮娱乐、商贸流通、文化休闲、公共服务等三产服务配套完善。

盐东镇发展前景十分广阔。随着江苏沿海开发上升为国家战略，盐城市大市区东向出海、江苏盐城环保产业园建设正在紧锣密鼓地推进当中，盐东镇正处于盐城沿海开发战略的前沿区域，大市区东进必将为盐东插上腾飞的翅膀。我们也将紧紧抓住这个历史性机遇，同时主动承接盐城环保产业园、华东农副产品交易市场的辐射，全力打造在一定区域范围内极具影响力的纺织产业、机械制造产业、高效农业和生态旅游四大产业基地。

盐东镇充满激情。我们深知，盐东未来的发展，需要更多有卓远见识的仁人志士的加盟指导、宣传推荐。我们非常愿意与社会各界人士保持着密切的接触、真诚的交流和友好的合作。我们也一直致力营造"投资者是上帝，引资者为功臣"的招商引资软环境，出台了一系列优惠政策，尽可能让客商享受较低的商务成本；建立了便捷周到的服务体系，让客商享受全方位、全天候、保姆式的服务氛围。让每一个落户盐东的企业一本万利，让每一位投资盐东的客商心情舒畅！

　　盐东新一轮的开放开发热潮正在涌动，我们盐东 6 万人民热忱欢迎各界人士到盐东考察指导，到盐东投资兴业，到盐东一展雄姿！

中共盐城市亭湖区盐东镇委员会书记　李新仁

2010 年 3 月 19 日

第一章

镇情概述

盐东镇地处大丰、射阳、亭湖三市县区交界,省道331、226纵横贯穿全境,西邻盐城市区、东接国家级丹顶鹤自然保护区,紧靠沿海高速、盐城机场、新长铁路,区位优势明显,交通十分便捷。进入21世纪以来,盐东镇紧紧围绕"项目立镇、特色兴镇、财政强镇"的发展战略,倾力打造以纺织业为龙头的集纺机、胶棍、热电、轧花、棉纺、织造、浆染、化纤、针织、服装为一体的龙形产业格局,此后医药、食品、能源、机电、环保、建材等产业也发展起来,工业企业达200余家,产业园区初具规模。随着农业产业结构调整,特色农业、观光农业、都市农业和设施农业等现代高效农业建设全面启动,农业组织化程度大大提高,集绿色蔬菜种植、绿化苗木栽培、旅游观光休闲于一体的高效农业示范园初步建成。乡村基础设施配套日趋完备,社会事业建设方兴未艾,生态环境保护深入人心,农(居)民文明素养逐步提高。城镇化的突飞猛进,同时带动了服务业的繁荣,形成了李灶和东南两个集镇竞相发展的态势。

盐东镇在乡镇一级实施城乡统筹乃至城乡发展一体化方面勇于探索、大胆实践,取得了一些成绩,积累了宝贵的经验。尤其是盐东镇地处苏北欠发达地区,其城乡发展一体化实践和经验就具有更为广泛的现实意义和示范意义。2003年和2005年,时任江苏省委书记的李源潮同志先后两次来盐东镇视察，并提出要把盐东镇东南村建设成"苏北华西"的殷切希望。6 万盐东人正以饱满的热情、蓬勃的朝气、拼搏的精神，为建设一个文明富庶、和谐发展、美丽宜居的社会主义新型城镇而努力奋斗。

本章对盐东镇的基本情况进行概述，旨在全面、系统地介绍关于盐东镇历史概况、行政区划与规划和自然概貌的有关资料和信息。

第一节 历史概况

盐东镇现隶属于江苏省盐城市亭湖区，位于盐城市境内最南端略偏东，东与江苏省农垦局方强农场（盐城国家级丹顶鹤自然保护区）毗邻，南隔西潮河与江苏省大丰市接壤，西以新民河为界，与亭湖区南洋镇隔河相望，北跟盐城市射阳县黄尖镇、特庸镇紧挨。镇域总面积 141.7 平方千米，可耕地面积 6099.3 公顷。

全镇现辖 13 个村和 1 个居民委员会，125 个村民小组。截至 2010 年底，全镇总人口 56564 人，平均每平方千米 401 人。

盐东镇镇域向东隔江苏省农垦局方强农场紧靠黄海，镇域边缘距黄海直线距离不到 10 千米，处在典型的海洋性温带季风气候区，年平均气温为 14.6℃，极端最高气温为 40℃，极端最低气温为 15℃。与国内内陆同纬度区域相比较，春季偏凉，冬季偏暖，为动植物的栖息和繁衍提供了良好的条件。

盐东镇镇域成陆地的历史并不长，唐代初期，整个镇域内还是茫茫无边、浩瀚无际的一片沧海。1128 年（南宋建炎二年），黄河夺泗水入淮，此后随河流携带的泥沙逐步沉淀、堆积，海水缓缓东退，淤沙渐次出露，海岸线不断向东推进，到明末清初已陆续形成连片滩涂陆地，成为盐城县不断扩张土地的一部分。1732 年（清雍正十年），潮通港的南部地区仍属盐城县属地，属淮安府管辖。20 世纪转折后至清末民初，主要来自盐阜、海门、南通等地的外地移民开始陆续向境内迁移，谋业安家，人口有所增长。此时，盐东镇境内到处是一片片白茫茫的盐碱滩涂。有 40% 以上的人家以简陋的小作坊式煎盐为生为业，形成了被称之为"盐民"、"灶民"① 的庞大群体；另有 15%—20% 人家靠乞讨度日。盐蒿糠菜半年粮②——正是当时盐民、农民极其困苦生活的真实写照。

1894 年（清光绪二十年）慈禧太后贺六十大寿，特开甲年恩科，南通籍人士张謇③被慈禧太后钦点为新科状元。任职期间，张謇见清政府日趋腐败、国势渐微，感到前途渺茫，便辞官挂印南归，以南通为基地兴办实业和教育。为发展近代民族纺织工业，张謇在国内首次以企业的组织形式建立棉纺织原料供应基地，进行棉花改良和推广种植工作。1917 年（民国六年），张謇与冯国璋、朱庆澜等人集资 250 万元，在苏北的射阳、阜宁等地创办了 29 个垦植公司，盐东境内就有其中的一家，名为大佑公司。

1899 年（清光绪二十五年）"八国联军"攻陷北京时，盐东本地开明绅士陈汉愚先生愤于国耻，毅然放弃赴日本留学的机会，陷居家中（现加谷村）寻求救国强民之道。1911 年（清宣统三年），陈汉愚出地献资，独立创办私塾，并于 1912 年（民国初年）将该私塾改为县立华团港第一小学。当年他加入国民党，次年出任南洋乡乡长助理。陈汉愚在任职期间刚毅正直，常为老百姓请命、

---

① 灶者，饮食物之处。古时特指煮盐之锅炉，故而代为盐场的称呼，亦称"灶场"。专门以煮盐为业的人为"灶丁"，亦称之为"盐丁"、"煎丁"、"场丁"、"盐民"、"灶民"；而以煎盐为生的家庭便称之为"灶户"、"盐户"；盐户集聚而居砌灶煮盐的地方称为"盐地"、"盐亭"。近代苏北沿海地区民众多以"煮海为盐"谋生，形成"盐民"或"灶民"群体。

② 南通乃至整个苏北沿海地区旧时民谣："世上三样苦：行船，烧盐，磨豆腐。"近代著名实业家和教育家张謇亦有言论："盐民所过生活，是人类最苦的生活。"

③ 张謇（1853—1926），字季直，号啬庵，汉族，祖籍江苏常熟，生于江苏省海门市长乐镇（今南通海门市常乐镇）。清末状元，中国近代实业家、政治家、教育家，主张"实业救国"。中国棉纺织领域早期的开拓者。张謇创办中国第一所纺织专业学校，开中国纺织高等教育之先河；首次建立棉纺织原料供应基地，进行棉花改良和推广种植工作；以家乡为基地，努力进行发展近代纺织工业的实践，为中国民族纺织业的发展壮大做出了重要贡献。他一生创办了 20 多家企业、370 多所学校，为中国近代民族工业的兴起、教育事业的发展做出了宝贵贡献，被称为"状元实业家"。

谋利。民国初期，北洋政府规定，灶民必经领取制盐证，凭证制盐决定产权，其目的是保持垄断和压榨的特权，进而侵夺制盐产权。陈汉愚得知此事后，立即赶赴南通拜会张謇老先生，吁请支持废灶兴垦。张謇决定集资创办棉垦公司，由公司以每灶 70 元钱代灶民偿还"灶收"。陈汉愚为废灶兴垦奔旅应酬，曾两次变卖自己家产，支持乡亲开辟兴垦事业。

1941 年（民国三十年）6 月，遵照中共中央华中局①陈毅同志的指示，由中国共产党开办的抗日军政大学盐城五分校学生李黎、朱枫、凌霜、丁铁、李谣、王同真、王志富、朱杰、姚志仙等人组成民运工作队，来到盐东地区开展工作，领导当地的抗日救国斗争。早在当年 3 月，方强、寇有信等人就在伍佑陈家祠召开盐城县二区农民代表大会，盐东地区有 20 多名农民参加会议。会议之后不久，由民运队员介绍，本地农民陈玉村、陈长勤、王国信等十多人自愿加入中国共产党，成为盐东地区发展的第一批共产党员。随后，南灶、大佑两乡分别成立了中共党支部。当年 9 月，中共华东局决定，将盐城县划为盐城、建阳、盐东 3 个县。1941 年 11 月 7 日，在柏家墩（今丰富镇境内）正式成立中共盐东县委员会和盐东县抗日民主政府。全县划分为 6 个区，现盐东地区隶属第一区和第三区。

1942 年（民国三十一年）春，以地名命名区、乡，将第一区改为斗龙区，第三区改为南洋区。同年 11 月，斗龙区曾划出新洋区，下辖南灶、大佑两个乡。但到 1943 年 4 月底，新洋区又重新并回到斗龙区。

1944 年（民国三十三年），中共盐东县委为培养女干部，开展妇女重点培训工作，本地选送了出身于南灶乡农民家庭的刘桂英到方强区大佑乡参加培训。学习结束后，刘桂英被安排到方强

---

① 1941 年 5 月 20 日根据中共中央决定，中共中央东南局与中共中央中原局合并，正式成立中共中央华中局，同时成立华中军区分会。刘少奇为书记，领导人还有饶漱石、陈毅、曾山等。

区任妇救会主任。1945 年，刘桂英加入中国共产党。作为对敌斗争中成长起来的年轻妇女干部，她风里来、雨里去，组织发动妇女们积极参加生产、纺纱织布、做军鞋，支持抗日战争和解放战争。在发动群众、减租减息、动员青年参军和除奸反霸等工作中，以及 1946 年春开始的土改运动中，刘桂英都有突出表现。1946 年秋，轰轰烈烈的土地改革运动在盐东县全面展开。以反动农业资本家、国民党特务、原太和公司经理王兰甫①为首的反动势力，暗地里组织了"复田团"，散布反革命谣言，策划武装暴动，试图破坏土改。"复田团"于 8 月 1 日纠合地方反动势力，煽动一些不明真相的群众，发动了盐阜地区最大的一次反革命暴动。暴徒们到处烧杀抢掠，包围袭击区、乡政府，捕杀区、乡、村革命干部。4 日刘桂英在对敌斗争中不幸被歹徒残忍杀害，牺牲时年仅 28 岁。9 月 23 日，盐东县方强区举行追悼刘桂英烈士大会，并将刘桂英的家乡南灶乡命名为桂英乡，后为桂英大队，现为桂英村。新中国成立后，射阳县人民政府用烈士的名字命名了桂英小学、桂英中学。

1947 年（民国三十六年）8 月，中国人民解放军华东野战军发动盐东战役②，解放了盐东县重镇南洋，随后又重新解放了盐城。

---

① 该势力于 1949 年 1 月被人民政府镇压。

② 1947 年 7—8 月间，中国人民解放军晋冀鲁豫野战军主力转入外线作战，挺进大别山；华东野战军主力挺进鲁西南作战。国民党军统帅部深感中原地区兵力薄弱，急忙从苏中、苏北抽调部队增援中原战场。坚持在苏中、苏北敌后的华东野战军第 11、第 12 纵队，在华中指挥部指挥下，会同苏北军区第 5 分区、苏中军区第 2 军分区部队，趁国民党军调动之际，向其守备较弱的盐城、东台地区第 42 集团军（由抗日战争时期汪伪军郝鹏举部改编而成，在白塔埠战役中已遭华东野战军歼灭性打击）第 1 师等部发起攻击。8 月 6 日晚，第 11 纵队从南面突然包围伍佑、卞仓、大团等据点，第 12 纵队从北面包围南洋岸据点，战至 7 日全歼守军。驻守上冈的国民党军慑于被歼，退缩盐城。10 日晚，第 11 纵队及第 2 军分区部队从东南、西南，第 12 纵队及第 5 军分区部队从东北、西北向盐城逼近，11 日扫清外围据点，12 日突入城内，将守军大部歼灭。守军余部退缩盐城中学顽抗。第 11、第 12 纵队各 1 个团再次会攻，将其全歼。此役，共歼国民党军 7000 余人，攻克据点 10 余处。

专栏1—1

李家灶阻击战

民国三十七年（1948年）秋，国民党黄百韬兵团进攻苏北平原，进行大规模扫荡。人民解放军华野第9、第11兵团按照中央军委的指示精神，进行战略转移，沿海边向北撤退，将总部向北诱引。撤退时，因新洋港从盐城天妃闸出海处没有桥梁，地方支前民工即在原南洋区印家尖和黄关区的黄家尖各搭一座船桥，让大部队通过。8月20日上午，国民党军已进占至本境新建乡。因黄家尖船桥较窄，加之敌人有好几架飞机在空中不时地扔炸弹阻拦，解放军大部队撤退速度缓慢。解放军某部84团团长戴从决定在李家灶让二营留下阻击国民党军。第二天一早，敌人依仗人多势众、武器精良，凶猛地扑了过来，解放军三连战士用猛烈的炮火打退了敌人数次进攻。激战两个多小时后，保证解放军的主力部队顺利通过了新洋港。战斗结束后，地方干部陈国昌、陈玉林、陈玉根、孙佩德等人打扫战场时，发现敌人横尸遍地，伤亡十分惨重。人民解放军也牺牲了100多名战士。埋伏在陈文皆家（现前进村）处担任阻击任务的一个机枪班，13名战士全部壮烈牺牲。当人们听到人民解放军将黄百韬兵团牵引到徐州地区，然后全部被歼灭后，大家十分感慨地说，"李家灶阻击战"也是淮海战役的一个重要组成部分，是淮海战役取得胜利的重要环节。

资料来源：根据《盐东镇镇志》及有关资料整理。

自抗日战争时期起，盐东镇镇域就成为革命老区之一。据盐镇老干部党支部登记统计，从1944年冬到1949年9月，本地区有220多名青壮年人先后参加中国人民解放军，其中有82名英雄儿女为人民的解放事业献出了宝贵的生命。有近500名民工转战全县乃至全省各地，支援解放大军的行动；有600名妇女做军鞋1500多双；有700多位男女老少运送军粮1万5千多担，有力地支援了沿海战役①。渡口作战前夕，盐东境内组织支前队员 480 多人，出动大小船只 32 条，交运军粮 800 多担，有力地支援了渡口作战。在新中国成立前，本地区共产党领导下的地方武装主要以民兵组织为主，在战争年代里配合新四军、八路军和人民解放军，取得八年抗日战争和三年解放战争的伟大胜利。

盐东镇一直是以种植粮、棉、油等农作物为主的农业大镇。新中国成立后，工业得到发展，先后经历了围绕农业办公业、围绕民生办工业、围绕富裕办工业三个阶段。20 世纪 50 年代就开办了社队农具制造、粮油加工等几家小厂，在一个低水平上满足了本地区生产、生活需要，但技术落后，产值很低。1958 年在全社会大炼钢铁的热潮中，兴办了冶金、化工、服装、农机具制造和维修等 8 个集体工业企业。1979 年为贯彻改革开放搞活经济的方针，乡镇、村、家庭开始集资合办乡镇工业，先后开办了砖、瓦、石灰、轧花、纺织、水泥制品等工业企业。随着改革开放的深入，20 世纪 90 年代中期，郑志宏等一批勇于创新创业的棉农，响应商品经济发展大潮，依托棉花种植积累下来的生产关系和经验，开始围绕棉花加工创办民营乡镇企业。与此同时，乡办的全部 12 个集体工业企业先后被改制成民营工业企业。由于产权的变更，体制机制的转换，大大激发了企业的活力，使工业生产迈上了新的台阶。其中最典型的一个案例是，经营陷入困境、濒临破产的原射阳县双新公司，1999 年被民营企业家范城洲以等额资产承担等额债务的形式购买重组，改制成永大纺织有限公司。改制的当年企业就起死回生，实现销售额 1.5 亿元，纳税 1000 万元。

进入 21 世纪，镇党委、政府确定了以工兴镇的方略，纺织工业异军突起，在当时的射阳县乡镇工业中独占鳌头。2001 年年底，

____

① 沿海战役是在 1949 年元月淮海战役结束后，4 月发动渡江战役之前，华东野战军为肃清苏北地区沿海地带国民党军残部发起的战役。

全镇实现纺织业销售额 5.5 亿元，实现利税总额 2300 万元，其中税收突破千万元大关。2001 年春季以来，先后规划、兴创了东南、庆丰 2 个工业集中区，与李灶永大纺织集团，共同形成了"一线三点"的工业集中区格局。先后有来自黑龙江、广东、上海等地的企业在东南工业集中区落户，主要以轧花、织造、化纤等为主业的纺织集聚基地初具规模。庆丰工业集中区主要以机械制造、医药及医疗器械、高档橱柜等为产业特色。投资 1 亿元建设的盐城公安局驾驶员练考中心也在庆丰投入运营。至 2008 年年底，两个集中区共有民营工业企业 100 多家，产业工人达 1.3 万人，年产品销售额达 25 亿元，年创利税 2500 万元。2002 年 6 月，盐东"一线三点"工业集中区被盐城市政府命名为"首批市级示范工业园"。同年 10 月被江苏省命名为"省级工业示范小区"。

2007 年 8 月，盐东镇从盐城市射阳县划归至盐城市亭湖区，盐东镇的建设进入一个崭新的历史发展阶段。此后，盐东镇被确定为盐城市唯一的江苏省"强镇扩权"试点镇，也是盐城市统筹城乡发展试点示范镇，并且成为全市 50 个重点镇之一。

第二节 行政区划与规划

一 行政建制沿革

盐东镇始名新洋乡，原属盐城县第二区。1941 年（民国三十年）春，为了开辟农村工作，中共华东局盐阜区党委决定盐城县在老二区设立办事处，当时新洋乡乡域隶属于东乡办事处和南洋办事处。其中东乡办事处驻地设在现江苏省大丰市的引水沟，南洋办事处驻地则设在南洋岸。同年 9 月，共产党领导下的民主政府成立盐城行署，新洋乡乡域东部属斗龙区（一区），西部属南洋区（三区）。当月，中共盐阜区党委决定，将盐城县划分为盐城、建阳、盐东三个县，并分别成立行政公署，新洋乡隶属盐东县斗龙区和南洋区。1942 年 11 月，根据当时需要，斗龙区曾划出新洋区，但到

1943 年 4 月新洋区又被并入斗龙区。

民国三十四年（1945 年）5 月，盐阜区实行撤乡设村，划小行政区域，盐东县设 16 个小区，盐东镇镇域分别属于南洋、新民、齐贤、花川、方强、新洋 6 个区。1946 年 9 月，中共盐东县委将新洋、花川两个小区合并为一个大区，为新的新洋区，地域范围南至西潮河、北至新洋港、西至新丰河、东至海边。下辖黄尖、洋尖、仁寿、花川、新冲、中东、桂英、东南等 8 个乡，其中黄尖、洋尖、仁寿、花川 4 个乡今属射阳县黄尖镇。1947 年 2 月，小区又合并为大区，原新民区并入南洋区，花川区并入新洋区，齐贤区并入方强区，并恢复区乡制。南洋区下辖生建、新建、新丰、信港、坞港等 5 个乡。新洋区下辖中东、东南、新冲、桂英等 4 个乡。

1949 年 11 月，盐东县并入射阳县，全县共 17 个区。南洋区所辖的 5 个乡划并到新洋区，即这时的新洋区下辖中东、东南、桂英、新冲、新建、生建、新丰、坞港、南港等 9 个乡。1952 年 2 月，射阳县进行第一次并区并乡，新洋区区域不变，将中东乡并入东南乡，生建乡并入新建乡，新冲乡并入桂英乡，新丰乡并入南港乡，合并后全区共有 4 个乡。1956 年 2 月，射阳县进行第二次并区并乡，新洋区原 9 个乡合并为东南、新建、新冲、桂英、南港、坞港 6 个乡。1957 年 8 月，中共射阳县委决定，撤销新洋区，将原新洋区和特庸合并，新建黄尖区，同时又将本区内小乡并为大乡，东南、桂英合为桂英乡，新建、南港合并为南港乡。

1958 年 9 月 18 日，在原新洋区的基础上成立新洋飞跃人民公社，下辖 5 个大队，27 个中队，公社驻地李家灶。这 5 个大队分别为：

光辉大队——下辖光辉、指南、子午、火炬、桂英 5 个中队；

朝阳大队——下辖朝阳、向阳、新丰、前进 4 个中队；

光芒大队——下辖光芒、南港、利民、新民、南灶、庆丰、信昌 7 个中队；

火光大队——下辖先锋、革新、美满、曙阳、火光 5 个中队；

猛进大队——下辖猛进、生建、新合、洋河、新建、兆丰6个中队。

1959年3月20日，中共射阳县委、县人委决定，将所属12个人民公社的名称一律用地名更替，原新洋飞跃人民公社改为新洋人民公社，下辖20个大队。

1960年初，新洋人民公社下辖的部分大队重新划分，全公社下辖的大队增加到26个，名称分别为：中东、东南、指南、潮墩、桂英、花园、新冲、朝阳、前进、李灶、加谷、新丰、西潮、利民、坞港、美满、革新、曙阳、新民、南港、庆丰、新合、新建、生建、洋河、兆丰。

1983年8月，农村体制改革，公社改为乡（镇），大队改为村。原新洋人民公社改为新洋乡，原27个大队改为27个行政村，即中东、东南、潮墩、桂英、新园、新丰、西潮、朝阳、加谷、新冲、前进、坞港、塘西、曙阳、新民、美满、革新、新建、新川、生建、洋河、兆丰、李灶、利民、新利、南港、庆丰。另外，乡下设一个居民委员会，即李灶居委会。全乡共设224个村民小组。

2000年1月25日，经江苏省、盐城市、射阳县各级政府批准，撤乡设镇，原新洋乡更名为盐东镇。

2001年4月，盐东镇进行了区划调整，将26个行政村、2个居委会调整为14个村、2个居委会。将李灶居委会、前进村、新丰村、李灶村合并，设立李灶居民委员会；将东南居委会、潮墩村合并，设立东南居民委员会；将新元村、桂英村合并，设立桂英村民委员会；将西潮村、艳阳村合并，设立艳阳村民委员会；将加谷村、新冲村合并，设立新冲村民委员会，将利民村、新利村合并，设立利民村民委员会；将庆丰村、新川村合并，设立庆丰村民委员会；将坞港村、塘西村合并，设立坞港村民委员会；将美满村、潮河村合并，设立美满村民委员会；将生建村、洋湾村合并，设立生建村民委员会；中东村、正洋村、新民村、曙阳村、兆丰村、新建村不变，仍独立存在。

2007 年 8 月 1 日，作为盐城市推进大市区建设战略的一项重要举措，盐东镇从射阳县划归至盐城市亭湖区。

2009 年 2 月 1 日，庆丰村被划入盐城环保产业园。

2009 年 4 月 1 日，新民村被划入盐城环保产业园。

详见表 1—1。

表 1—1　　　　2001 年盐东镇合并后的村（居）概况一览表

原村（居）名	村民小组数（个）	总户数（户）	总人数（人）	耕地面积（亩）	新村村（居）名、村址	
					村（居）名	村（居）址
李家灶居民委员会前进、新丰、李灶村	18	2172	6999	8456	李灶居民委员会	原李家灶居民委员会
东南居民委员会潮墩村	12	1577	5130	9258	东南居民委员会	原东南居民委员会
中东村	8	834	3323	5841	中东村	中东村村部
新元村　桂英村	8	899	3096	5319	桂英村	原桂英村村部
西潮村　艳阳村	11	1254	4431	7726	艳阳村	原艳阳村村部
加谷村　新冲村	11	1201	4209	6828	新冲村	原新冲村村部
利民村　新利村	6	720	2787	4500	利民村	原利民村村部
正洋村	5	576	2017	3718	正洋村	正洋村村部
新民村	6	706	2402	3799	新民村	新民村村部
庆丰村　新川村	11	1131	4204	6141	庆丰村	原庆丰村村部
坞港村　塘西村	8	899	3146	5343	坞港村	原坞港村村部
美满村　潮河村	8	872	3158	4652	美满村	原美满村村部
曙阳村	7	730	2684	3575	曙阳村	曙阳村村部
兆丰村	7	773	2645	4728	兆丰村	兆丰村村部
新建村	7	801	2941	3970	新建村	新建村村部
生建村　洋湾村	9	1011	3551	3885	生建村	原生建村村部
合　　计	142	16156	56723	87739	16	—

资料来源：《盐东镇镇志》。

二　镇域总体规划

随着乡镇工业经济的迅猛发展，盐东实现了从农业大乡向工业强镇的转变，也为城乡发展一体化创造了良好的条件。由此，在"十一五"期间，盐东被盐城市确定为统筹城乡发展试点示范镇。推进城镇化建设，首先要坚持统筹理念，完善高起点发展规划，以规划凝聚人心、引领发展。为此，盐东镇先后编制和修订了《盐东镇统筹城乡发展总体规划》《村庄规划》，全镇按照"产业转型发展、统筹城乡发展、民生优先发展"的工作思路，坚持统筹规划先行，产城互动引领，围绕生态做文章，加快产业融合，致富群众，走出一条建设富裕、生态、文明、美丽的科学发展之路。

2009 年底，盐东镇委托南京大学城乡规划设计院和盐城市政设计院，开始联合编制《盐东镇统筹城乡发展总体规划》和相关系列规划。2011 年盐城市委、市政府主要领导视察盐东镇时，提出将新镇区建设和千鹤湾国际老年养生社区建设结合起来，做大做强特色新型镇区的要求，就此又委托盐城市规划市政设计院对《盐东镇总体规划》进行了修编。历经数次反复修改、完善，终于在 2011 年 4 月通过了专家评审和盐城市规划委员会的审查。新的规划将新镇区规模由原来的 2 平方千米扩大到 8 平方千米，大体分为四大区域：一是老镇区。位于新老 331 省道之间，以拉动完善为主，力争用 3 年时间建成。二是社会事业项目区。在老镇区东南方向，与千鹤湾国际老年养生社区项目结合进行规划建设，在靠近集镇中心区以新建鹤翔南路为轴线，规划建设千鹤湾项目实施带和农民搬迁安置区，规划安置约 3000 户。同时规划建设 6 轨制高中、9年一贯制学校及二甲综合医院。三是千鹤湾项目区。实施老年公寓、老年休闲度假区、老年商贸服务区、现代高效农业区等项目。四是行政中心及辐射区。在老镇区西南方向，以新建富民南路为轴线，规划建设行政中心、文化艺术中心、配套服务中心、市民广场、公园、四星级大酒店及商贸服务区。新镇区南部通过新建一条与环保产业园光伏路相呼应的集镇南环路相配套，形成北至新331省道，东至千鹤湾项目区，西至区级现代农业示范园区的新的集镇主框架。

此外，《千鹤湾老年养生社区总体规划》也由澳大利亚城市规划设计院按时完成了设计，并与《盐东镇总体规划》一并通过了专家评审和市规委会审查。其中，入口处景观、人工湖景观、老年公寓等单体项目及时进行了深化设计，并通过了专家评审和市规划局的审查。

2013年，根据城乡统筹发展形势的新要求，为了更为高瞻远瞩、科学合理地凸显"产城融合、以城带乡、加快推进城镇化建设"这一主题，盐东镇重新编制了《盐东镇集镇总体规划》及《控制性详细规划》，于2013年底通过规划评审，并上报盐城市规划委员会待批。城镇性质定位为江苏省沿海大开发的前沿节点，盐城东郊的生态新城。李灶中心镇区成为本轮规划的发展重点，主要由科技产业园区、新镇区、老镇区及千鹤湾项目区四大板块组成。

专栏1—2

盐东镇经济社会发展战略任务

（1）加快城镇化进程，提升城镇综合服务功能。构建城镇发展框架，形成和谐发展战略格局。引导第二、第三产业向镇区聚集，加速农村剩余劳动力向非农产业转移及向镇区集中。贯彻"抓住机遇、深化改革、扩大开放、促进发展、保持稳定"的方针，加快经济体制和经济增长方式的转变，实施科教兴镇、规模经济、外向发展三大战略，优化经济结构，提高经济质量，努力推进市场化、工业化和现代化进程，促进全镇经济持续快速健康发展和社会事业全面进步。

（2）紧紧依托盐城市的发展，积极接受长江三角洲中心城市上海的辐射，有条件地吸纳大城市企业的疏散转移。推动发展地方高新技术产业，加速新技术因素对传统产业的渗透改造，提高城镇经济发展水平，扩大城镇经济总量。

（3）加大改革力度，优化工业经济结构，增强发展后劲。牢固树立抢抓机遇、稳中求进的思想，高起点地调整产业结构，积极优化产品结构，确保结构、速度和效益的相互协调。继续深化产权制度改革，进一步理顺转制企业的运行机制，提高科技对经济增长的贡献率，积极创造宽松的投资环境。

（4）坚持以人为本，加强人才队伍建设，丰富各级领导的市场经济知识、现代科技知识和法律知识，增强思维理性，树立大局意识、超前意识、争先意识，提高驾驭市场经济的能力。

（5）培育各项社会事业发展的新机制、新方式，保证社会稳定发展和人民生活健康、富裕。加快发展房地产业，改造传统服务业，发展社区服务以及养老产业，满足城镇居民多种需求。

（6）强化基础设施建设和社会服务设施，改善发展硬环境。

（7）培育城郊特色农业，加快推进农业产业化，大力提高农业市场竞争力。

（8）生产方式实现根本性转变，注重环境效益，保护有限的土地资源，营造优美的生产、生活环境。加强生态建设和环境保护，实施可持续发展战略，实现人口、资源、环境与经济的协调发展。

资料来源：《盐东镇总体规划》第十条。

第三节　自然概貌

本节通过系统介绍盐东镇镇域内的水系、土壤、气候和自然资源状况，从而刻画盐东镇的自然概貌。

一　主要水系

自古以来，盐东镇镇域内水系复杂多变、河道纵横交错。河道历经多次开挖，反复疏浚，初为引卤就煎，运盐入垣，继为排涝引水，淋盐洗碱。域内河道为发展本区域的工农业生产做出了一定的贡献。但限于历史原因，盐东镇内仍显得河道紊乱、沟渠稀疏，抗灾能力较低。

新中国成立后，在中国共产党和人民政府的领导下，苏北地区有计划、有步骤地开展了大规模的治水运动，盐东镇镇域内的水系得到改善。尤其是实行改革开放以来，镇党委、政府带领全镇人民经过30多年的艰苦奋斗，初步建成防洪、防涝、防旱、防渍工程体系，改变了镇域内易涝易旱的局面，在为农业生产的增产增收提供保障的同时，也对人民群众的生活带来极大的便利。

（一）主要河道

盐东镇镇域内主要河道有6条，分别是新洋港、西潮河、新丰河、向阳河、新洋干河和新民河。

1. 新洋港

新洋港古名洋河，亦称信洋港，上承盐城石达、天妃二闸来水，东北流经北洋岸黄家尖至新淤尖入海，全长83千米，原射阳县境流程自特庸北洋岸至新洋港闸51千米，曲折系数62%，主要支河有潭洋河、六子河。为里下河地区四大排水干河之一。

新洋港是一条较古老的河道，明清两代均有史书记载。明《海防总论》中记述道："大氻沙、管家沙为崇明界，福山、狼山三榰口为通州千户所界，唐家港、海门岛为泰州界，乱沙、新阳港（今新洋港）为盐城界。"据清《盐城县志》载："县境海口曰新洋港，上流有二河，一为东门外之石达闸引河，泄南串场河之水；一为东门外天妃闸引河，泄新官河之水，两河分流里余，至洋口合流谓之新洋港。"旧新洋港港身浅窄，泄水不畅，上游的高邮、兴化地区经常积水成涝。

据史书记载，1668年（清康熙七年）6月5日大雨，高邮城水高6.6米。冬派大臣明珠视察海口，并疏浚新洋港，1670年（清康熙九年）再次疏浚，时河道口宽13.2米，深3.3米。1687年（清康熙二十六年）工部侍郎孙在丰疏浚海口，疏浚新洋港上游新官河，水量大增，新洋港不待疏浚，河床冲宽70—100米，水深7—10米，宽深超过原先三倍，遂成盐城县渔港商港。1736年（清乾隆元年）两江总督越宏恩题准新洋港口设犁船两只、混江龙两具，每年春秋二汛拖刷两次，责成盐城县丞管理，保持水流畅通。清嘉庆、道光年间，商船渔船多住南北洋岸、花川港一带，连樯接轴，号称新洋帮，北航海洲、青口，远及青岛、烟台、营口、中庄、大连，各埠贩货而南。光绪中业，下河之米由新洋口出山东、天津，货运远至朝鲜仁川。清末，新洋港两岸渐有垦殖，或长芦秫或种水稻，自修建天妃闸后，淡流时断，河道渐有淤积，1915年（民国四年），疏浚运河工程局派机船捞挖天妃闸下引河积淤，1921年（民国十年），运河工程局测量新洋港新冲子断面，落潮平均流量为508立方米/秒。

新洋港弯曲特多，历年被潮水冲断改直者有北塌子、唐家湾、印家尖、磨脐墩、新兴、学滩、黄尖、亮月滩、新淤尖、史家尖等处，1931年（民国二十年）遇大水灾，水灾救济委员会派汤震龙为第16区工赈局长，来盐办理新洋港裁湾并挑天妃石达两闸引河。共挑直河五处：一兜湾、二南洋塌子、三唐家湾、四徐家尖、五吉家滩。河宽67米，两端水坝未除，不能通航。

中华人民共和国成立后，政府对新洋港进行多次整治，1950年，盐城专区组织盐城、建湖、射阳三县民工1.8万人在北洋岸附近裁弯，完成土方105万立方米。射阳县由总队长刘茂堂组织民工9721人参加施工，自3月30日起至5月9日结工，完成裁弯切滩工程42.89万立方米。1956年，国家投资601万元，于下游新淤尖新建新洋港闸，同期进行袁家尖裁弯，盐城、射阳等县民工参加施工，合计完成土方36万立方米，缩短航程8千米。1957年新洋港闸建成后，实测最大过闸流量1740立方米/秒。

因河床浅窄弯曲，天妃闸来水排水不畅，1975年冬起，盐城地区治淮指挥部组织民力连续拓浚新洋港，工段西起九里窑，东至射阳县新民河口段，计长23.4千米，投入民工15万人/次，累计挖土1800多万立方米，由西向东河底宽70—160米，河床高程

－2.5－－3.0米，其中盐城电厂至北门闸向东约2000多米，挖深4米，并拆除北门闸（天妃闸），兴建城北大桥，扩大过水断面。前后几期工程，均由射阳县和盐东镇承担土方任务。

1975年冬盐城地区治淮指挥部任命李树坤为政委、吉佩连为团长，组织1.1万余名民工参加施工，工段位于天妃闸两侧，北岸有电厂、皮革厂，南岸有机关车间，西部与串场河交界。当时的情形是，活淤深，患工大，段面短，障碍多，运距远（最远700米），堆土高（最高9米）。11月中旬开工，经过70天时间艰苦奋斗，胜利完成土方任务89万多立方米。1976年冬任命陈月如为政委，朱利友、黄庚天为副政委，吉佩连为团长，徐文林、袁佳才为副团长，组织2万余名民工参加施工，工段位于北洋岸附近，11月22日开工，次年2月4日竣工，完成土方任务153万立方米。1978年射阳县任命唐平为政委、徐文林为团长，组织7500名民工参加施工，工段位于新洋公社生建大队境内，11月上旬开工，12月底结工，完成土方70余万立方米。1979年在新洋港整治工程规划线上，兴建黄尖、生建公路桥以及特庸境内如意机耕桥。1980年国家调整基建项目，新洋港整治工程暂停施工。1991年整治工程再次上马，同年盐城市水利局组织力量进行黄尖裁弯工程，开挖直河1.3千米，缩短流程6千米，随后进行生建裁弯段工程，新开直河3千米，缩短流程8千米。两期工程，全部实行机械化，使用水力掘土机施工，效力显著提高。至1992年，新洋港经长期治理，河床处于相对稳定状态。

2. 西潮河

西潮河西起三墩口，与串场河相通，向东经引水沟、洋桥口、方强农场，转北穿老海堤至西潮河闸，与新洋港合口入海，全长46.2千米。射阳境内流程35千米，为射阳、大丰、盐城三县交界河道，也是这一地区排水入海的骨干工程。西潮河西从新民河入盐东镇镇域，东经中东村流入海口，流域范围：北至新洋港、南至南直河，西至串场河，东至海堤，涉及射阳、大丰、盐城三县市和方强农场，流域面积 760 平方千米，射阳县境流域面积 285 平方千米。

西潮河原名西槽河，亦称西槽洋、西潮港。民国年间，东出中路港，海船经此可达伍佑港。自筑海堤以后，港口淤积东迁。1950年在治水兴垦运动中，盐城专员行政公署规划西潮河为新洋港、斗龙港之间的独立排水入海河道。自串场河三墩口起，经引水沟、洋桥口向东穿海堤由中路港入海，计长 42 千米，并拟建闸控制规划排水面积 400 平方千米，流量 72 立方米/秒。1950 年 11 月，动员盐城、建湖、射阳、台北（大丰）、东台五县民工 4.28 万人，开挖引水沟至海堤一段长 16.5 千米，同年 12 月竣工，完成土方 213万立方米，河底宽 25 米，河底高程 –1.5 米，边坡比为 1：3。射阳县任命胡钧为总队长，动员民工 1.9 万人参加施工。工段自引水沟起至海堤计 28 千米。该工程因建闸工程未跟上，未能发挥效用。1952 年在西潮河下游利用海堤河，接通中直河涵洞入海；另一支由东子午河涵水洞入新洋港出海。1953 年起中直河涵洞下游淤塞，失去排涝作用。

1964 年 12 月，国家投资 71.6 万元，盐城专员行政公署组织大丰、盐城、射阳三县民工 2.92 万人，扩浚引水沟至新洋港段，计长 28 千米。干河于 1965 年春竣工，完成土方 326 万立方米，河底宽由东向西 45—30 米，河底高程 –3——2 米。其中，射阳县组织新洋、黄尖、特庸、盘湾、兴桥五个公社民工 4745 人疏浚西潮河中段，西至引水沟，东至方强农场桥，计 11.8 千米。12 月中旬开工，次年 1 月中旬竣工，完成土方 56.2 万立方米。1965 年 7 月建闸控制。1965 年 11 月至 1966 年 2 月，从新丰河到通榆河开干河 19.3 千米，射阳、盐城两县组织民工 2.02 万人，挖土 162.8 万立方米，由东向西河底宽 16.6 米，河底高程均为 –1.5 米。1966 年 11 月，射阳县组织 6750 人，疏浚引水沟至方强农场桥一段 11.8千米，挖土 57 万立方米，由东向西底宽 30—25 米，河底高程 –2米。至 1992 年，经过三次疏浚，河闸仍不配套。现经多次疏浚，河闸基本配套。

3. 新洋干河

新洋干河位于西潮河与新洋港之间，为盐东镇、黄尖镇、方强农场等地排水干河。1982 年春，射阳县委派李德贵等组织新洋、黄尖、特庸三公社 1 万民工开挖，历时 20 余天，挖土 30 多万立方米，开挖一段长 3 千米河道，河底宽 15 米，河底高程－2.5 米，接通西潮河、东子午河、跃进河。1983 年组织新洋乡民工疏浚涵水洞至中东小闸的东子午河，折向西至西子午河，全长 9.5 千米，河底宽 4—8 米，河底高程－2.0 米。自此，河道西自新民河，向东流经新川、新建、兆丰、前进、新冲、指南等村，抵中东小闸汇东子干河北上，至咸水洞折向东北入西潮河，全长 24 千米。

4. 新民河

新民河位于亭湖区盐东镇和南洋镇之间，原为射阳、盐城两县市交界河。1942 年（民国三十一年）以前，新丰、团结两乡上无水源，下无出口，旱涝成灾，群众迫切要求开挖该河，以便排涝灌溉，解除旱涝灾害。时值抗日战争时期，敌情严重，日寇敌伪经常骚扰。1944 年中共新民区政府为解除群众疾苦，顺从民意，决定结合战备开河治水。区政府成立开河委会员，副区长刘瑾挂帅，新民乡上层人士周凤梧（地方参议员）和杨家俊参加组织民工疏浚。全河南起坞丘港，北至新洋港，长 11 千米，口宽 20 米。这条南北向河道距南洋岸日寇敌伪据点最近处只有三四千米，有近 1/3 的工程是劳武结合，在夜间开挖。河泥主要出在东岸，筑成河堤，成为封锁监视敌人的屏障。工程结束后，日寇敌伪因害怕这道屏障后面有埋伏，再也不敢轻易到河东烧杀抢掠。两岸农田可排可引，排灌两便，生产蒸蒸日上，群众无不拍手称好。

1956 年 3 月 20 日，射阳县动员民工 7000 人疏浚，至 6 月 1 日竣工，完成土方 45.6 万立方米。疏浚后的新民河河底高－1.2 米，河口宽 30 米，受益面积 1400 公顷。

（二）水系现状

盐东全镇现有市级河道 4 条，即新丰河、向阳河、西潮河、新洋港；县级河道 19 条，即庆丰林带、通洋河、曙阳林带、中心河、南港林带、朝阳河、利民林带、前进林带、丰产河、艳阳林带、桂英大沟、加谷林带、西子午河、中子午河、东子午河、四中沟、跃进河、方向河、正洋港。主要县级河道的状况参见表 1—2。

表 1—2　　　　　　　盐东镇大沟级支河现状一览

河道名称	所属水系	起讫地点		河道长度（千米）	现 有 标 准		
		起点	讫点		河底宽（米）	河底高程（米）	河坡
通洋大沟	新洋港	新洋港	二条港	12.88	3	−1.5	1：2.3
南港中心河	新洋港	新洋港	西潮河	11.00	4	−2.0	1：2.3
朝阳大沟	新洋港	新洋港	西潮河	10.66	3	−1.5	1：2.3
新丰河	新洋港	新洋港	西潮河	8.80	10	−3.0	1：2.3
丰产大沟	新洋港	新洋港	西潮河	8.54	4	−2.0	1：2
桂英大沟	新洋港	新洋港	方向河	4.66	3	−1.0	1：2
西子午河	新洋港	新洋干河	西潮河	6.85	3	−1.5	1：2
中子午河	新洋港	新洋干河	西潮河	5.31	3	−2.0	1：2
东子午河	新洋港	新洋干河	西潮河	4.55	5	−2.0	1：2

资料来源：盐东镇镇志。

（三）主要水闸

1. 西潮河闸

于 1965 年 7 月建闸控制。1965 年 11 月至 1966 年 2 月，从新丰河到通榆河开干河 19.3 千米，挖土 162.8 万立方米，由东向西河底宽 16.6 米，河底高程均为 −1.5 米。1966 年 11 月，射阳县组织 6750 人，疏浚引水沟至方强农场桥一段 11.8 千米，挖土 57 万立方米，由东向西底宽 30—25 米，河底高程 - 2 米，至 1992 年，经过三次疏浚，河闸仍不配套。现经多次疏浚，河闸基本配套。

2. 新丰河闸

于 1965 年建闸，通航孔径 8 米，两侧过水孔径 4 米，设计流量为 50 立方米/秒，河底高程为 - 2 米。分别于 2003 年、2005 年进行了两次改造。

二　土壤分布

盐东镇的土壤母质源于黄淮夹带的泥沙沉积，母质在水下堆积阶段，受到海水的长期浸渍，成陆初始，又叠经潮汐淹没，形成高矿化度的盐渍母质，初期含盐量约 3%。高潮线以上陆地，不同的质地，受生物、水湿条件和人为活动影响，形成不同类型的土壤。本地的土壤大体是分盐土类、潮盐土属，沙性潮盐土亚属，有黄沙土、沙性轻盐土、沙性中盐土、沙性重盐土、灰沙土、灰沙盐土、灰沙重盐土。

根据 1986 年射阳县土壤普查结果显示，盐土类面积达 90% 以上，盐土分布情况：由东向西含盐量由高到低，盐分由重到轻，呈纵向分布，普遍规律为从上到下盐分逐渐增高，地下水含盐量比土壤剖面高。

土壤盐分的运动，以水为媒介，盐随水来、盐随水去，根据实测资料，地下水埋深与土壤水分蒸发，农田淡水灌溉，土壤盐分降低，凡是降雨量大于或相当于蒸发的月份，土壤就明显脱盐，返之则土壤返盐，大致每年 1— 4 月和 10—12 月处于积盐过程；5—9 月处于脱盐过程。

新中国成立后，党和人民政府带领全镇人民持之以恒地开展农田基本建设，排灌系统建设，开挖河道条沟，降低地下水位，加强淋盐改田。经过几十年的艰苦奋斗，镇域内的盐碱地得到根本改良，目前全镇 90% 以上的土壤肥沃，为农作物的生长、农业丰产丰收，富一方人民提供了保障。

三　气候特征

盐东镇地处亚热带和温暖带的过渡带，属季风气候区，季风环流支配着本镇主要气候要素的变化，总的气候特点是气候温和、季风盛行，夏季炎热、冬季寒冷、四季分明、日照充足、热量充裕，霜期较短，有利于农作物的生长。但由于冬季受极地大陆气候影响，夏季受海洋气候的影响，又在热带暖湿气流控制下，经常处于冷暖空气交汇处，6月前后为梅雨期，7月至9月为台风的侵袭期，加上季风的早迟强弱与年际变化，上游来水泄量的大小，镇境西南北地势低洼，时常发生旱、涝、低温、阴雨、台风等自然灾害，为江苏沿海的"低温带""春旱区""暴雨窝""洪水走廊""台风路径"，对工农业生产有着较大的影响。

1. 风

盐东镇具有明显的季风气候特征。冬季，气流常来自西伯利亚，多吹西北风；夏季，受到热带高压的影响，气流常来自海洋，多吹东南风，常年平均风速为3.3米/秒，各月平均风速以3月、4月、5月三个月较大，都在3—7米/秒以上，极大瞬间风速为31.3米/秒，出现在1985年8月19日，风向东南偏东，相当于蒲氏风力11级。据多年的资料考证，镇内全年风向频率以偏东南风为最多，占25%；东北风到北风次之，占20%。除正南风、正北风和静风外，偏东象限的风向占51%。镇域内受台风影响最早在6月下旬，最迟在9月下旬，8月居多，据多年考证，台风在镇境东南500千米洋面，镇境可能降雨。台风影响本镇大体有三个路径，一条为登陆北上型，即台风在浙沪登陆北上，穿南通地区，经镇境附近入海，危害很大；一条为镇境登陆北上型，危害更为严重；一条为近海北上型，即台风不登陆，从东经125°以西海面北上，一般风力大，持续时间长，危害亦很严重。寒潮大风袭击本镇大多在深秋、冬、春三个季节，平均每年在4—5次，袭击镇境的寒潮大风，多为 24 小时降温 10℃—15℃左右，特强寒潮大风较少，近年来冬季较前趋暖，俗称"暖冬"。

2. 雨

盐东镇属季风气候区，具有明显的海洋性气候特征。总的特点是：雨水适中，日照充足，四季分明，但是由于冬季受极地大陆气团影响，夏季又在热带暖湿空气控制之下，经常处于南北冷暖空气交汇之处，加上季风的早迟强弱，年际年内的雨量时空分布不匀，根据 40 多年的资料统计，平均年降雨量为 1072 毫米，1990 年降雨量 1488.1 毫米，多年平均降雨日为 106.4 天，突害性降雨过程主要有连阴雨和大暴雨，特大暴雨、连阴雨天气指连续 3—5 天以上的天气现象，降雨程度可以是小雨、中雨，也可以是大雨或者暴雨。因此，连续阴雨往往造成连续低温，洪涝灾害。初夏在江淮地区雨期较长的连阴雨天气，称为梅雨，因时值梅子成熟故名，由势均力敌的冷暖空气长期交汇，导致降雨或气旋的频繁活动所致，本镇一般在 6 月份左右入梅。秋季（9—11 月）西风带开始南移，副热带高压开始南退，也可出现连阴雨，秋季连阴雨预兆主要看南下冷空气强度变化和副热带高压的强度变化，及其冷暖交汇位置。暴雨分梅雨型、台风型两种；一天内总雨量达到 50 毫米以上的称暴雨，大于 100 毫米的称大暴雨，大于 150 毫米的称特大暴雨。根据多年的资料考证，盐东镇是暴雨潜势能量线密集地带。

3. 气温

本地区常年平均气温在 14℃左右，近年来因冬季偏暖，年平均气温较前略高，一般最冷是 2 月气温在 0.2℃左右，近 20 年来的极端低温一般为 −11℃左右；最热一般在 8 月份左右，平均气温是 26.7℃，极端最高气温在 40℃左右。

4. 日照

本地区域日照比较充裕，全年平均日照为 2450 个小时左右，最多与最少相差数一般为 600 小时左右，日照的季节性变化，每年的 12 月至次年 2 月日照较少，春季日照逐渐增多，5—8 月份是全年日照最充足的季节。9 月常有秋雨，日照较少；10 月秋高气爽，日照回升。

5. 霜期

全年一般初霜期在 11 月中旬左右，平均终霜期在 4 月上旬左右，年平均无霜期在 220 天左右。

6. 潮汐

沿海潮汐每周期（24 小时 50 分）涨落两次，近似半日潮的混合潮型。潮汐的位置一般以月亮来推测，即上半月（指农历）"潮赶月"（先出月亮后涨潮），下半月"月赶潮"（先涨潮后出月亮）。每月两次大汛，两次小汛。农历的每个月初三潮位最高；初七八开始下降，十一二日降至最低潮后又开始回升，至十八日复至最高潮；二十七八日又开始下降，如此周而复始。

四　自然资源

（一）土地资源

盐东镇境内地势为东高西低、东狭西宽，呈等腰三角形，东西长 19 千米，南北宽 11 千米，总面积为 141.7 平方千米，海拔 2.2 米。

镇域内土质分为盐土类和潮盐土亚类，黄沙土是全镇的主要土种，占总面积的 40%，土壤平均有机质 1.09%，速效磷含量 3.3ppm。解放初期，镇域内地质较差，盐碱比较重，农作物的产量较低。经过多年艰苦奋斗，土壤得到一定改良，现在的土质较好，绝大部分耕地是种植农作物的高产良田。

（二）植物资源

盐东镇地广人稀，地势平坦，水系纵横，气候温和，土壤经多轮改良土质变好，适宜多种植物生长。

1. 食用植物

粮油类：粳稻、糯稻、籼稻、小麦、大麦、元麦、荞麦、黄豆、绿豆、赤豆、蚕豆、豌豆、玉米、芝麻、高粱、花生、油菜等。

瓜果类：冬瓜、黄瓜、西瓜、南瓜、香瓜、丝瓜、苦瓜、西红柿、杏子、桃子、李子、柿子、梨子、石榴、银杏、核桃、葡萄、无花果、菱角、藕、马铃薯、山芋、百合、葵花等。

蔬菜类：韭菜、大葱、洋葱、大蒜、蒜苗、白萝卜、青萝卜、胡萝卜、青菜、黄芽菜、菠菜、甜菜、花菜、芹菜、药芹、羊角椒、青椒、莴苣、榨菜、豇豆、扁豆、四季豆、平菇、蘑菇等。

2. 纤维植物

主要有棉花、黄麻、大麻等。

3. 木本植物

主要有青竹、缸竹、毛竹、桑、柏、松、椿、榆、槐、楝、樱、梧桐、杨、杨柳、冬青、泡桐、水杉、刺杉、棕榈、银杏、皂荚等。

4. 观赏植物

主要有铁树、罗汉松、文竹、海棠、牡丹、芍药、玉兰、杜鹃、玫瑰、月季、仙人掌、凤仙、虞美人、鸡冠、芭蕉、百日红、千日球、牵牛、万年青、石榴花等。

5. 药用植物

主要有菊花、党参等。

（三）动物资源

盐东镇的地理条件和气候条件适宜，尤其是沿海海滨滩涂开阔、港汊交错，使生态环境颇为优越，动物资源较为丰富，主要有以下几类。

鱼类：青鱼、鲤鱼、白鲢、花鲢、黄颡鱼、白条鱼、鳊鱼、鲫鱼、黑鱼（乌鱼）、鲶鱼、鳗鱼、银鱼、黄鳝（长鱼）、泥鳅。

虾类：小白虾、大白虾、青虾、马头虾、罗氏虾。

贝类：河蚌、螺、蚬子、螃蟹、乌龟、甲鱼。

禽类：鹌鹑、草鸡、良种鸡、菜鸡、鸭、鹅。

畜类：猪、牛、羊。

兽类：野猪、獐、野兔、黄鼠狼、刺猬。

昆虫类：蜻蜓、蝴蝶、蝉、蜈蚣、蟋蟀、螳螂、蚯蚓、蜗牛、壁虎、地扁蛇、青草蛇、水蛇、四脚蛇、青蛙、水蛭（蚂蟥）、黑壳虫、蜘蛛。

鸟类：丹顶鹤、灰鹤、野鸡、鸬鹚（鱼鹰）、乌鸦、喜鹊、布谷鸟、麻雀、鸽子、黄莺、画眉、啄木鸟、翠鸟、百灵等。

专栏1—3

丹顶鹤自然保护区

盐东镇镇东滩涂无际，湿地辽阔，水草丰茂，是丹顶鹤等珍稀候鸟及其他野生动物栖息、越冬和繁殖的良好场所。丹顶鹤作为一种典型的候鸟，是世界珍禽，为国家一级保护动物。每年10月份丹顶鹤自我国北方地区（黑龙江扎龙、辽宁盘锦、山东东营等地）迁飞至盐城滩涂过冬，来年3月又飞回北方。

盐东镇镇东滩涂地区经国内100多个单位的1500多名专家、学者、技术人员实地调查考察，确认其适宜于丹顶鹤生活。1983年经国务院批准，江苏省环保局和盐城市人民政府联合建立了沿海滩涂珍禽自然保护区，核心区占地28万亩。1992年被国务院批准为国家级自然保护区，同年10月经联合国教科文组织批准为世界生物圈保护区，1996年被接纳为东北亚鹤类保护区网络成员。这是全国第一个海涂型自然保护区，保护区内除丹顶鹤以外，还有白鹤、白头鹤、黑鹤、大鸨、中华秋沙鸭、白肩雕等十多种国家一级保护珍禽动物和琵鹭、大天鹅、獐等30多种国家二级野生保护动物，还有数以万计的各种鸟类，堪称"鸟类王国"。

自然保护区内相继建起了景色优美的珍禽驯养场、美不胜收的珍禽标本馆。目前每年接待中外游客数十万人。游人在此可领略唐诗"自古逢秋悲寂寥，我言秋日胜春朝，晴空一鹤排云上，便引诗情到碧霄"的意境。保护区内的珍禽驯养场已积累了丹顶鹤等人工孵化及越冬半散养的经验，因而现在无论何时光临保护区，都可以看到这类珍禽。

丹顶鹤自然保护区已引起海内外人士的广泛关注，很多国家和地区代表团来考察和观光，这里已成为保护丹顶鹤等珍禽的基地。

资料来源：根据调研有关资料整理。

（四）水资源

盐东镇的水资源主要来自降水径流，过境的外水、地下水、回归水，需水方面主要是农业、工业、航运、居民生活用水。改革开放以来，在乡镇党委、政府的合理规划下，经全镇人民的努力奋战，水利设施较前有很大的改善。但由于水资源的时空分布不匀，调蓄设施又未能达到最佳配套，故而丰水年排泄不及，造成镇域内局部地区涝渍灾害；干旱年份用水又比较紧张，靠外境水来抗旱。水资源的合理开发与利用及配套的设施还待提升，以确保涝旱之年工农业丰产增收。

盐东镇镇域内降雨径流时空分布不匀，其特点：一是年内分配不匀，全镇多年平均降雨量在 1100 毫米左右，径流系数 0.292，径流深 298.9 毫米，7—9 月份降水 310 毫米左右，径流深 87.3 毫米，占全年径流量 29%。二是年际变幅大，根据县 13 个雨量站资料统计，现状水平年（1990 年为 9.0%）雨量 1425.4 毫米，年径流深 530.1 毫米。多年雨量极度不匀。

镇过境水资源，主要是上游相邻地区废泄水，由于上游相邻地区与本镇境降雨频率相同，过境水资源利用率较低，丰水年境水量供过于求，上游水增加排涝压力；干旱年镇境引水灌溉，上游相邻地区层层截水抗旱，下泄水量较少，给抗旱用水带来了一定的困难。镇境的过境水径流河道主要是西潮河，为本镇南部的主要河道，从新民河入本镇境向东经美满、坞港、西潮、艳阳、桂英、中东等村东流入海；新洋港是本镇北部的主要河道，西从洋湾村入本镇境向东流经新淤尖入海。新丰河是本镇中南北的主要河道，北从本镇和兆丰、新丰村入境向南至西潮村与西潮河交汇。全镇市级河道 4 条，县级河道 19 条。

盐东镇经过乡镇领导和全镇人民的协力奋战，已初步建成排灌系统，小包圩 100 个，大包圩 3 个，为农业丰产丰收提供了有利条件。

专栏 1—4

水灾年降雨量简况

1986 年 7 月 20—24 日新洋乡连续降大到暴雨、特大暴雨，特别是 23 日和 24 日，伴随着龙卷风、风狂雨猛，暴雨如注。23 日下午 3 个小时，全乡降雨 160 毫米以上，23 日下午 4 时 10 分，新民村等地遭遇龙卷风，风力达 10—11 级，部分村民住房受损。24 日凌晨 4—6 点，全乡又普降特大暴雨，降雨量在 200 毫米以上，大部分农田积水受渍。

1991 年 7 月，盐东镇遭受了一场百年未遇的特大洪涝灾害。7 月 6 日下午强降雨云因移到射阳上空，暴雨如注，到下午 3 时雨量已达 176 毫米，新洋港圩堤纷纷告急，全镇人民在乡党委、政府的统一领导和指挥下展开了一场波澜壮阔的抗洪抢险斗争。

新洋港水流湍急，堤外水位高出堤内水位 1.2 米，5 时 50 分左右，兆丰村五组地段一座大坝决口，乡村领导闻讯赶到，几百只泥袋上去，转眼就被洗刷一空，在场的指挥领导果断决定，利用下游石板桥做依托，打下木桩，靠桩垒坝。领导干部带头下水，党员全部跟上。群众扛来了门板、木料、树干、编织袋。打桩的打桩、装袋的装袋、垒土的垒土。为了稳住泥袋不被冲走，乡干部们纷纷下水截流，转眼之间 400 多名群众同党员干部手挽手、肩并肩，用血肉之躯组成一道人墙。7 日深夜两点，经过近 10 个小时的拼搏，终于筑成了新坝。

从 7 月 5—16 日，本乡降雨量累计 327.8 毫米，全乡大部分农田受涝。由于灾后加强管理，当年粮棉仍获丰收。

1998 年的水灾，全年暴雨日共 5 天，其中一日的最大降雨量为 111.6 毫米，发生在 6 月 30 日。最长连续降雨日从 2 月 18—24

日，共7天，降雨量40.2毫米。

2004年水灾，全年暴雨日共2天；一日最大降雨量67.8毫米，发生在8月15日；最长连续降雨日从4月29日—5月4日，共6天，降雨量21.2毫米。

资料来源：《盐东镇镇志》。

第二章

人口概况

乡镇是我国政权的基层行政单位。以行政的概念去思考，或者从行政的意义上去观察，意味着乡镇也就是城乡统筹发展乃至城乡发展一体化的基层单位。然而任何一个行政单位的存在条件都是由在其辖区中生息繁殖的人所决定的。因而人是乡镇的灵魂，是乡镇之所以存在的元基础，同样也是城乡发展一体化的元基础。因此，以人为本是城乡发展一体化的出发点和归属点。

本章简述盐东镇的人口基本情况，介绍盐东镇在开展计划生育工作以及人口管理工作时的一些具体实践。

第一节 人口总述

盐东镇居民以汉族为主，随着社会经济的发展，人口流动不断地加快，移民及外地居民随之迁入，自 20 世纪末起增加了侗族、傈僳族、苗族、土家族、壮族、洞族、蒙古族、彝族、布依族、朝鲜族、回族 11 个少数民族。

在祖国广袤的大陆版图上，盐东镇域成陆时间相对较晚，有人类居住的历史就更为短暂。经淮河水系上千年的反复改道、冲刷，泥沙沉淀渐渐形成海滩陆地后，近代至清末民初，盐东地面呈现的是成片的盐碱地、滩涂湿地和点缀其间的少量柴杂草地，土地贫瘠、资源匮乏、交通不便带来生活艰难、发展无基、百业凋零，极不宜于人类居住，因此人口相当稀少。20世纪20年代以后，来自盐阜、海门、南通等地的移民开始相继迁入定居，他们大多数以烧盐、卖草为主要生计。随着居住人口逐年增多，人们开始逐步开垦农田、兴修水利、种粮植棉，大片大片贫瘠的盐碱地和荒芜的杂草滩地逐渐被改造为优质粮田、棉田，河道的整治和道路的修建也使水利条件和交通条件得到初步改善。解放前，以水灾为主的自然灾害屡现，战争频仍，社会动荡不安，使该地经济萧条、民不聊生，背井离乡、抛田弃屋成为常态现象，人口数量也一直处于不稳定状态。1947年8月，盐东镇镇域被人民解放军华东野战军解放时，总人口约有15000人。

　　新中国成立后，在党和政府的领导下，盐东全镇人民团结一致，艰苦奋斗、勤俭建镇几十年，终于将这片土地塑造成美丽、富饶的新家园，使人们得以安居乐业、共享幸福生活，人口规模也基本稳定下来。20世纪70年代末期实行计划生育国策以来，尤其是改革开放以后，盐东镇人口规模得到了很好的控制，除个别特殊年份外，呈现出超低速增长的格局。进入21世纪后，进一步呈现零增长的稳定态势，在籍常住人口基本维持在56000—57000人的水平上。1976年以来历年人口变动情况如表2—1、表2—2和表2—3所示。

　　专栏2—1

母亲是海门人

　　母亲是南通海门移民的后代。对此，小时候，我羞于启齿；长大后，我深感自豪。

　　母亲出生在盐城射阳县盐东镇，这个镇有一半以上的人其祖先是20世纪二三十年代从南通海门迁移过来的，所以周边人都管他们叫"海门人"；也由于他们操着一口浓重的异乡口音，又以务农为生，也有人称他们为"蛮子"。地方排斥由此可见。母亲年轻时聪明美貌，少不了十里八村的人上门说媒。可母亲心高气傲，自小

表2—1 1977—1992年村、组、户、人口数及人口变动情况

年份	村数(个)	组数(个)	总户数(户)	平均每户人数(人)	总人口(人)			在总人口中非农业人口(人)	年内人口出生数(人)	出生率(‰)	年内人口死亡数(人)	年内人口自然增长数(‰)	计划生育率(%)
					合计	男	女						
1977	26	207	12348	4.7	57427	28406	29021	572	1113	19.5	421	12.1	41
1978	26	208	12681	4.5	57690	28529	29161	558	1039	18.2	381	11.5	75.7
1979	26	218	12379	4.5	55124	27269	27855	517	730	13.3	327	6.4	77.4
1980	26	219	12504	4.4	55001	26382	28619	372	483	8.8	293	3.6	80.5
1981	27	223	12871	4.3	55373	27689	27684	563	932	16.9	375	10.1	78.6
1982	27	224	13388	4.2	55952	28114	27838	553	1027	18.5	317	12.8	79.1
1983	27	224	14059	4	56249	28298	27951	578	902	16	301	10.7	75.2
1984	27	224	14043	4	55623	27811	27812	2331	828	14.8	271	9.9	79
1985	27	224	14284	4	56482	28484	27998	3276	842	14.9	291	9.8	83
1986	27	224	14867	3.8	56519	28689	27830	764	967	17.1	278	12.2	78.6
1987	27	224	15665	3.6	56804	28818	27986	770	949	16.7	311	11.3	91

续表

年份	村数（个）	组数（个）	总户数（户）	平均每户人数（人）	总人口（人）			在总人口中非农业人口（人）	年内人口出生数（人）	出生率（‰）	年内人口死亡数（人）	年内人口自然增长数（‰）	计划生育率（%）
					合计	男	女						
1988	27	224	16293	3.5	57255	29071	28184	862	857	15.1	297	9.8	91.6
1989	27	224	16772	3.4	57650	29442	28208	1279	960	16.7	314	11.2	88.9
1990	27	224	17100	3.4	58467	29690	28777	1324	985	17	368	10.6	89.4
1991	27	224	17654	3.3	59042	30042	29000	1300	823	14	419	7.1	93
1992	27	224	16624	3.5	58779	29981	28798	1302	573	9.8	366	3.5	100

资料来源：《盐东镇镇志》。

表 2—2

1993—2001 年新洋乡户数、人口及变动情况

年份	户数(户)	总人口(人)			在总人口中		出生人数(人)	其中:女孩(人)	出生率(‰)	死亡人数(人)	死亡率(‰)	自然增长		迁入(人)	迁出(人)
		合计	男	女	非农业人口(人)	农业人口(人)						人数(人)	增长率(‰)		
1993	15870	58744	29971	28773	1303	57441	599	265	10.19	384	6.53	215	3.66	411	661
1994	15792	58664	29740	28924	1326	57338	434	199	7.40	350	5.97	84	1.43	337	413
1995	15710	58494	29633	28861	1336	57158	469	236	8.02	392	6.70	77	1.32	292	539
1996	15615	58352	29648	28704	1387		424	197	7.27	373	6.39	51	24		
1997	15543	58231	29619	28612	1467		409	190	7.02	338	5.80	71	1.22		
1998	18167	58207	29800	28407	1470		415	191	7.13	392	6.73	23	0.40		
1999	18166	58502	29840	28662	1554		447	215		213				298	502
2000	18238	57935	29485	28450	3647		622	308		708				61	244
2001	18259	57629	29286	28343	3721		309	156		292				155	233

资料来源:《盐东镇镇志》。

表 2—3　　　　　　2002—2006 年盐东镇户、人口统计　　　　单位：人

年份	总户数（户）	总人口	从业人员	第一产业从业人员
2002	17000	56114	22491	10149
2003	16295	55191	24589	11205
2004	16303	61593	24049	10199
2005	18421	56353	21312	9846
2006	18372	56564	26779	10355

资料来源：《盐东镇镇志》。

常往上海姑姑家，年轻的心早就被繁华的都市给拴住，直到在邻镇偶遇一样恃才傲物的父亲。

经常听镇上老人讲，母亲嫁过来时风光极了。因为是小街上第一个海门人媳妇，那天小街两旁挤满了好奇的居民，想必都是想看看海门人究竟是啥模样。母亲的嫁妆拖了两板车，其数量之多是镇上闺女出嫁从未有过的，特别是缝纫机在当时更是稀奇货。看新娘的人涌进父亲低矮的茅草房，挤破了木门、踩断了凳子、压坏了桌子。涌动的人群，惊奇的目光，母亲从这些陌生的脸上也看到了身为一个异乡人的生活定位。

此时父亲的家族已是一个败落的书香世家，有的是那个年代共有的贫寒和文人家族特有的清高，这就注定着移民又是务农出身的母亲生活上的艰辛和精神上的压抑。自此，勤劳善良的母亲用陪嫁的缝纫机和父亲的画笔一起支撑起这个一贫如洗的新家。

母亲的缝纫机声成了我成长中最美妙的音乐，昏暗的油灯下母亲穿针引线、埋头缝衣的身影是我记忆深处最动情的图画。母亲手艺好，人又和善，一条街上的人都找她做衣服，特别是每逢过年，母亲常常一干就是几个通宵。熬红了眼睛，累弯了腰，可母亲还是笑呵呵的，从没抱怨过一句。当然，母亲做得一手好的缝纫活，最大的受益者还是我们兄妹四个。母亲总是变着花样给我们做新衣，让我们穿得漂漂亮亮的再去上学，这让小伙伴们羡慕不已，也使我

们在那个并不丰衣足食的年代里充满了快乐。后来，母亲招工进入供销社当会计。我至今惊叹母亲的接受能力：不到一个月就掌握了会计知识，且打得一手好算盘。尽管有了在当时算是称心的工作，但每天晚上，母亲仍然伏在缝纫机上做衣，以贴补家用。

也许正是这种目光长远的生存智慧开启了海门人通向各地之门。但在当时没有任何政策支持的条件下，一个群落要立足、发展于异乡谈何容易，横亘在这些逾越过千山万水人们面前的，还有一座更难以逾越的高山，那便是人为的地方排斥。这一点，从母亲的人生历程中也清晰可见。

自古就有"读书者为上"的观念，靠手艺为生又是异地人的母亲起初在传统文人式的父亲家族，地位可想而知。有着海门人血液里的头脑灵活、吃苦耐劳的母亲，更有着传统女性的美德，她从来不与人相争，默默承受外人鄙夷的目光。母亲刚结婚时，说的还是海门话，可不到一年就能说得一口地道的盐城话了。

"物竞天择，适者生存。"如果说母亲那一代海门移民融入地方多少显出些许辛酸和无奈，那么，我们看到，如今这个宽厚包容、忍辱负重的群体，正耕耘着希望，收获着属于自己的幸福。现在，母亲老家所在的东南村，一座省级工业园区已拔地而起。20世纪90年代中期，在这个海门人聚集的村落中，村民们深明大义，主动让地，为园区建设提供了良好的基础条件。现在园区工业已成规模，并带动了服务业发展，村民们或是进厂务工，或是从事三产，就业有了保障，农村经济也越来越好。村镇面貌发生了翻天覆地的变化。

海门人，昔日盐碱地上的拓荒者，今日现代城市的建设者。他们最终以勤劳智慧、纯朴善良、开拓进取赢得了盐城人的尊重，更给儿女们留下了最宝贵的精神财富。

资料来源：摘编自张云同名散文（2006年8月）。

自2007年8月从射阳县划归亭湖区后，盐东镇被纳入盐城大市区发展战略之中，盐东的发展更加与盐城市都市发展密切相关。

城乡统筹发展试点更是加快了盐东的城镇化步伐。按照城乡统筹发展试点的基本要求，编制了《盐城市盐东镇统筹城乡发展规划（2009—2030）》，盐东镇的发展目标和乡镇功能发生了重大变化。围绕加快新农村建设，形成城乡经济社会发展一体化的格局，规划提出加快人口集中居住，扩大集镇规模，同时加快规模新型农村社区建设的重要任务。2013 年，集镇集聚人口增加到 5000 人以上，新型农村社区集聚人口达到三四千人。

在 2013 年最新一轮修编的《盐东镇总体规划》和《村庄规划》中，规划盐东镇近期到 2015 年，镇域总人口规模为 7.2 万人；远期到 2030 年，镇域总人口规模控制在 10.5 万人。而城镇性质定位为江苏沿海大开发前沿节点镇和盐城东郊低碳生态新城。中心城镇为盐东镇镇区（中心镇区、东南片区），规划近期到 2015 年，总人口为 3.9 万人；远期到 2030 年，总人口为 7.2 万人。其中：中心镇区（李灶）近期为 2.6 万人，远期为 5.3 万人；东南片区近期为 1.3 万人，远期为 1.9 万人。

在城镇建设以外的地区，根据集中安置原则，规划分别在李灶河口、新丰河口、美满、桂英等乡村形成 4 个盐东镇生态集中居住区，人口规模分别为 5000 人、5000 人、4000 人、4000 人。

专栏 2—2

盐东镇重视流动人口管理工作

盐东镇一直重视社区矫正和流动人口管理工作。2012 年，对全镇 40 名矫正对象采取一切措施进行了重点监管，安排了具体监管责任人。在所有监管对象中，有两人在联系不到的情况下，再通过其他途径对其进行通告，并给予了一次警告。对流动人口的管理，盐东镇每年组织 3 次全面清查摸底，对全部外来人口的租住地、租住人口具体信息、数量进行了收集归档，并办理了居住证，在加强监管的同时提升了服务。

资料来源：根据有关资料整理。

专栏 2—3

转移富余劳动力

2013 年盐东镇通过深入调查摸底、举办专项培训、组织参加校企对接和民营企业招聘等活动，前三个季度就转移富余劳动力 800 多人。

为了进一步促进农民增收，盐东镇把增加就业、转移富余劳动力作为重要的民生工程，大力实施就业保障安民工程。对全镇富余劳动力进行全面摸底调查，了解就业意愿和职业技能情况，做好有组织转移服务。针对富余劳动力技能缺乏的现状，盐东镇按照规范化管理、信息化传递、一体化服务的要求，建立健全劳动力资源动态数据库，积极协调培训机构开展电焊、缝纫等技能培训，提高职业技能水平，增强就业能力。整合各职能部门资源，密切协调配合，通过镇、村两级劳动保障服务平台，畅通就业安置渠道，搞好配套服务，主动加强与镇内外用人单位的沟通协调，对外出务工人员实行跟踪服务，充分保障外出务工人员的思想道德素质、合法权益和正当诉求。该镇还不断完善政策措施，切实关心、帮助留守老人、妇女、儿童的生活、生产和学习，着力减轻外出务工人员的后顾之忧。

资料来源：改编自盐东镇党委宣传办稿件。

第二节　计划生育

计划生育是我国的一项基本国策。盐东镇的人口与计划生育工作与全国的计划生育进程同步。从 20 世纪 70 年代末开始，历届镇党委、政府都十分重视人口与计划生育工作，并把计划生育工作纳入全镇经济和社会发展的总体规划中来，紧紧围绕控制人口过快增长和提高人口素质总体目标开展工作，取得了令人满意的成效。

一　基本情况

20 世纪 80 年代初，全镇人民积极响应中共中央给全体共产党员、共青团员一封《公开信》的号召，提倡一对夫妇只生一个孩子。此后，大张旗鼓地宣传国家的《人口计划生育法》和《江苏省计划生育条例》。在控制人口增长、提高人口素质方面采取了"三为主"的方针，即思想教育与行政措施以思想教育为主，经常性工作与突击活动以经常性工作为主，预防避孕与节育措施以预防避孕为主。

在计划生育工作中，盐东镇党委、政府认真贯彻落实上述"三为主"方针，始终将宣传教育工作放在首位。采取镇、村、组三级联动的方法，利用一切可以利用的宣传阵地，通过各种方式和途径大力宣传计划生育的方针政策和法律法规，把计划生育的思想融入群众的日常生活当中，从而达到改变群众传统婚育观念的目的。

从总体进程来看，在30多年的时间里，盐东镇的计划生育工作经过了起步阶段、行政措施阶段和基础管理阶段，目前已进入优质服务和依法管理时期。20世纪80年代，由于受生产力水平的限制，计划生育工作一度要靠行政手段干预，镇、村、单位按照工作目标，采取了一系列的行政措施，使得计划生育工作有所好转，也达到了控制人口增长的目标，但是在不同程度上造成了干群关系紧张。因为部分群众未能真心理解计划生育工作的重大意义。

20世纪90年代开展的计划生育工作实现了转型。由原来依靠行政措施推进转变为以抓基础管理来促进计划生育工作的开展，通过抓节育措施的落实和"双月查"工作，减少了计划外怀孕和怀孕对象的及早发现，大大地提高了工作效率，减少了计外生育，真正地达到了控制人口的目的。

进入21世纪后，盐东镇的计划生育工作进入了前所未有的新阶段，由过去的行政管理型向群众服务型转变，着力于构建"依法管理、政策推动、村民自治、优质服务、综合治理"的人口与计生工作新机制。镇政府投资新建了"人口与计划生育服务中心"大楼，基础设施齐全，配备了专业的计生服务人员，以群众的需求为出发点，开展全方位的服务，以真诚的服务，换取了群众的满意，赢得了广大育龄夫妇对计划生育工作的理解和支持，从根本上实现了计划生育和控制人口增长工作思路和工作方法的"两个转变"。

通过大量艰苦细致的工作，盐东镇计划生育工作取得了令人瞩目的成就。全镇在常住人口得到有效控制和数量有所下降的同时，人口的素质有了明显的提高。全镇总人口从 20 世纪 80 年代的 6 万多人下降到目前的近 5.7 万人，计划生育率逐年攀升，现在稳定在 99% 以上的水平，较好地完成了各项指标任务。1991 年以来全镇计划生育指标情况，如表 2—4 所示。

表 2—4　　　　　1991—2006 年计划生育各项指标情况

年份	总人口（人）	已婚育龄妇女（人）	出生人数（人）	人口出生率（‰）	计划生育率（%）	人口自然增长率（‰）
1991	59042	11835	823	13.98	90.95	7.12
1992	58779	12474	579	9.8	94.3	3.58
1993	58744	13242	599	10.19	95.5	3.66
1994	58664	13263	434	7.40	98.88	1.43
1995	58494	13334	469	8.02	99.79	1.32
1996	58352	13364	424	7.27	99.05	0.88
1997	58231	13445	409	7.02	98.13	1.22
1998	58207	13445	415	7.13	98.03	0.40
1999	58502	13479	447	7.64	10	4
2000	57935	13381	622	10.7	99.67	-1.48
2001	57629	13203	309	5.36	99.8	0.29
2002	57238	13021	323	5.64	99.17	-0.35
2003	56864	12920	367	6.45	99.52	0.088
2004	56417	12761	389	6.89	99.14	0.12
2005	56353	12529	397	7.04	99.11	0.24
2006	56398	12351	400	7.09	99.8	0.26

资料来源：《盐东镇镇志》。

二 多管齐下抓落实

多年来，盐东镇党委和政府始终坚持计划生育为头等大事的方向，认真贯彻落实国家"一法三规"及江苏省《人口与计划生育工作条例》《村民委员会组织法》等法律、法规，以满足群众日益增长的计划生育需求为宗旨，采取多种措施抓好人口与计划生育工作。实行工作重心下移，进一步夯实基层基础工作，坚持以人为本，搞好优质服务，不断提高群众满意度。

首先，严肃工作责任，细化工作目标。盐东镇根据形势和要求，不断提出人口与计划生育阶段性工作实施计划。2004年，盐东镇政府以盐政发〔2004〕35号文件的形式出台《关于开展计划生育合格村创建活动的意见》，对所属各村就开展新时期计划生育合格村创建活动提出指导思想、创建标准、工作责任和目标要求。2007年在盐东镇党委盐委发〔2007〕6号文件中再次强调人口与计划生育工作责任。此后，根据此文件精神，镇党委和政府提出《中共盐东镇委员会、盐东镇人民政府关于对人口与计划生育工作实行责任追究的意见》，同时对整体人口与计划生育目标进行细致分解，按村一级分工包干，并将分工村工作责任与目标紧密结合起来。

其次，建立考核机制，挂钩工作实绩。镇党委和政府通常在每年上半年要召开一次全体镇村干部例会，全面部署全镇当年度的人口与计划生育工作。会上出台《年度人口与计划生育工作责任制考核意见》，公布当年度人口与计划生育工作责任制考核细则。把各党委、总支、支部、各村（居）民委员会、镇直镇办单位、镇各齐抓共管部门、镇人口与计划生育服务中心及其全体工作人员，全体村（居）干部、镇机关分工包村干部作为考核对象，同时，将14个村（居）分为三档，按百分考核制进行考核。

盐东镇的考核细则规定，凡完成年度工作目标，年度考核总积分列一档村前三名、二档村前两名、三档村第一名的村（居）

由镇党委、政府授予"人口与计划生育工作先进单位"称号。村（居）代表镇接受区及以上单位考核，成绩优异的每次加 5 分，影响全镇实绩的每次扣 5 分。对村（居）计划生育工作严重滑坡，或基础管理工作不扎实且当年积分低于 75 分，以及出现政策外生育后，未能按规定将社会抚养费征收到位，未能完成镇下达指标的，实行"一票否决"，取消综合类奖项和党建及精神文明建设先进奖的评比资格，并对其实行重点管理。当年政策外生育的按盐委发〔2007〕6 号文件规定执行；往年政策外生育未报在当年查实的，按当年规定纳入实绩考核，并视情节追究相关人员的责任。所有村（居）干部劳动报酬的 1/3 与计划生育工作实绩挂钩。

盐东镇对社会事业局负责镇人口与计划生育的工作人员考核作了专门规定，指出完成年度工作任务，镇年度人口与计划生育工作列全区乡镇前两名的，中心奖金总额上浮 10%，其中主任和支部书记奖金上浮 20%。年度计划生育工作考核列全区最后一名的，其所有人员年度奖金下浮 20%，主任和书记奖金下浮 30%。年度计划生育工作被"一票否决"的，负责计生工作的所有人员取消年度奖金，集体取消先进单位评比资格。同时，对镇分工包村干部实行单项专门考核。分工村完成全部工作任务，年度计划生育工作受镇以上表彰，分工干部优先作为先进工作者人选推荐。分工村出现政策外生育的按盐委发〔2007〕6 号文件规定执行。镇直各部门、各齐抓共管单位经检查考核，对人口与计划生育工作任务完成情况不到位的单位与个人，依据《中共盐东镇委员会、盐东镇人民政府关于对人口与计划生育工作实行责任追究的意见》严肃实施责任追究。

最后，强化宣传教育，构建服务体系。自开展计划生育工作以来，盐东镇历届镇党委、政府都注重宣传教育工作，不遗余力地利用各种渠道、各种方法大力宣传计划生育作为基本国策的重要意义，宣传计划生育对家庭发展和妇女、儿童健康的重要性，并针对每个阶段的工作任务，组织各级干部、妇女群众办各种类型的专题培训班。例如，2010年以来，盐东镇利用广播和有线电视等载体，广泛开展"婚育新风进万家"和"关爱女孩行动"等专题宣传，在全镇范围内掀起创建计划生育新农村新家庭的热潮。

为实现人口与计划生育目标，盐东镇按照"因地制宜、试点先行、分步建设"原则，深化优化生殖健康和计划生育服务，落实各项优惠政策，为育龄群众排忧解难。同时，将"创建计划生育合格村活动"和"创建计划生育新农村新家庭计划"纳入本镇社会主义新农村建设整体规划，做到制度落实，人力、财力、物力到位。盐东镇还建立起宣传教育、技术服务、信息咨询、人员培训和药具管理"五位一体"的服务体系，实施综合治理，严厉打击"两非"案件，统筹解决农村人口问题。

专栏2—4

盐东镇政府《关于开展计划生育合格村创建活动的意见》（摘要）

盐政发〔2004〕35号（2004年9月23日）

计划生育合格村创建标准：四无、八好、一满意。

四无：无违反政策生育，无未落实措施的流引产，无瞒、漏、假报计生信息，无流动人口漏登假管现象。

八好：

（一）组织领导好

1. 健全计生领导小组，村配备女性计生专职干部，组配备一名信息员。

由村（居）党组织书纪任组长，副书记、村（居）委会主任任副组长，村"两委"会的其他成员组成。

2. 将计生工作纳入村三个文明建设总体规划，摆上重要议事日程，定期研究解决计生工作的重点、难点问题。

村（居）"两委"会每月会办研究一次人口与计划生育工作，解决工作中的重点和难点问题，突击性工作要专题会办。要求会议记录齐全完整，村（居）主要领导要亲临一线。

3. 保证计生工作必要的经费投入。

（二）宣传教育好

1. "婚育新风进万家"活动广泛开展，育龄群众能及时、有效地得到所需计生知识，计生知识知晓率达 90% 以上。

2. 村有宣传栏、组有宣传牌，做到每月更换一次宣传内容；村人口学校按要求正常开展活动。

村人口分校要有：①硬件：校牌，教室（可借用、合用），课桌和板凳，黑板，电视机、放像机、收录机等；②软件：备课笔记，教育记录，点名簿，试卷（以上四项每年均需 8 期）；③墙上资料：可结合党支部、青年、民兵等其他内容综合宣传，但计划生育要有一定比例的牌面；④要有科普宣传录像录音带、计生知识宣传书籍、挂图、档案资料和规范化标语（每村不少于 10 条）。

3. 育龄群众能收到一定数量的免费计生宣传品。

（三）技术服务好

1. 有专门的计生服务室，并发挥其应有作用。

村计划生育服务室要有：①服务咨询室、检查室，每室不少于 10 平方米，地面平整，墙面用涂料粉刷；②自来水池；③检查床 1 张，手术圆凳 1 张，药箱 1 个，资料橱 1 个，照明灯 1 只，敷料缸 1 只，窥阴器等检查器材，体重秤、血压计、体温表；④计划生育科普知识版面 5 块以上；⑤坐班服务登记簿；⑥室内外环境整洁卫生。

2. 坚持计生专干、妇女主任每月逢 5 日、15 日、25 日的固定坐班服务日制度。

3. 育龄群众能按生殖健康促进工程要求接受计划生育服务，知情选择率达 90% 以上。

4. 按要求开展规范的随访服务，随访服务率达 95% 以上。

（四）依法管理好

1. 认真贯彻落实计生法律法规，依法规范计生行政行为，及时办理一孩生殖保健服务证、照顾再生一孩生育证。

2. 依法维护群众的合法权益，落实免费技术服务和独生子女父母奖励金。

3. 实行计划生育村民自治，有自治章程，有村民代表议事制度，有村规民约，并能较好地解决村务公开、经费筹措、群众积极参与等具体问题。

（五）信息引导好

1. 实行现居住地统计、管理、服务体制，无漏统、漏管现象。

2. 建立健全计生工作制度和工作台账。

3. 信息收集、变更、上报及时规范准确，准确率达98%以上。

（六）协会活动好

1. 协会组织健全，制度完善，活动正常。

2. 能因地制宜开展计划生育"三生"服务。

3. 协会工作能够自成体系，有所创新。

（七）流动人口计生服务好

1. 将流进人口纳入常住地管理，做到底数清、情况明、抓到位。

2. 及时与流出人员签订合同，办理、换发《婚育证明》并督促流出人员定时反馈避孕节育报告单。（要求全国统一式样的）

3. 协助做好流进人员《婚育证明》的查验和信息反馈工作。

4. 切实维护流动人口的合法权益，使流进人员像常住地人员一样，同宣传、同管理、同服务、同待遇。

（八）计生利益导向机制好

1. 能够落实县委、县政府〔2003〕34号文件，积极推行利益导向机制。

2. 在出台有关措施办法时优先考虑计划生育家庭。

3. 采取多种途径、多种形式帮扶计生特困家庭。

有会议研究记录、有工作计划、有帮扶工作统计等。

一满意：群众对计生工作比较满意，干部关系融洽，群众满意率达95%以上。

具体创建要求：

（一）提高认识，落实创建措施

各村（居）必须深刻认识开展计划生育合格村创建活动的重要性和必要性，结合本地实际，将合格村创建活动摆上重要位置，加强创建活动实施，制订工作计划，细化创建措施，落实创建责任，确保创建工作取得成效。

（二）有机渗透，提高创建质量

各村（居）要把开展计划生育合格村创建活动与创建省示范县各项工作要求结合起来，与计划生育村民自治工作结合起来，与计生协会规范化建设工作结合起来，做到齐头并进；要将开展计划生育合格村创建活动有机融入渗透到村级各项工作之中，做到与建设小康村、文明幸福家庭结合起来，进一步提高计划生育合格村内涵质量。

（三）加强指导，严格考核验收

镇人口与计划生育服务中心要加强对创建计划生育合格村工作的指导、督查和考核，并将考核结果报县计生委审定，对达到标准的合格村报县命名，进一步提高村级创建积极性。

第三节　人口普查

在开展第五次全国人口普查时，盐东镇还隶属于射阳县。2000年11月1日公报的普查数据是，全镇常住人口为56566人。

2010年进行了第六次全国人口普查。为高质量地完成人口普查任务，盐东镇根据省、市、区各级政府的有关要求，全面启动了相关准备工作。首先，重视领导工作，落实全镇普查工作。盐东镇及时召开党委和政府办公会，专题研究普查工作，精心布置各项任务。成立以镇长为组长的人口普查领导小组，主抓全镇的普查工作，同时落实人员、经费和办公场地。其次，加强普查宣传，确保普查工作顺利开展。人口普查不是一个地区一个部门的事，也不是一个单位一个人的事，它是一个政府的行为，是需要全社会成员共同参与完成的。因此，让每一个公民知晓人口普查并参与人口普查十分重要。盐东镇通过挂横幅、贴标语、出墙报、播广告、有线电视播报和下村组座谈等方式大力宣传人口普查的意义，做到家家知晓，营造群众关心、支持、参与人口普查工作的良好氛围。再次，强化专业培训，保证普查工作具有高质量。认真选调责任心强、文化素质高的人员担任普查指导员和普查员，抓好职业道德、普查制度、普查技能和岗位职责等方面的培训，并根据镇、村（居）的实际情况，具体问题具体分析，培训普查工作的针对性操作技能。同时要求各有关单位和所辖村庄、居委会抽调协助人员，按时到岗配合有关工作。最后，重视各单位配合，确保圆满完成普查任务。盐东镇要求各相关单位通力协作，密切配合，牢固树立时间观念、质量观念和全局观念，统筹安排，科学管理，分解人口普查的难度，保证人口普查数据的真实性。

最终，盐东镇普查机构和工作人员严格执行人口普查方案，按照工作流程和要求，一丝不苟地做到"村不漏房""房不漏户""户不漏人"，出色地完成了人口普查的各项工作任务，也为今后的普查工作和人口管理积累了宝贵经验。

2010年11月1日，盐东镇在第六次全国人口普查中经公报的数据是，全镇常住人口为44352人，占亭湖区人口总数的4.9%。

专栏2—5

盐东派出所狠抓"四个关"做好二代身份证扫尾工作

盐城市公安局亭湖分局盐东派出所针对辖区内未换领人员基数大这一情况，采取多项措施，着力提高二代身份证办证率。

一是狠抓摸底关，全面掌握底数。针对盐东镇有户籍人口近6万人，人口普查时统计70多岁的老年人有6000余人，是远近闻名的长寿乡这一情况，该所民警将未换领二代身份证的2605名人员名单逐村打印，由社区民警发动村干部逐一核对了解情况。经统计，未换证人员中，长期瘫痪在床的老年患者18人，远离儿女的孤寡老人85人，更有一部分常年居住在外地子女家的老年人37人，甚至有应销未销户人员87人。为此在宣传办证的同时，派出所对死亡未注销、一人多户等应销未销等情况经核对确认后，依法全部注销。

二是狠抓宣传关，扩大知晓范围。该所针对未办证人员分散这一特殊情况，采取了电视广播宣传、发放宣传单、商请村干部代为通知、内勤民警电话通知、社区民警上门入户动员等多种形式，对一代身份证将自2013年1月1日停止使用和办理二代身份证具体规定、流程、地点、收费标准、便民措施等进行广泛宣传，共在盐东镇有线电视滚动播放通知60天，发放办证通知单5500余份，做到家家知晓、人人知悉，取得了良好的宣传效果。

三是狠抓便民关，畅通办证渠道。其一，实行弹性时间工作制。户籍民警及协警，放弃中午休息时间，周末照常上班，保证广大群众随来随办。其二，设立接待室。所领导积极支持该项工作，专门腾出一间办公室作为等待办理群众的休息室，备好桌椅、毛巾和茶水。其三，实行预约办证。上周社区民警了解到距派出所路途较远的坞港、正洋村群众担心工作日到派出所办证要排队这一情况后，所领导和户籍内勤立即与村干部预约，民警和工作人员7月21日、22日放弃周末休息，发扬不怕苦、不怕累精神，为新冲、坞港、正洋等村218名老年群众办理了二代身份证。其四，实行送证上门。民警对行动不便和孤寡老人的证件全部送证上门。行动展开以来，共送证上门215份。

四是狠抓质量关，确保合格率。由于未换领二代身份证的大部分为老年群众，他们岁数大，行动不便，再加上有的离派出所较远，来派出所办理一次身份证较为不易，该所工作人员还苦练人像采集基本功，在提高采集人像水平和效率的同时，努力提高应用人像处理软件水平。对行动不便无法到派出所拍摄照片群众，民警上门服务采集照片后，在保持原有数据真实度和清晰度的基础上，进行后期处理，保证信息全部合格。近半年来，共办理二代身份证 1235 份，合格率 100%，上门拍摄照片 25 人，信息全部合格。

资料来源：改编自亭湖区政法委稿件（2012 年 7 月 30 日）。

第三章

经济社会发展概述

　　党的十八届三中全会《中共中央关于全面深化改革若干重大问题的决定》指出，"必须健全体制机制，形成以工促农、以城带乡、工农互惠、城乡一体的新型工农城乡关系"，"坚持走中国特色新型城镇化道路，推进以人为核心的城镇化"。进入 21 世纪后，盐东镇在 20 世纪 90 年代探索、尝试新农村建设的基础上，大胆探索、积极创新，致力在农村乡镇塑造新型工农城乡关系，不断推进统筹城乡发展的实践。尤其是实施第十二个五年计划以来，盐东镇按照"产业转型发展、统筹城乡发展、民生优先发展"的工作思路，坚持统筹规划先行，产城互动引领，围绕生态做文章，加快产业融合，致富群众，走出一条富裕、生态、人文美丽的科学发展之路。短短几年，随着镇域综合实力不断增强，全镇工业化、城镇化和农业现代化的步伐明显加快，经济社会步入了和谐发展、快速发展的快车道。一个统筹城乡、布局合理、功能完善、环境优美、管理有序、经济繁荣、活力四射的现代化生态新城已悄然崛起，一幅统筹城乡发展的美丽画卷正在徐徐展开。作为一个脱胎于传统农业、农村的乡镇典型，盐东镇在创造新型小城镇和新型城乡关系的过程中，经历了持续的探索和实践，被誉为"盐东方案"、"盐东样本"，对贯彻落实十八届三中全会形成"新型工农城乡关系"的精神要求，有着重要的现实意义和参考价值。

本章内容综合改编自 2014 年第一季度和 2013 年记述盐东镇经济社会发展和新农村建设实践的几篇媒体报道，力图通过专业宣传机构的视角和观察，全面展示目前盐东镇经济社会发展的基本情况。①

第一节　谋篇布局：老镇新貌新城提档升级

盐东镇是盐城市唯一的江苏省"强镇扩权"试点镇，也是盐城市统筹城乡发展试点示范镇，是全市 50 个重点镇之一。在当前的发展阶段，盐东镇面临江苏省沿海开发上升为国家战略、盐城市发展东进、盐东被确定为城乡统筹示范镇三大战略机遇，抓住、抓稳、抓实这三大机遇，就能使盐东奔跑在城乡发展一体化的快车道上，驱动盐东的经济社会发展迈上一个崭新的台阶，促进盐东的城乡面貌发生根本性变化。盐东镇党委和政府对此有着深深的紧迫感和责任感。

盐东镇将 2013 年看作抢抓机遇、加速新特产业发展的关键之年，更是贯彻落实党的十八大精神、全面加强美丽盐东建设的重要之年。全镇按照"埋头苦干战五年，跻身全市前十强"的总体要求，坚持以"强镇扩权"为最大政策，以"统筹城乡"为最好机遇，以新镇区、新园区、新社区"三新工程"为重要抓手，继续推行工作项目化、项目节点化、节点责任化"三化措施"，精心打造"新特产业集聚带、生态旅游新干线、现代农业示范区、统筹

---

① 以下内容主要改编自下述相关文章，《活力四射的现代化生态新城盐东镇纪实》（《人民日报》海外版欧洲刊网，2013 年 10 月）、《亭湖区盐东镇以"三新工程"力推美丽盐东建设》（江苏文明网，2013 年 3 月 4 日）、《打造园区经济"升级版"：盐东镇建强载体集聚项目加快产业转型升级纪实》（盐城政府网，2014 年 3 月 17 日）、《收官之作很精彩：盐东镇 2013 年经济社会发展回眸》（盐城政府网，2014 年 1 月 3 日）、《乡野春风日画卷：盐东镇创建国家级生态镇纪实》（盐城政府网，2010 年 5 月 22 日）、《多元接轨，从乡镇到城镇要"瞄着城市"》（盐城政府网，2010 年 3 月 17 日）。

城乡样板镇"四大特色。凝心聚力，攻坚克难，紧赶快干，争创一流，为全面建成高水平小康社会、奋力实现科学发展跨越作出积极的贡献。

实现区域综合实力快进位、科学发展新跨越，完成全年各项目标任务，必须以好项目、大项目为支撑，而科学谋划是前提。这是进入第十二个五年计划后盐东镇的基本发展思路。尤其是2013年以来，盐东镇分门别类，选择了产业强镇、镇村建设、民生幸福、生态优美、改革创新5大类20个重点项目，以规划引领统筹城乡发展，聘请国内一流规划设计院，在深入调查研究的基础上，科学编制了全域规划，包括《盐东镇统筹城乡发展总体规划》《村庄规划》等。与此同时，聘请澳大利亚城市规划设计院设计完成了《千鹤湾老年养生社区总体规划》。

在功能分区上，突破行政区划的限制。在产业布局上，兼顾三次产业的互动融合，把城乡作为一个有机整体，将每一寸土地都纳入规划的范围，实现集镇、村庄规划全覆盖。在农业规划上，充分考虑新型工业、观光旅游和现代服务业的发展。在工业规划上，综合考虑原材料、劳动力及生态环境因素，与现代农业发展布局相衔接。在现代服务业规划上，充分结合现代农业和新型工业的分布和特点，突出配套功能。

《盐东镇统筹城乡发展总体规划》《盐东镇总体规划》评审工作一结束，盐东镇就立即着手组织规划实施。按照规划，盐东镇大力开展针对性招商引资活动，积极落实各规划项目。按照"工作项目化、项目节点化、节点责任化"的推进机制，坚持以项目为抓手，细化"任务分解表"，制定"落实路线图"，采取超常规措施，从早、从紧、从细抓实各项工作。明确"一包到底"的推进责任，落实"一个项目、一位领导、一套班子、一张进度表、一抓到底"的"五个一"制度，提出不讲困难、不讲条件、不得扯皮推诿、只讲结果的工作要求，坚持每天一会办、每周一督察、两周一通报的工作推进措施。严格要求项目推进组的同志每天吃住在工地、会办在现场、解难在当时、督察在工地，"干"字当头，"快"字为先，抢工会战，攻坚克难，充分发扬"五加二""白加黑"的精神，竭力以时间换空间、以力度换跨度、以频率提效率，确保项目推进天天都有新进展，周周都有新形象，月月都有新高潮。按照"从早从紧、紧张快干、干就干好"的总要求，确保重点工作、中心任务落到实处。例如，在盐东科技产业园、黄海国际大酒店综合体一期、新奥燃气撬装站建设及入户工程等重点项目上，明确"一包到底"的工作责任。有关工作人员挂钩服务项目，"要按照不讲困难、不讲条件、只讲结果的工作要求，以抢工会战之势，抢抓工期，排除万难，提速推进，确保项目推进天天都有新进展，周周都有新形象，月月都有新高潮"。

通过科学规划，强力实施，老旧的农业镇在很短的时间内就展现出新的面貌。东南纺织产业集中区、驿龙湾生态区、千鹤湾国际老年养生区、盐东新镇区、盐东科技产业园区以及现代农业产业园区"六大板块"使工业集中区、公共服务区、商贸物流区、居民生活区和谐地构建成一个新型集镇。

专栏 3—1

盐东镇镇域产业布局规划

第一产业：规划结合城镇布局和产业规划，以及农业发展基础好的优势，形成相对完整的且有一定规模的农业发展区。镇域农业仍以种植业为主体，加快发展多种经营，大力发展高效农业和生态农业，拓展农业的发展领域，加强特种农产品的生产优势，进一步提高农产品的商品率。同时结合农村建设用地的合理归并，对老宅基、废弃地进行复垦，使农田更加规整，以利于农业的规模经营，确保基本保护农田的数量和质量。东部主要作为丹顶鹤生态保护区的缓冲区，发展生态农业。

第二产业：按照"工业向镇区集中"的要求，坚持以工业开发与基础设施建设相结合，发挥工业区的集聚效应。积极推进工业布局的形成，在盐东镇集中发展东南工业集中区。镇域工业的发展应逐步集中到东南工业集中区、环保产业园的工业用地，基层村的工业应予关停或搬迁集中，以切实保护镇域环境，发挥工业经济的规模效益。

第三产业：盐东有发展现代商贸业的基础，重点以中心镇区为主；同时加强房地产业，培育发展社会服务业，不断开发医疗保健、社区文化、法律咨询、居民就业技能培训、家政服务、社会保洁、养老产业等服务项目。

资料来源：摘自《盐东镇总体规划》第十九条。

第二节 三新工程：产城互动新城循环发展

城乡一体化、城乡关系协调的新型小城镇如何建设，盐东镇结合自己的镇情和发展实践，有深入、独到的认识和理解，这就是城产结合，互为支撑和依托。简而言之，城镇发展，要以产业为支撑，防止"空心化"；产业发展，要以城镇为依托，防止"孤岛化"。统筹城乡发展，必须坚持以产兴城，产城互动，以产业发展带动城镇建设，以城镇建设推动产业升级。而新镇区、新园区、新社区"三新工程"则是盐东镇推动城乡一体化的有效途径。

在新镇区建设上，盐东镇以《盐东镇统筹城乡发展总体规划》《村庄规划》为引领，分老镇区、社会事业项目区、千鹤湾项目区、行政中心及辐射区四大区域。

千鹤湾国际老年养生社区是一个推进盐东新镇区建设、统筹城乡发展试点的工程，它沿袭了盐城环保产业园建设的思路，向西承接市区红色旅游，向东策应沿海湿地旅游，建设好该项目对优化盐东集镇形象、促进盐东经济发展具有重要意义。把千鹤湾项目与大市区东向出海战略有机结合起来，努力把千鹤湾国际老年养生社区打造成长三角的亮丽风景和名片。目前，该社区正在进行老年公寓的打桩作业、草坪铺设等工程，人工湖景观区已初具规模。建成后，整个养生社区可接待 3 万名老年人入住，预计经过 3—5 年的努力，在盐城将崛起一座高端的养老国际社区、生态的低碳养生基地、休闲的特色度假景区。

在新园区建设方面，为彻底改善镇域发展工业初期"家家点火、户户冒烟"效益低下的现况及其带来的环境恶化问题，盐东镇果断实施企业向工业园区集中的发展战略，推进新镇区、新园区、新社区的有机统一与和谐并进。按照"企业向园区集中、人口向城镇集聚、城镇配套服务产业"的发展思路，围绕做特做优纺织产业、做大做强建材产业、做新做精机电产业目标，力求在项目攻坚上取得新进展。近期除了重点建设新洋港新型建材园区、科技创业园区，盐东镇还积极推进现代高效农业示范园布局规划，加大特色产业培植，最大限度发挥区域资源优势，积极引导优势产品、优势产业，向农业园区集中。

随着一批特色产业的迅速落户，专业园区的集聚效应日益凸显。

在新社区建设上，盐东镇继续加大新农村民生工程实施力度，不断改善镇村生产生活环境，采用"镇村联动＋主动配合"模式，解决居民饮用水、天然气等问题。同时，按照"一楼五室两超市一广场"的标准启动一些村居综合服务中心的建设升级，这将为壮大集体经济实力、创新社会管理、构建和谐新农村创造更加优越的社会环境。

针对"三新工程"，2013 年至 2014 年盐东镇重点抓好以下 4 大类 35 个重点项目。

第一类是产业强镇项目。首先，在新镇区启动建设盐东科技创业园，同时搭建招商平台，力争年内招引三个新特产业重大项目落户园区。其次，实施东南园区道路改造项目，启动建设占地 200 亩、建筑面积 12 万平方米的千鹤湾老年公寓，确保年内具备入住条件。最后，实施农业园区精品项目工程。招引三个以上技术含量高、辐射能力强的特色农业新项目。

第二类是镇村建设项目。首先，组团开发，开工建设占地 150

亩、总投资 6 亿元的黄海国际大酒店综合体项目,年内实施组团开发项目 3 个,完成投资 1.5 亿元,建成 3 万平方米的星级宾馆。其次,开工建设 4 万平方米的千鹤湾安置区、4 万平方米的新镇区安置区。再次,在东南村开工建设 5000 平方米的驿龙湾企业家会所。最后,启动"万顷良田建设"工程,年内完成首期拆迁 800 户,在新镇区建设 10 万平方米拆迁安置房的任务。

第三类是民生幸福项目。首先,在老镇区改造完成占地 35 亩的李家灶居民广场。其次,开工建设 5000 平方米的文化艺术活动中心。再次,在桂英村实施农业资源综合开发项目。最后,启动建设盐城市老年专科医院。

第四类是生态优美项目。首先,建成总长 24 千米、总用地 1 万亩的三条绿色生态走廊。其次,实现农村垃圾无害化处理全覆盖。最后,实施农村生活污水处理项目,达到生态镇建设的基本要求(参见本章第五节)。

专栏 3—2

盐东科技创业园

盐东科技创业园位于盐东镇新镇区西翼,处在东南纺织工业集中区、新镇区、千鹤湾国际养生社区的发展轴线上。园区占地面积 5.25 万平方千米,其中启动区约 520 亩,总建筑面积约 28.4 万平方米,目前正在加快基础设施建设,2014 年新引进的企业就能够入驻。

创业园区是城镇化发展的基础条件,也是产生小城镇创业聚集效应的"催化剂"。近年来,盐东镇结合自身发展定位,按照集中、集约、集群的理念,虽然先后规划建设了东南工业集中区、新洋港建材工业园等特色鲜明、设施完备、功能齐全的园区,提高了"筑巢引凤"的能力,但是,在镇中心区域却没有一个园区。

面对这种情况,2010 年以来,盐东镇积极谋划,通过前期考察、论证研究,于 2012 年作出建设科技创业园的决策。科技创业园以全面完善镇域发展规划布局,形成一条南北发展轴,两条东西发展轴，一条沿新丰河景观带，以位于新镇区中心的配套服务为核心区，包含东部居住片区、一个交易展示区和两个工业片区的"三轴、一带、一核、四区"总体格局。2013年年初科技创业园正式开工建设。为了尽快让签约项目入园，盐东镇专门成立科技创业园区管委会，搭建专门班子，全面协调推进各项基础设施建设工作，快速提升园区配套服务功能，不断提升园区承载能力。

优质载体是吸引客商投资的关键。盐东科技创业园虽然起步并不算早，但以科学合理的规划、良好的基础设施和优质的服务受到客商的普遍欢迎。在2013年上半年由盐东镇组织的招商引资暨集中签约项目活动中，仅在活动当日，科技创业园就签订意向性投资项目6个。"盐东科技创业园圆了我的创业梦想。"园区签约企业负责人韩广兴奋地介绍。韩广是一名土生土长的盐东人，能在家门口创业一直是他的梦想。看到园区配套设施已进入收尾阶段，企业明年可以按照时间节点入驻。韩广说："这意味着离我的创业梦想更近了一步。"

便利的交通、优质高效的服务的确是打动客商投资的重要因素。此次签约活动中有一家生产宣德炉的企业，该项目投资主体是苏州炉缘阁有限公司，项目总投资预计3000万元，拟新建高标准厂房5000平方米。炉缘阁品牌曾荣获中国工艺美术协会颁发的代表全国工艺美术最高奖项的"百花奖"。"这次选择来盐东科技产业园兴业投资，一是被招商人员的诚意所打动，同时也是由于这里优越的地理位置，10分钟可达沿海高速公路，20分钟可达盐城机场，30分钟可达市中心，这样便利的交通有利于我们产品的运输和销售。"苏州炉缘阁经理任燕之说。

资料来源：根据相关资料和新闻报道整理。

为了推动这4大类35个重点项目加快建设，盐东镇将2014年确定为"重大项目突破年"。以开展"重大项目突破年"活动为契机，针对每一个项目，全面落实项目建设责任制，挂钩到镇政府各职能部门具体责任人。要求所有挂钩责任人全部深入一线，对项目实行全程包协调、包进度、包竣工、包达效等"四包"服务，对重特大项目每周会办一次，对汇总上来的问题进行集中交办、会办和督办，积极化解推进过程中的资金、土地、融资、劳动力等难题。盐东镇坚持动真碰硬抓落实，实行每周集中督察，每月集中开工、每季集中汇报、半年集中观摩，并现场打分、现场公布、现场点评，按月对项目推进情况进行督察和考核。对进展达不到要求的项目，采取"五加二""白加黑"、吃住在工地等举措，确保35个重点项目全面达到时序进度要求。列入亭湖区重点工业竣工考核的4个超亿元投资项目，建华管桩、年产30万吨硅粉、环保节能烘干除尘设备、进口沥青脱装加工等，保证年内竣工投产。

如今，盐东的形象在"三新工程"各个项目的不断推进中得到彰显，社会知名度大大提高。盐东镇正发生着日新月异的变化，产业在这里落户，新城在这里拓展，村民在这里安居。

专栏3—3

2013年在盐东镇建设的部分重点项目情况

机电工业园。完成园区规划，首期征地100亩，新建标准厂房4万平方米，修建园区道路2条，总长1.5千米，绿化、亮化、管道、道路等配套设施到位，部分企业已入驻。

驿龙湾生态园。集生态旅游、民俗文化宣传、休闲度假、生态农业示范于一体的农业生态园，完成征地拆迁，总体规划通过评审，湖坡改造、湖边道路修整、土地整理、周边绿化、游客接待中心、人工湖景观等主体基本完成，建成果园、设施蔬菜基地1000亩，其余休闲度假项目即将开工建设。

现代农业示范园区。2011年至2015年，建设核心区1万亩，截至2013年年底已建成5000亩，其中设施3500亩、生态旅游农业1000亩、高档苗木500亩。在建成蝴蝶兰、闽泉食用菌等项目的基础上，新招引2—3个现代农业项目，整理土地800亩以上。园区面积扩建成8000亩，生态旅游农业面积增加1000亩，完成园区内海棠路南延等各项配套工程。

蝴蝶兰项目。位于现代农业示范园区内，完成征地拆迁，土地整理、道路、给排水、电力和广场等基础设施已完成，正在建设10万平方米日光智能温室和钢架连栋大棚。

鹤鸣轩生态园。已完成流转土地600亩，建成果林场、垂钓中心、人工湖、接待中心等，建设生态园、休闲观光园等对外开放。

曙阳农家乐项目。占地100亩，建设水上垂钓、农家乐、果园等。2013年完成基础设施建设，绿化、道路、驳岸、桥梁、亭廊等基础设施已建成。

闽泉食用菌项目。位于现代农业示范园区内，占地100亩，其中基础设施3.5万平方米，4000平方米厂房年底竣工投产。

万顷良田土地整理项目。2013年至2015年，整理土地2.5万亩，拆迁农户1980户。其中2013年整理土地8000余亩，拆迁安置农户700户。

千鹤湾国际老年养生中心。由千鹤湾老年公寓投资管理有限公司为投资运营主体，占地385亩，建筑面积3万平方米。展示中心主体建设完成，安置房桩基完成，道路、桥梁、驳岸等基础设施基本完成，一期老年公寓开工建设，新建老年公寓、健康文化高尚商贸区、水乡休闲旅游区、老年国际度假区等。

试点镇以改善民生为重点的组团式项目建设，完成2—3个组团式项目建设；完善提升工业园区，入住园区项目2—3个；规划基本完成，建成一个现代高效农业园区；新镇区框架拉开，基础设施逐步配套，积聚人气，居民集中居住的新型小城镇初具规模。

资料来源：综合整理自相关资料。

第三节　改革创新：锐意改革新城原生动力

作为江苏省20家经济发达镇行政管理体制改革试点镇之一的

盐东镇，自新一届领导集体上任以来，在改革创新上一直保持冷静而清晰的头脑。在科学发展的探索中，他们审时度势，把改革作为最大的红利，破解一个个发展的困局。2012 年，亭湖区下发了《关于推进盐东镇行政管理体制改革试点工作的实施意见》，明确要求用 3 年时间，将盐东建成规划布局合理、产业特色明显、经济实力雄厚、基础设施完善、生态环境优美、社会和谐发展的知名小城镇的目标定位，为改革试点工作指明了方向。

盐东镇"强镇扩权"试点镇级行政管理体制改革的核心内容，是按照江苏省委、省政府批复的相关要求，加快镇行政管理体制改革步伐，选优配强领导班子，并按照人员编制精干、管理扁平高效、运行机制灵活的标准，将现有行政事业机构调整充实为"一办六局一中心"的新型基层政府架构。改革之初，盐东镇就不断学习借鉴其他省、市试点镇权限下放的成功经验，结合镇情实际，主动对接市、区相关部门，承接好产业发展、项目投资、安全生产、环境保护、市场监管、社会管理、民生事业等涉及 17 个区级部门的 56 项行政审批事项和 381 项行政执法类事项的权限下放。有了这些权限，做起事情来就不像原先那样需要一个漫长的审批过程，办事效率自然比以前提高不少。

盐东镇按照省委、省政府决策部署，落实好经济发达镇体制改革各项要求，市、区两级政府及相关部门加强配合，努力将盐东镇建成改革创新的先行镇、产业发展的特色镇和生态建设的示范镇。经济发达镇行政管理体制改革，就是为了推进地方经济和社会更好地发展。随着"强镇扩权"试点工作的扎实开展，盐东镇得以合理配置各种社会资源，为实现经济社会又好、又快的发展提供强大的内生动力。

与"强镇扩权"试点相结合的基层行政管理体制改革，强化了盐东镇政府机构服务于经济发展的导向。盐东镇班子成员和政府各职能部门纷纷深入各自挂钩企业开展"一企一策"服务活动，协助企业争取政策，帮助企业解决经营中出现的困难，推动企业降本增效，力促企业满负荷生产。2013 年以来，盐东镇要求各挂钩服务企业成员把自己当作企业的一员，不仅要了解企业的情况，更要注意倾听企业的意见和建议，帮助企业做好发展规划，解决企业在生产经营中遇到的难题，和他们共同应对困难和挑战。

大宏纺织集团股份有限公司在生产经营过程中遇到了资金难题，一旦资金链断裂，企业发展将陷入困境。挂钩服务该企业的镇党委书记得知情况后，帮助企业联系到了民生银行的负责人，希望通过银行贷款来解决大宏纺织面临的难题。目前，企业和银行正在就贷款事宜进行对接。位于东南工业园内的江苏舒适照明公司因为扩大生产规模，一时招不到工人，挂钩服务该企业的镇党委统战委员得知后，立刻和亭湖区人力资源和社会保障局、镇人力资源服务中心进行联系，顺利帮企业招聘到了合适的工人，解决了难题。

不仅如此，盐东镇还经常召开服务企业工作会议，辖区企业和挂钩服务企业成员一起参加会议，针对企业提出的生产经营中遇到的困难，能在现场回复解决的当场回复，不能现场回复的迅速给出解决方案，并持续跟进服务。该镇通过各种途径帮助、服务企业，促进企业健康有序发展，不断提升镇域经济实力。

盐东镇以改革试点来带动企业的创新活力。近年来，随着棉花价格的不断上涨以及劳动力成本的提高，纺织业的利润率越来越低，江苏大宏纺织集团在加快转型升级步伐的同时，积极实施"走出去"战略，由该集团独资新建的坦桑尼亚气流纺纱线生产基地项目，获国家发改委核准登记。该项目是盐城市第一家棉纺企业境外生产基地，为企业"走出去"创造了先例、积累了经验。

目前，在整个盐东，类似江苏大宏纺织集团加快转型升级，以创新手段抢抓市场的企业不在少数。如江苏舒适照明有限公司，该公司每年拿出利润的 60% 用作新产品研发，还与东南大学、南京工业大学等多家电光源研究所结成产学研共同体，实施科企联姻工程。公司产品以过硬的技术、过硬的质量，畅销澳大利亚、巴西、德国以及加拿大等国。

按照 2013 年 11 月党的十八届三中全会关于切实转变政府职能、深化行政体制改革、创新行政管理方式的要求，市、区将会取消更多的行政管理项目，或下放到镇一级。行政管理体制改革、服务型政府转型、工作机制创新，无疑为盐东镇统筹城乡发展、新型小城镇建设打破一道道藩篱，让其更顺利地跨过一道道门槛。

专栏 3—4

快马加鞭招商，为园区经济提供有力支撑

经济工作是一切工作的中心，项目工作是经济工作的核心。盐东镇始终坚持项目立镇理念不动摇，专门成立招商引资和项目推进工作领导小组，由镇党委书记任组长，镇长、分管领导任副组长，设立五个招商分局，镇班子成员兼任招商分局局长，明确招商方向和招商任务，严格督察考核，周周有通报，以确保工作成效。镇党政主要负责人先后带队奔赴北京、上海、浙江、台湾等地招商引资，五个招商分局依托企业、客商的信息源，交替外出招商。采取"请进来"与"走出去"相结合、小分队敲门招商与企业招商相结合、分类落户与集中供地相结合、以商招商和驻点招商相结合的招商方式，同时充分利用市、区搭建的外资项目招引平台，认真研究产业、行业发展动态，强化同世界 500 强和规模企业对接，吸引大批客商前来投资兴业，项目引建一路高歌。

盐东镇还围绕生物医药、绿色食品、精密电子等涉及健康养生的产业开展专题招商，年内将举办 1—2 次科技产业园载体推介会，举办 1 次以上集中签约活动。这么多实实在在的举措下去，就是希望在招商引资工作上实现重大突破、取得实际效果。目前，正与常州建材、塑化、纺织等协会保持联系，继续在民资、外资密集地区拓展新的招商领域。2013 年已招引 5000 万元以上项目 16 个，其中 1 亿—5 亿元项目 9 个，5 亿元以上项目 1 个；在建 5000 万元以上项目 8 个，其中亿元以上项目 7 个；新竣工项目 8 个；完成协议利用外资 4020 万美元，实际到账外资 1200 万美元，提前完成全年目标任务。

　　为做好招商引资工作，盐东镇还着力改进工作作风，优化投资环境。在项目落地保障机制方面，按照每个项目确定一名镇领导牵头、一套班子专抓、一本台账倒排工期的要求，实行"代办制"，无条件服务项目，从签约到建设，专人负责，畅通服务"直通车"。台湾客商刘建承投资兴建的盐城承芃商贸有限公司是一个注册资本300万美元的外资企业，镇经发局同志全程服务，项目从签协议到批准实施共用时间不足一个月。

　　资料来源：摘编自盐城新闻网有关文章（2014年3月17日、1月3日，2013年12月9日、11月13日）。

第四节　统筹发展：城乡共荣新城美好远景

　　2009年，盐东镇被江苏省确定为首批省统筹城乡发展试点镇。盐东镇紧紧抓住这一重大机遇，立即于2010年在全镇开展"统筹城乡发展年"活动。首先，科学调整、优化城乡规划，即优化城乡空间布局、建立镇村建设规划和加强城乡规划管理。其次，统筹发展城乡公共设施，即推进集镇功能建设、加快交通网络建设、完善水利设施建设、启动饮水安全工程。再次，统筹发展城乡产业，即加快新型工业化步伐、建设现代高效规模农业、发展现代服务业。最后，统筹发展城乡公共服务，包括基层组织社区组织建设、教育、城乡医疗卫生体系、文化事业建设和城乡环境建设等。

　　2013年，盐东继续按照城乡发展一体化的新要求，坚定不移、马不停蹄地推进城乡统筹发展事业。重点打造由226省道生态走廊建设工程、临海高等级公路生态走廊建设工程、331省道生态走廊提升工程等构筑而成的"两纵一横"的三大绿色生态走廊，综合三条生态长廊面积达到万亩以上……盐东镇在推进统筹城乡发展的过程中，不断谋划并完善着统筹城乡的"盐东方案"，不断实践并探索着统筹城乡的"盐东样本"。

　　与城市全面接轨。引进了江苏国信集团，投资2.8亿元，建设了垃圾、秸秆发电厂，同时，建设垃圾中转站，改变了以往处处倒、块块埋的不良状况。落实专人同市自来水公司接洽，将城市自来水引进全镇，确保全镇 24 小时供水不断，与此同时，该镇还同新奥燃气公司洽谈天然气进村入户项目，使全镇居民尽早用上管道天然气。在此基础上，该镇按照"打生态牌、走绿色路、拉产业链、建特色区"的思路，发挥丹顶鹤保护区独特的自然资源优势和 331 省道的出海黄金通道作用，大力发展三产服务业，做好"鹤"文章，充分运用高效农业园区，全面建设万亩农家乐园高效观光旅游项目，迅速启动鹤乡经济休闲园的建设，抓紧洽谈垂钓度假村和休闲会所项目，精心打造特色海鲜一条街，通过招商引资的方法，吸引了 2 家大型超市和连锁店落户盐东。

始终坚持民生优先导向，大力实施民生幸福工程。盐东从百姓最关心、最迫切需要解决的问题着手，2013 年以来，加大投入，统筹推进农村路桥闸站、生态治理、农村环境综合整治、卫生惠民、就业保障、扶贫开发、技防入户等"七大工程"，推进城乡联网供水、道路交通、环境整治及建成天然气站等项目建设。全年新建机耕桥 26 座、灌溉站 10 座，农村道路统一拓宽 2 米，42 千米公交道路全部竣工，建成镇村循环路网，路桥闸站全面升级，率先实现村村通公交，成为盐城市农村道路率先实施全面拓宽的乡镇。投资 480 万元新建的微动力生活污水净化装置及配套管网投入使用，东南污水微动力通过省环保厅验收。对全镇 8 个村（居）村庄河道实施整治，共疏浚区、镇级河道 9 条。在亭湖区全区乡镇中率先建成的压缩式垃圾中转站运转正常，实现垃圾收集全覆盖。在公共服务和社会保障建设中，坚持教育优先发展，发展农村文化事业，村村建成"农家书屋"，成为全市唯一连续 4 年对农村党员赠阅党报党刊的乡镇。改善卫生医疗条件，巩固和完善新型农村合作医疗制度，确保参保率达 100%。同时，打造"15 分钟便民服务圈"，使群众办事大事不出镇、小事不出村。东南三星级"康居示范村"通过省级验收，曙阳村三星级康居示范村和新建村二星级康居示范村快速建设。整合多方资源成立慈善基金会，扶贫开发、技防入户等工程有序推进。全民创业实现新突破，全年发展私营企业301家，个体工商户2057户，注册资金15.56亿元。

在推进城乡发展一体化的过程中，盐东镇还积极培育有薪金收入、有租金收入、有股金收入、有保障金收入的"四有农民"。同时出台政策性文件，鼓励农民以转包、出租、互换、转让等形式经营土地，推进农业适度规模经营，逐步实现传统农业向现代农业转变，形成种养大户、普通农民和集体经济共赢的发展机制。

为更好地发展现代农业，并惠及农民，盐东镇启动了项目总面积2.4万亩的"万顷良田建设工程"。计划从2013年起用3年时间，通过对田、水、路、林、村进行综合整治，可建成大面积、连片的高标准农田，有效节约集约利用建设用地，优化区域土地利用布局，实现耕地成片、居住集中的新农村格局。目前，万顷良田项目区内第一批农户拆迁工作已启动，2013年年底第一批安置房已开始建设。

农业上，种田还是种田，但种的东西不一样。农业由原料型基础农业向都市农业转变。盐东镇原来是典型的粮食、棉花二元种植传统农业大镇，但农业大镇没有给群众带来大效益。原因很简单，传统农业劳动强度大，效益却十分低下，农民一年忙到头，除去化肥、农药等成本，收入便所剩无几，传统农业只能年复一年地解决温饱问题。区划调整后，镇党委、镇政府引导干群及时转变观念，大力发展都市农业、特色农业、设施农业、观光农业，实施了品牌高效农业战略，早在2010年全镇就建成了高品质棉种植基地3433.5公顷，西瓜、甜瓜套种面积3.6万亩，羊角椒种植面积3.5万亩，1.2万亩设施蔬菜农业示范园区，建成高效农业示范基地32个。先后注册了"盐红"牌羊角椒、"盐甜"牌西瓜、"盐凤"牌鸡蛋、"盐淮"牌生猪等农产品品牌。

专栏3—5

重点项目拆迁户喜迁新居

2014年1月13日，从亭湖区盐东镇传出喜讯，盐东镇186户重点项目拆迁户全部喜领到安置新房。其中，早前领取新房的 34户已经入住新房。

盐东镇本着公开、公平、公正的原则，严格按照《盐东镇李灶集镇重点项目征收集体土地上房屋补偿安置办法》文件精神，对新镇区道路和广场、蝴蝶兰项目和蝴蝶兰安置区、建华管桩、52亩商住地等项目，由政府出资用于安置选择产权调换的被拆迁村民的房屋。安置地点位于富民新苑内 1—5 号安置楼，共计 103 户。而千鹤湾国际养生社区计 83 户拆迁安置户则安排在鹤翔花园，已分别于上年 9 月 8 日和 10 月 8 日分别顺利安置结束。

盐东镇安置房分配工作在镇重点建设项目征地拆迁安置房分配工作领导小组统一领导下，由镇动迁安置办公室具体负责实施。安置房分配时，领导小组各工作组，提前介入，制定预案，完善资料，张榜公示，确保了安置房分配工作顺利、和谐、圆满完成。

资料来源：改编自盐城新闻网——盐阜大众报讯文章（2014年 1 月）。

"民有所居、民有所业、民有所医、民有所乐"是统筹城乡发展乃至城乡发展一体化的根本目的和不懈追求。在确保基础设施质量和品质的前提下，要更加注重人的城镇化，既要解决"人往哪里去"的问题，又要关心农民切身利益，健全社会保障和公共服务体系，努力破解城乡二元结构。盐东镇用"一心谋发展，全力为民生"的实际行动探索、实践出一条适合自己的统筹城乡发展的科学之路，初步实现了城乡共荣。

人们有理由相信：未来，善于在潮头起舞并创造辉煌的盐东人，其统筹城乡发展、实现城乡一体化的道路一定会更加光明。

专栏 3—6

艳阳村农村环境综合整治简介

艳阳村位于盐东镇南部，与大丰市三龙镇毗邻，东与桂英村接壤，西邻新丰河，距政府所在地 3 千米。全村共有 11 个村民小组，

1360 户，4200 多人口，村域面积 1 万余亩，耕地面积 7674 亩，农业以棉套西瓜、甜瓜、羊角椒、菊花、冬瓜为主，蛋鸡、生猪养殖是艳阳村的特色产业，2012 年全村三产总产值 1.32 亿元，农民人均纯收入 15600 元。

近年来，在社会主义新农村建设中，通过全村广大干群的共同努力，经济迅速发展，农民收入不断增加，农村环境面貌、农民生产生活不断改善。2013 年以来，艳阳村按照上级政府部门的统一布置，全面实施了农村环境综合整治工程。

整治过程中，艳阳村的主要做法是，坚持以"六整治、六提升"为主要内容，大力度地开展农村环境整治工作，做到六个坚持：一是坚持高起点规划；二是坚持多渠道投入；三是坚持大力度推进；四是坚持高效率实施；五是坚持高标准验收；六是坚持常态化管理。

经过集中整治，已取得了阶段性的成果。一是疏浚清理河道4500 元，整治河塘 12 处，疏浚农田条排沟 1.3 万米；二是硬化和修缮村组道路 4200 米，栽植绿化 6.5 万余株；三是墙面刷白出新150 户、3 万平方米；四是新建垃圾池 85 个，添置垃圾桶 115 余只，整治乱堆乱放 110 余处，改建厕所 400 余户；五是添置了健身器材和休闲场所；六是制定了农村环境卫生的村规民约，建立一支环境长效管理的专业队伍，对生活垃圾统一实行了组保洁、村收集、镇运转的模式。

通过整治，艳阳全村基本实现了"三清、八无"的要求目标，即水源清洁、家园清洁、田园清洁，无杂物乱堆乱放、无违章建筑、无露天粪便、无禽畜散养、无杂草丛生、无暴露垃圾、无臭水沟塘、无环境污染。

资料来源：摘编自艳阳村网站（2013 年 11 月 15 日）。

第五节　生态小镇：乡野春风画卷呼之欲出

2007 年行政区划调整后，盐东镇加大对环境建设的投入力度，大力实施污水收集、绿化亮化、环境连片整治、垃圾处理等"七大生态工程",使全镇环境面貌不断迈上一个又一个新台阶,人民群众得到真正的实惠。

2012年,不甘落后的盐东镇根据发展形势和自身条件,提出用2年时间创建成国家级生态镇的新目标。自此以来,盐东镇将创建国家级生态镇作为实现经济发展与环境保护"双赢"的重要切入点,通过完善规划设计、营造社会氛围、加大投入力度等一系列举措,全镇生态环境和经济建设水平得到整体提高。

盐东镇是江苏省纺织重镇,工业特色明显,目前全镇已形成纺织、电子、汽车零部件、新型建材、环保机械等主导产业体系,然而经济发展了,生态环境的保护就显得更为重要。基于这样的认识,抢抓创建国家级生态镇这一契机,盐东镇于2011年邀请专业咨询公司,根据《江苏省农村环境综合整治规划》《盐城市生态市建设规划》《亭湖区盐东镇总体规划(2007—2020)》《亭湖区盐东镇土地利用总规划》《亭湖区统计年鉴(2010)》等相关资料,并结合多次实地调研,重新规划设计《盐东镇国家级生态镇建设规划(2007—2020)》,旨在为经济建设、社会发展、环境保护和生态建设等活动中提供技术规范体系和纲领性文献,以实现镇域经济、社会、环境协调发展。规划的基准年为2010年;达标阶段为2010—2012年;提高阶段为2012—2015年。

2013年是创建国家级生态镇和实现国家级生态镇建设规划的承上启下关键年,盐东镇按照规划严格实施到位,通过抓环境规划、抓环保设施建设、抓环保管理、抓环保宣传等举措,力争使干群环保意识得到提高、城乡环境面貌进一步优化、环境设施不断完善,从而走上生产发展、生活富裕、生态良好的文明发展道路。

齐心协力,宣传、动员工作轰轰烈烈。漫步在盐东镇境内,"生态盐东你我同创,绿色生活万家共享""携手同绘生态画卷,齐心共建国家级生态镇"这样的横幅张贴在镇区主干道两侧,公交站台、菜市场等人流量较大的地点随处可见《给全镇人民的一封公开信》。

自 2012 年开始创建生态镇以来，盐东镇为了不断增强广大群众的环保意识，充分利用广播、板报、宣传栏等载体，大力宣传环保相关政策法规，每年制作分发宣传标语 2 万份、悬挂横幅 300 余条、刊登广告栏目 30 余期、召开各种宣传会 50 余次、受训近 2 万人次。盐东镇上下干群齐心协力围绕着生态建设目标开展一系列工作。镇各机关从负责人到工作人员经常在各种场合宣讲环保等理念，将环境保护列入全镇三个文明建设的考核内容，对经济发展实行一票否决制；畅通"12369"环保热线，助推群众对环境的维权意识增强。

高度重视环境保护，污水、垃圾治理工作取得成果。2012 年盐东镇投资 480 万元在东南村兴建起一座污水处理厂外配套管网工程，每天处理量达 112 吨；2013 年，投资 1774 万元在李灶居委会建成区新建污水处理厂及场外配套管网工程。盐东镇共有 14 个村（居），100% 的村（居）通过氧化、净化及湿地处理方法对生活污水进行处理，受益农户达 80% 以上，到 2013 年年底盐东镇建成区生活污水集中处理率达到 81.6%。在李灶居委会投资 360 万元建成生活垃圾中转站，全面实现了"村收集、镇转运、区处理"的垃圾处理模式，做到日产日清；每年投入资金 300 多万元，落实好河道、沟、塘的长效管护等。

全民动员，绿化、植树工作效果显著。盐东镇的大规模植树绿化工作始于 20 世纪 90 年代末，长期的坚持使镇域生态环境慢慢发生了变化。自 2012 年盐东镇荣获环境优美镇后，全镇干部群众并没有松懈，投入 1.5 亿元，大力组织镇村一体绿化，全力推进绿化工程，重点打造由 226 省道生态走廊建设工程、临海高等级公路生态走廊及成片林建设工程、331 省道生态走廊提升工程等，构筑起"两纵一横"的三大绿色生态走廊，综合三条生态长廊面积达到万亩以上。进入 2014 年后，盐东镇再次确定重点，专门召开"生态盐东"建设与造林绿化工作会议，出台了《盐东镇 2014 年造林绿化工作意见》。根据该意见，盐东镇全面启动造林绿化工作。2014 年，盐东镇新增造林面积为 3180 亩，其中成片造林 2680 亩（沿海防护林 430 亩，一般造林 150 亩，新建果园 500 亩，新建苗木花卉基地 1600 亩）；高标准农田林网 2.5 万亩；农村重点绿化示范村 2 个；巩固提升"H"形生态走廊和东南村、曙阳村千亩苗木花卉基地建设，打造具有沿海特色的万亩林果苗木花卉基地；搞好 2013 年成片造林小班的补足和完善，确保 2014 年省林业局秋季复查。

据此，盐东镇展开了万亩林果苗木花卉基地提升、沿海防护林建设、一般造林建设、农田林网建设、农村重点绿化示范村建设等五大造林绿化工程，通过探索绿化与建设项目捆绑机制，吸引各类社会资本投资造林，引导农民流转土地承包经营权，以实现经济效益、生态效益、社会效益的共赢。各地、各部门坚持示范亮点与全面推进相统一、建设与管理相并重，一方面，提高绿化重点工程规划设计的品位和标准，精心做好苗种选购和技术指导工作，不断提升绿化的层次性和观赏性；另一方面，加快构建管护长效机制，创新思路破解管护难题，确保林木成活率达到 95% 以上，使投入发挥最大效益。截至 2014 年 3 月 24 日，盐东镇农村绿化已完成成片造林 1303 亩，占任务量的 62%；东南林业专业村建设已完成，新建、桂英等村庄绿化示范村建设完成任务量的 75%；临海高等级公路绿化提升工程已完成 886 亩，占任务量的 95%。

凭借着怡人的环境资源和丰厚的人文资源，融合着独特的经济优势和社会优势，一个美丽盐东、生态盐东呼之欲出。

专栏 3—7

"沼气村"的变化

盐东镇坞港村村民李银习惯性早起后，来到厨房，将一锅清水放在灶上，并熟练地打开燃气灶的开关，顿时一团蓝色火苗欢快地跳跃起来。20 多分钟后，热腾腾的早饭便上了餐桌。"两年前在家做饭都是烧柴火，厨房里到处被熏得黑乎乎。现在用沼气不仅干净多了，而且只要拧一下开关就行，跟城里用天然气一样既省事又省钱。"用沼气烧水做饭，李银最直观的感受就是"干净、便捷、实惠"。

像李银一样，坞港村有近百户村民建起了沼气池，用上了沼气。该村也成为远近有名的沼气村。

走进村民李三中家，听说记者是来看沼气的，他的妻子热情地从屋里迎了出来，高兴地说："你们是来看沼气的呀，沼气好得很，沼气池建在猪圈下面和厕所相连，使用很方便。我家建的是100立方米的沼气池，现在气都用不完。"在她家厨房，记者看到，室内各种用具摆放错落有致，沼气灶放在贴有瓷砖的灶台上，整洁有序。她边说边拧开管道开关，"啪"的一声打开沼气灶，火苗呼呼直蹿。"你们看，是不是很好用，现在我也不用坐在灶台后烧柴火了。"李三中的妻子兴奋地向记者演示，眼里满是藏不住的笑意。

李三中告诉记者，他家是搞养殖的，圈养了200多头猪。前几年，每天清理猪的粪便就要花去半天时间，夏天臭味熏天、蚊蝇乱飞，人都不想往猪圈里走。李三中为此烦恼了很长时间，当他看到邻居家建了个沼气池，猪粪也能变成宝，自家也想建一个。"开始建沼气池的时候，我有点犹豫，不知道效果好不好，看到邻居建成使用后，就主动与施工队联系，建了这个沼气池。"让李三中意想不到的是，区、镇两级政府还对他家建的沼气池发放了补贴，建沼气池自己只要出小部分钱就可以了。沼气池建好后，李三中更是乐得自在，"200多头猪的粪便有去处了，家里做饭也不用土灶头了，而且沼气免费耐用，这真是一举多得。"打那以后，李三中逢人就夸沼气池好，还经常主动宣传使用沼气的好处，在他的带动下，有30多户村民跟着建起了沼气池。

坞港村党总支书记陈志勇向记者介绍，该村素有养殖的传统，全村仅搞养殖的就有200多户。然而，随着养殖业的发展，猪粪乱排放等问题逐渐凸显。"猪养得多了，粪便也多了，对生活环境造成了很大影响，随着水流排放到农田里，作物的正常生长都受影响。"他讲到当时的情景感慨地说。后来，他向镇相关领导反映了村里的情况，经过对沼气使用的反复调研论证，在区相关部门的指导、扶持下，坞港村启动了污染治理及沼气池建设项目，建设沼气池、沼气房以及沼气输送管道等设施，向村民家中供气，既破解了猪粪污染环境的难题，又可以满足村民日常生活需求，方便又实惠。

从 2012 年 3 月沼气池项目启动至今，该村的面貌发生了巨大的改变，过去村里粪水横流、蚊蝇乱飞、垃圾满地的现象不见了，空气里再没有臭气熏天的猪粪味。如今的坞港村基本实现了家居清洁化、农业生产无害化，村民生活环境有了显著的改善。

资料来源：摘编自盐城新闻网有关文章（2013 年 3 月 14 日）。

第四章

农业及农业现代化

　　盐东镇镇域面积 141.7 平方千米，可耕地面积 6099.3 公顷（约合 91490 亩），下辖 14 个村（居）。20 世纪 20 年代，盐东人口开始聚集，随着土地开垦，植棉种粮，农业生产初具一定规模。新中国成立后，盐东镇仍然是一个以粮棉种植为特色的传统农业区域，并且经过多年艰苦奋斗，逐步成长为苏北地区著名的粮、棉、油生产基地。党的十一届三中全会决定实行改革开放后，盐东的农业状况发生了翻天覆地的变化，除传统农业无论量还是质均迈上更高台阶之外，更为重要的是传统农业向现代农业的转变。尤其是近年来，在乡镇工业的有力带动下，经过农业产业结构调整，盐东大力推进农业现代化、产业化，发展都市农业、设施农业、特色农业和观光农业等现代高效农业，在传统农作物、经济作物基础上，盐东镇已发展成为江苏省特种蔬菜、特种养殖的重要基地。农业的现代化、产业化，无疑为盐东推行城乡统筹发展、一体化发展奠定了良好的基础条件。

　　农业是农村乡镇在城乡发展一体化过程中要着力予以重点处理的领域和环节。本章主要介绍盐东镇农业的发展情况，阐述农业产业化的基本方向和路径，发展现代农业过程中的高效农业和特色农业具体实践，以及农业合作组织的发展过程。

第一节　农业概况

历史上，盐东镇一直是一个农业大镇。农业在盐东作为一个行政区域的成长过程中始终具有不可替代的地位，扮演着不可或缺的角色。

一　农业概述

在旧中国，盐东境内到处是一片片"盐、涝、板"的荒僻滩涂地。春天里盐霜、秋天芦花荡、河道淤塞、海水浇灌、旱、涝等自然灾害频频发生，居民主要依靠烧盐、割柴草维持生计。后来随着部分土地的开垦，才得以植棉种粮，但农业生产基本上是靠天吃饭，生产水平低下，亩产微薄，效益不彰。新中国成立后，盐东人民响应上级党和政府的号召，开河道、筑堤坝、淋洗碱，经过多年努力，终于把"风吹盐屑满头白"的盐碱地改造成"雨洒田园四季绿"的棉粮仓。据水利和电力部门统计，自 1949 年 11 月至 2008 年年底，全镇建涵闸 64 座，开挖较大河流和中沟 138 条，排水沟 2250 条。四大围区总长度达 43.4 千米，建设了八大排涝站，农机总动力达到 52598 千瓦。从 20 世纪 50 年代起，政府共投资水利经费 5400 万元，建成旱涝保丰农田 5215 公顷，占总耕地面积的 85.5%。

解放前，由于受水利条件制约，耕作播种十分粗放，大宗农作物种植面积不太大。20 世纪 60 年代后期，播种方式得到改良，由散种发展到条播。开始注意对肥料的综合使用，同时加强了田间管理，注重防治病虫害。70 年代开始引进优良品种，粮食亩产量逐步提升，大小麦亩产达到 350 千克。1962 年的新洋人民公社全社粮食总产量达到 5734.15 吨。2005 年粮食总产量达到 48156 吨，是 1962 年的 8.4 倍，是 1949 年的 27.5 倍。

盐东境内种植棉花历史悠久。20 世纪 40 年代中叶，在东南、花园、朝阳等村定居的启东、海门、南通籍人较多，由他们首先开始垦植棉花。到了 50 年代，境内植棉活动得到普及。当时植棉品种主要是"小洋花"，植株矮小，株桃小而少，亩产只有几十斤籽棉。此后逐步引进优良品种"山东岱籽棉""泗阳三号""苏杂 16 杂交种"等。90 年代又引种了产量高、抗病虫害强的"中棉 29""研棉 15"为代表的杂交良种，产量得以大幅度提升。1962 年全新洋公社棉花总产 227.3 吨，2005 年盐东全镇棉花总产达 5966吨，是 1962 年的 26.2 倍。1984 年时任新洋乡副乡长的蔡兴民因棉花大面积丰收、成绩突出，出席了全国农牧、渔业工作会议，并荣获农业部颁发的农业牧渔业丰收二等奖。

　　油料作物也是盐东地区的重要农作物。1985 年新洋乡油料总产量为 945 吨；2005 年达到 3176 吨，是 1985 年的 3.3 倍，是 1978 年的 5.67 倍。全镇年终猪圈养量 1962 年为 7328 头，2007 年达到 7 万头，是 1962 年的 9.55 倍，是 1978 年的 4.24 倍；各种蔬菜总产量1985 年为 2240 吨，2005 年达到 41736 吨，是 1985 年的 18.6 倍。

　　截至 2006 年年底，盐东全镇有农作物播种面积 15637 公顷，水产养殖面积 46 公顷；林地面积 166.5 公顷；果园面积 14.1 公顷（见表 4—1）。

　　2007 年划归盐城市亭湖区后，伴随盐东镇区域规划和镇域职能的调整，镇党委、镇政府引导干群及时转变观念，大力推动传统农业向现代农业转化，实施品牌高效农业战略，积极发展都市农业、特色农业、观光农业。为把都市农业、特色农业做大做强、做特做精，盐东镇不断加大农业基础设施建设，从 2008 年开始先后投入 1000 多万元，实施"三年治水工程"，仅 2009 年就新建了 3座排涝站、9 座圩口闸、5 座圩口涵洞。农田水利条件的改善，有效增强了抗击涝、旱灾害能力，保障了农业创收。

　　2013 年，盐东镇根据城乡统筹和新农村建设的新形势和发展要求，开始大力实施"万顷良田建设"工程，以加快传统农业向现代农业转变的步伐，实现土地资源集约高效利用、促进城乡统筹协调发展（见专栏4—1）。

表4—1　　　　　　1976—2006年全镇农作物播种面积

年份	面积（公顷）	年份	面积（公顷）	年份	面积（公顷）
1976	14806.1	1987	14805.8	1998	14992.6
1977	13539.2	1988	14790.7	1999	15380.6
1978	13822.7	1989	14358.5	2000	14354.8
1979	14328	1990	14147.2	2001	15109
1980	14512.2	1991	14255.5	2002	17368
1981	14262.9	1992	14034.5	2003	16303
1982	13742.8	1993	14579.5	2004	15059
1983	13205.2	1994	14461.5	2005	13083
1984	13824.7	1995	14757.7	2006	15637
1985	14644.6	1996	15108.6		
1986	15123.1	1997	14723.3		

资料来源：《盐东镇镇志》。

专栏4—1

盐东强势推进万顷良田建设

为加快传统农业向现代农业转变，实现土地资源集约高效利用、促进城乡统筹协调发展，2013年以来，盐东镇大力实施"万顷良田建设"工程。该工程涉及三个村2.6万亩土地，需征收2050户，安置6738人，可形成城乡建设用地增减挂钩指标3043亩，新增耕地400亩。目前，全镇"万顷良田建设"工程正有序推进。

为有效实施"万顷良田建设"工程，盐东镇强化组织领导，迅速搭建项目工作班子，详细排定三年工作计划，快速推进项目前期的各项基础工作。首先是积极宣传发动，耐心细致做好解释工作，取得群众的理解支持，让群众成为"万顷良田建设"工程的主力军。其次是进一步规范运作流程，创新举措，不断完善规划和推进方案。再次是快速搭建投融资平台，为项目启动提供资金支持，着力破解资金瓶颈。最后是全力整合土地资源，拓展空间，增添活力，在安置房用地区域内征收工作已完成入户调查的基础上，确保年内完成首期 800 户房屋征收工作，同时在新镇区开工建设 10 万平方米安置房，进一步集聚集中人气，扩大集镇规模，提高城镇化水平。

资料来源：改编自盐东镇党委宣传办文稿。

二　农作物

经多年发展，盐东镇逐步成长为盐城地区的一个农业大镇，粮、棉、油、蔬菜等农作物和家禽养殖在镇域经济中占有重要地位。目前主要农作物如下：

（一）粮食作物

大宗种植：大麦、小麦、玉米、蚕豆。

小宗种植：杂交水稻、糯稻、山芋。

零星种植：元麦、高粱、豌豆、赤豆、绿豆、黑豆。

（二）经济作物

大宗种植：棉花、黄豆。

小宗种植：油菜、芝麻、桑。

零星种植：药材、菊花。

（三）蔬菜

大宗种植：青菜、白菜、韭菜、菠菜、大头菜、卷心菜、花菜、大蒜、葱、茄子、青椒、羊角椒。

小宗种植：苋菜、胡萝卜、西红柿（番茄）、莴苣、慈菇、山药、扁豆、豇豆、四季豆。

零星种植：芹菜、榨菜、金针菜、甜菜、芋头、小蒜、洋葱、生姜。

（四）瓜果

小宗种植：冬瓜、西瓜、黄瓜、香瓜、南瓜。

零星种植：葫芦、丝瓜、小瓜、拉瓜、桃、梨、柿子、杏、李、苹果、石榴、葡萄、菱角、藕。

各主要农作物播种面积和产量如表 4—2 和表 4—3 所示。

表 4—2　　　　　1976—2006 年农作物及播种面积、产量　　　　　单位：面积：公顷；总产：吨

年份	农作物总播种面积	全年粮食总计		夏收粮食		小麦		大麦		蚕豆	
		面积	总产	面积	总产	面积	总产	面积	总产	面积	总产
1976	14806.1	5388.4	17090	2953.6	6978	395.4	955	1498.2	3613	1026.5	2430
1977	13539.2	5388.4	13117	2953.6	5201	397.4	764	1478.6	2809	1073.6	1624
1978	19822.7	5392.5	11494	2953.4	5022	428.9	899	1368.2	2754	1156	1369
1979	14328	5251.9	15907	3153.6	9037	425	1222	1345	4997	1116.9	2819
1980	14512.2	5251.9	14182	2887	7935	298.9	793	1483.5	5063	1104.5	2078
1981	14262.9	5256.7	15635	2887	8134	282.2	840	1547.8	5547	1057	1747
1982	13742.8	5247	16484	2887	10917	256.8	989	1618.8	7062	1011.3	2866
1983	13205.2	5864.5	20685	3226.6	13144	584.6	2396	1691.1	7685	964.6	2913
1984	13824.7	5651.6	22239	3192.4	14049	860	4296	1537.1	7305	789.9	2448
1985	14644.6	6516	23116	3650.6	14275	1026.2	5015	1764.5	7090	858.5	2170
1986	15123.1	6462.6	24608	3682.4	15381	1077.1	4875	1951.8	8478	723.5	2028
1987	14805.8	6343.2	25112	3706	16498	938.6	4677	2073.4	9755	693.9	2066

续表

年份	农作物总播种面积	全年粮食总计		夏收粮食		小麦		大麦		蚕豆	
		面积	总产	面积	总产	面积	总产	面积	总产	面积	总产
1988	14790.7	6101.2	26480	3706	17959	1023	5520	1991	10131	718.6	2308
1989	14358.5	6011.7	26649	3768.1	16443	1253.2	6238	1967.8	8241	646.9	1964
1990	14147.2	5789.9	26652	3759.2	18083	1155.2	6374	1997.1	9640	606.8	2069
1991	14755.5	5783.4	296871	3787.4	18987	1187.6	6714	2012.2	10264	587.5	2009
1992	14034.5	5713.6	27815	3759.2	19674	1424.6	8222	1739.7	9281	591.5	2171
1993	14579.9	4616.6	24046	3218.8	17877	1154.6	6598	1845.4	1086	678.5	2414
1994	14461.5	6149.8	29386	3971.1	20975	1265.6	7606	2039	11103	666.4	2266
1995	14757.7	6090	30108	3961.8	18297	1402.8	6694	2022.2	9202	536.7	2401
1996	15108.6	6165.8	32974	4219	22188	1547.4	8718	2076.4	11019	595	2450
1997	14723.3	6070.3	34973	4096.8	23004	1596.8	10040	1947.3	10785	552.6	2179
1998	14992.6	6347.4	30091	4183.8	17141	1585.6	7408	2070.6	8307	527.8	1426
1999	15380.6	6431.4	33621	4229.7	21938	1726.9	9881	1963.8	10007	539	2050

续表

年份	农作物总播种面积	全年粮食总计		夏收粮食		小麦		大麦		蚕豆	
		面积	总产	面积	总产	面积	总产	面积	总产	面积	总产
2000	14354.8	6194.6	35921	4091.9	24106	2025.3	13048	1618.5	9399	448	1659
2001	15109	6310.1	37159	4215	24863	1720.2	10712	1987.8	12125	537	2026
2002	17368	6342	21708								
2003	16303	5257	29261								
2004	15059	5207	28788								
2005	13083	5208	28156								
2006	15637	5371	29432								

资料来源:《盐东镇镇志》。

表 4—3　　　　1985—2006 年农作物及播种面积、产量

单位：面积：公顷；总产：吨

年份	水稻		玉米		大豆		棉花		油料		薯类		蔬菜	
	面积	产量	面积	产量	面积	产量	面积	产量	面积	产量	面积	产量	面积	产量
1985	364.7	2013	1180.1	4280	1124.6	1993	3609	2725	425.4	945	134.2	444		2240
1986	312.3	1947	1313.6	4526	1028.1	2182	3795.6	2807	462.4	1087	147.7	464		2138
1987	262.4	1676	1161.4	4295	1022.4	2062	4115.8	4275	482.8	1209	133.8	453		2056
1988	250.4	1711	1044.6	4058	908	2041	4412.6	5750	423.8	977	137.8	635		2475
1989	277.8	2128	874.5	4878	906.4	2239	4410.2	5744	418	1006	155.4	872		2146
1990	272.4	1670	807.8	4262	772.6	1994	4633.8	3717	423.6	1070	147.7	593		2140
1991	126.8	931	811.4	4252	677.4	1571	4390.7	5262	459.6	1288	173.6	732		2074
1992	105.9	679	874.4	4670	653.4	1655	4423.6	3551	513.5	1540	195.2	882		2747
1993	35.6	251	1241.8	5695	783.4	1630	4013.2	4059	562	1746	160.8	3405		5909
1994	24	165	1229	5483	655.6	1772	2236.1	2180	78.2	135	115.2	7（千）		6538
1995	52	457	1286	8908	556.6	1383	4405.6	5846	554.7	2043	105	810（千）		9657
1996	36.4	575	1161.8	6826	517	1991	4578	5811	625.8	2081	125.1	1052（千）		10712
1997	31.8	290	1133.2	7966	614	2231	4487.6	5722	663	2073	133.8	1205		37290

续表

年份	水稻		玉米		大豆		棉花		油料		薯类		蔬菜	
	面积	产量	面积	产量	面积	产量	面积	产量	面积	产量	面积	产量	面积	产量
1998	20.2	186	1189.4	8422	750.6	2802	4478.9	6049	698.7	1793	151.3	1291		19725
1999	34.4	285	1128.8	7152	781.4	2702	4142.7	4964	872.8	2566	153.3	1080		24625
2000	34.2	300	1050.8	7293	757.1	2631	4174.8	6878	972.7	3118	167	1182		30671
2001	30.7	264	1012.6	7559	715.3	2446	4178.7	7215	1047.2	3447	243.7	1662		19900
2002							4341	3382	1074	3284				51940
2003							4557	74881	977	3918				49523
2004							4592	8817	1030	4591				27651
2005							5216	5966	987	3176				41736
2006							5219	9009	1054	5944				21633

资料来源:《盐东镇镇志》。

三　农业经济制度及耕作制度沿革

1958 年 9 月在新洋区的基础上成立新洋飞跃人民公社，下辖 5 个大队。人民公社初建时，以公社为核算单位，土地、劳力、耕畜、农机、水利设施属公社所有，由公社统一经营、调度、使用、核算、分配。1959 年 3 月，公社改名为新洋人民公社，并将下辖的大队调整为 20 个。当年把公社统一经营、分级管理的办法，改为以生产大队为基本核算单位，生产小队为基本生产单位，建立"四固定"（土地、劳力、耕牛、农具）、"三基本"（基本劳动日、基本肥料、基本口粮）制度。

在 20 世纪 60 年代中期开始的"文化大革命"中，经营管理制度被列为"工分挂帅""物质刺激"，遭到批判。1968 年，普遍推行"标准工分，自报公议"的"大赛式"劳动管理制度，取消定额评工制度，实行劳动计酬平均主义。1972 年，重新建立人民公社经营管理机构，全面推行"分组劳动、检查验收、民主评分"制度，重新恢复大队、生产队的经营管理体制。

实行改革开放后的 1982 年，在新洋人民公社改为新洋乡之前，就开始实施家庭联产承包责任制。家庭联产承包责任制是在土地、生产资料公有制的基础上，把适宜家庭经营的土地承包给农民，让农民自主种植。耕地按人分口粮田、按劳动力分责任田、按猪分饲料田，将全镇的耕地面积全部重新划分。1987 年根据"大稳定、小调整"的原则，对原承包地进行了调整。1992 年进行了第二轮承包，把原来的口粮田、责任田和饲料田的"三田制"改为口粮田、责任田的"两田制"。

2005 年免除农业税，结束了农民种地交税的历史。随着改革开放逐步深入，以及中央多个惠农文件相继出台，农业科学技术不断发展，农业生产水平大幅度上升，农民收入日益提高。广大农民在镇党委、镇政府的领导下，开始建设新农村，率先达小康。

盐东镇属次高地地区，受水利条件的制约，大宗农作物的种植面积变化不大，从 1982 年土地家庭承包经营到现在，农民都有自由种植权。随着产业结构的调整，传统的耕作制度逐步在改革。20世纪 50 年代初期，本地开垦荒草盐碱地，主要散种些三麦、黄豆、蚕豆等粮食作物，产量极低。三麦在霜降至立冬期间播种，翌年芒种前后收割。60 年代初随着耕地面积的增加和种植方式的改良，开始实行粮棉套种，农作物亩产量逐年提高。到 1992 年小麦亩产 325 千克，大麦亩产 356 千克，蚕豆亩产 245 千克，水稻亩产 417千克，玉米亩产 354 千克，棉花亩产皮棉 54 千克。进入 21 世纪后，农田水利设施进一步配套，大量引进优良品种，持续改进耕作、种植方法，农作物产量大幅度提升，到 2006 年全镇粮食总产达 29432 吨，棉花总产 9009 吨，油料总产 5944 吨。

随着农业产业结构的调整，传统的粮棉种植面积在逐步减少。特种经济作物种植面积在不断增加。耕作制度也在改革，在传统的棉套粮的基础上，有部分种植面积改成棉套瓜（西瓜、香瓜）、粮套瓜（玉米行间套种香瓜）。种植蔬菜、羊角椒、冬瓜等特经作物的面积也在增加，产量和经济效益也在不断提高。

第二节　农业产业化

农业产业化经营是农业现代化的基本表现形式，是农业和农村经济结构调整的重要内容，是实现农民增收的主要渠道。发展农业产业化经营，可以促进农业和农村经济结构战略性调整向广度和深度进军，有效拉长农业产业链条，增加农业附加值，使农业的整体效益得到显著提高；可以促进小城镇的发展，创造更多的就业岗位，转移农村剩余劳力，增加农民的非农业收入；可以通过农业产业化经营组织与农民建立利益联结机制，使参与产业化经营的农民不但从种、养业中获利，还可分享加工、销售环节的利润，增加收入。

盐东镇作为一个农业大镇，是典型的粮食、棉花二元种植区。从 2007 年区划调整后，盐东镇开始全面推进农业产业化，并且实施品牌高效农业战略，推动农业由原料型基础农业向都市农业转变。目前，在农业规模化、农产品品牌化以及农民专业化合作等方面都取得了初步成效，都市农业、特色农业、观光农业得到发展。到2010年，全镇形成了高品质棉种植基地3433.5公顷，西瓜、甜瓜套种面积3.6万亩，羊角椒种植面积2.5万亩，设施蔬菜农业示范园区1.2万亩，建成高效农业示范基地32个；全镇万羽规模养鸡场达120个，饲养总量达220万羽；千头规模猪场32个，年出栏能力达4.6万头。形成了蛋鸡、生猪、高品质棉、羊角椒、西（甜）瓜、蔬菜六大特种特养基地，培育了"盐凤"牌草鸡蛋、"盐红"牌羊角椒、"盐蜜"牌西瓜等名优农产品品牌。在农民合作组织方面，形成了农民专业合作、土地股份合作、资金互助合作三大类合作组织。截至2011年，全镇已成立农民专业合作社42家，土地股份合作社8家，农民资金互助合作社3家，为农村经济发展和农民增收发挥了积极的作用。

专栏4—2

盐东"六大目标"推进农业现代化

"十二五"规划期间，盐东镇针对镇情实际，着力构建现代农业优势产业体系、科技创新体系、基础设施体系、社会化服务体系和支持保护体系，提出实现农业产出综合效益更高、农业科技进步能力更强、农业产业化经营辐射更广、农业设施装备水平更好、农业生态环境面貌更优、农业支持保障力度更大的"六大目标"。到2015年，全镇农林牧渔业增加值达6.82亿元，农民人均纯收入达22936元，粮食亩产达495千克，高效设施农业比重达18.5%，高标准农田比重达62.5%，农业综合机械化水平达87.5%，农田水利现代化水平达90%，"三品"面积比重达93%，林木覆盖率达23%，持证农业劳动力比重达35%。全镇农业产出效益、农业科技进步、农业产业化经营、农业设施装备、农业生态环境和农业支持保障水平全面提升，基本实现农业现代化。

资料来源：改编自盐东镇党委宣传办文稿。

在农业产业化发展过程中，盐东镇主要解决了以下几个问题：

一 因地制宜确定主导产业

农业主导产业是一个地区农业产业化经营的支柱，是农业若干产业中重点发展的产业，它牵涉面广，拉动力大，主导产业的壮大，决定着一个地区农业产业化经营的发展水平、经营特色和竞争优势。主导产业的选择正确与否，对一个地区农业产业化经营优势能否形成有着重要的影响，对一个产业能否成为主导产业，以及主导产业的发展壮大均起着决定作用。一个地区主导产业的形成、发展和壮大，受该地区地理、气候、资源以及传统种养习惯等多种因素影响，因此必须因地制宜，扬长避短，紧紧围绕资源优势，构建区域特色产业。

盐东镇是传统的粮棉油生产大镇，20 世纪 60 年代初开始实行粮棉套种，随着产业结构的调整，特种经济作物种植面积在不断增加，在传统的棉套粮的基础上，有部分种植面积改成棉套瓜（西瓜、香瓜）、粮套瓜（玉米行间套种香瓜）。盐东镇土质分为盐土类和潮盐土亚类，黄沙土是全镇的主要土种，占总面积的 40%，这种土质非常适合甜瓜、羊角椒、冬瓜等经济作物的生长。盐东镇因地制宜，确定了高品质棉、羊角椒、西（甜）瓜、冬瓜等几种主导特色产业，适度发展规模经营，使其产量和经济效益在不断提高。

二 推进土地要素合理流转，实现农业适度规模经营

邓小平提出农业要实现"两个飞跃"的战略思想，第一个飞跃是实现以家庭联产承包为主的责任制；第二个飞跃是发展适度规模经营。经过 30 多年农村改革发展的实践，我国经济市场发生了巨大的变化，农业适度规模经营的条件已经基本成熟。从国外现代农业发展的规律来看，发展农业适度规模经营是推进农业现代化的普遍经验，在人少地多的欧美国家，通过家庭大农场发展规模经营，而在人多地少的日本、韩国、中国台湾等国家和地区，通过鼓励农民开展多种形式的土地合作，也较好地解决了农业适度规模经营的问题。目前，我国面临的问题是人均耕地少，家庭经营规模小，农业兼业化、副业化、口粮化现象比较严重，这种经营方式制约了农业生产水平的提高和农民收入的增长，已成为农业产业化发展的"瓶颈"因素。

要克服规模约束，实现适度规模经营，必须首先从土地入手，克服现行的土地经营方式的障碍，完善土地经营方式，以实现土地适度规模经营为目标，在稳定土地承包制基础上，实现土地使用权合理流转，在坚持自愿、有偿的原则下，促进土地使用权合理流转，使土地逐步集中到一部分种田能手手中。《中共中央关于完善社会主义市场经济体制若干问题的决定》指出："农户在承包期内可依法、自愿、有偿流转土地承包经营权。"这样做有三个好处：一是土地经营权的适当集中，有利于实现土地规模经营；二是能够使那些外出务工经商的农民摆脱土地的束缚，集中精力做好外边的工作，有利于农村劳动力向城镇转移；三是能够防止土地弃耕抛荒，有利于提高土地利用效率。

盐东镇作为江苏省传统的农业大镇，农业基础设施和装备条件好，农业科技水平高，农业社会化服务体系较为完善，具备发展农业适度规模化经营的条件。自20世纪90年代起，盐东镇就制定了农业规模经营发展规划，打破村、居间的行政界限，按照区域化布局、规模化生产、专业化经营的发展思路，遵循"一村一业、一村一品"的思路，大力发展专业户、专业村，逐步形成一村连多村、多村成基地的专业化生产格局。为解决农业规模化中凸显的土地问题，盐东镇在稳定和完善农村土地承包经营制度的基础上，依法规范土地流转行为，确保农村土地流转不改变土地集体所有性质、不改变土地用途、不损害农民土地承包权益，并鼓励多种形式进行、多种主体参与的农村土地承包经营权流转新机制。在流转形式上，转包、转让、互换、出租、股份合作等多种流转形式并存；在流转主体上，逐渐由过去的以农民为主转向了农民、龙头企业、专业合作社等多元化方向发展。截至 2010 年，全镇共成立土地股份合作社 8 家，实际流转土地 1.6 万亩，约占耕地总面积的 17.5%。

以美满村为例。美满村地理位置偏僻，农业生产一直滞后，镇政府结合江苏省农业资源综合开展项目，出台三年帮扶计划，以羊角椒、冬瓜等特种经济作物栽培为重点，全村 2010 年羊角椒种植面积达 2000 亩，其中连片种植面积有 500 亩以上。"一村一品"的发展，推动了农业生产效益的提高，农民增收明显。

通过土地流转，各村（居）相继发展了各自的优势、主导产业，引导农民发展规模化种养业、优化区域布局，调整产业结构，形成了中东村的高品质棉花种植、东南村的百万只蛋鸡、李灶村的万亩西（甜）瓜、桂英村的生猪、艳阳村的家禽、生建村的水禽、曙阳村的羊角椒、正洋村的蔬菜等"一村一品"发展特色。

三　推进农民专业化合作，发展市场农业和品牌农业

农业产业化的关键是引导农民走向市场，如何把分散的农户与大市场对接起来，实现农产品的有效流通，是农业产业化的关键环节。农业产业化经营要求农产品生产和加工、销售的各个环节有机组合起来，实行种养加、产供销、贸工农一体化经营。目前农业产业化发展的制约因素在于，一家一户分散生产的农产品不能够满足龙头企业的需要。分散经营的农户提供给龙头企业的原料或半成品，在品质、产量和交期等方面往往达不到其要求。所以，许多龙头企业不得不自己建设原料基地，搞"反租倒包"。而"公司＋专业合作组织＋农户"的经营模式，就破解了这个难题。专业合作组织按照龙头企业的要求，安排农户生产，建设标准化种植基地、养殖小区，代表农户与企业签订合同，在一定程度上把分散经营的农户组织起来，把农户的小生产、小流通转化为大生产、大流通，既降低了龙头企业与千家万户打交道的高额

成本与合同不能兑现的风险，又有效提高了农民的市场谈判地位，保护了农民的利益，较好地实现了龙头企业与农户的双赢，是引导农民走向市场，促进传统农业向市场化农业转变的有效组织形式。

盐东镇在农业市场化过程中认识到专业合作组织的作用，积极支持和鼓励农民专业合作组织的发展，重点在蛋鸡、生猪、高品质棉、羊角椒、西瓜、蔬菜六大领域进行组织化培育。盐东镇在专业合作社的发展上实行"三放"：一是放手发展，按照"民办、民管、民收益"的原则，鼓励多种合作形式一齐上，鼓励专业大户、乡村农技组织、龙头企业牵头举办合作社，着力建成一批"产业规模大、成员带动多、服务设施全、利益联结紧、市场品牌响"的示范合作社。同时再选择蔬菜、禽蛋等特色明显、辐射面大的产业组建联合社，形成多层次的组织格局。二是放心支持，鼓励农民专业合作组织在技术咨询、实施国家和行业标准、价格协调、调解利益纠纷等方面发挥自我管理的作用。三是放宽政策，在信贷、登记注册、税费等方面制定优惠政策，为农民专业合作组织的发展营造良好氛围。

2008年，盐东镇在清理政策、总结经验的基础上，出台了《关于加快发展农村合作经济组织的意见》等相关配套政策，把合作社纳入农民负担问题监管范围，坚决杜绝乱集资、乱罚款和乱摊派现象的发生，切实维护农民专业合作社的权益，帮助和引导农民开展专业合作。到2011年，盐东镇已发展羊角椒、蔬菜、棉花、西（甜）瓜等农民合作社42个。目前，正着手组建盐城市富民羊角椒专业合作社联合社。各个合作社都实行了"五统一"的标准化农业生产：统一购种、统一种植、统一技术服务、统一包装、统一销售。盐东镇专业合作组织的发展，不仅在农田与市场之间搭起了桥梁，而且促成了一批特色农产品品牌的诞生，"盐红"牌羊角椒、"盐凤"牌鸡蛋、"盐蜜"牌西（甜）瓜、"盐淮"牌生猪都是在农业专业合作社带动下形成的特色农产品品牌。

专栏4—3

盐红羊角椒专业合作社

盐红羊角椒专业合作社是由盐东羊角椒专业合作社与盐东羊角椒生产盐红协会于2007年8月合作建立。合作社位于盐东镇盐新路36号，现有理事9人，成员1500人，合作社在理事长陈瑞华的带领下，凭借诚信经营的人品，秉承文明经商的理念，坚信优质服务的声誉，坚持高起点规划、高速度建设、高质量服务，做大做强特色产业，并以较为雄厚的经济实力和高瞻远瞩缜密严谨及规范有序的合作社章程和视诚信为鼎、服务至上的经营理念，赢得了政府的大力支持和众多农民兄弟的信任，赢得了一大批中外客商及个体经济人的青睐，众多农民兄弟及客商赞誉我们为"合作社及时雨"。在合作社的大力推动下，盐东镇羊角椒种植面积从2000余亩扩大到3万余亩，发展成为全省乃至华东地区最大的羊角椒生产基地。2008年，盐红羊角椒专业合作社被盐城市政府评定为市级农民重点专业合作组织，2009年被评为江苏省农产品"百家经纪人"。

经营理念：在地方政府和行业主管部门的正确领导下，在定位高目标、实现高效益的总体任务下，激发全社员工的工作热情和创新精神，努力把民办专业品牌做得更加亮丽，把合作社服务一方经济发展的大舞台打造得更加宽广，把合作社的诚信经营的社会知晓度拓展得更加高远，使合作社的员工心往一处想、劲往一处使的精神风貌更加与时俱进和与日俱新。

经营实力：合作社现有固定资产300万元，生产厂房1500平方米，腌制贮藏窖池1000立方米。加工设备配套齐全，正常年景收购鲜椒5000—7000吨，腌制半成品3000吨左右，销售额4000万元左右。

服务体系：盐红羊角椒专业合作社从沿海地区农科所、亭湖区农业局、盐东镇农技中心聘请专业技术人员6人，常年为椒农技术培训，并定期发放宣传资料，定期考察苗情，防治病虫害，提供优良品种，多年的试验示范，筛选出抗病丰产的"长香一号""红玫瑰"等优良品种，使鲜椒年产从2000千克左右提升到3500千克左右。为使农民兄弟种植简单、方便管理、成本低、投入少、抗风险，在高效益的前提下，合作社计划向农民兄弟推广"子珠叶"的种植。今年下半年计划凡在合作社购买椒种的椒农，一律贴补种植费用50元/亩。

经营网络：合作社在周边地区设置了15个固定收购点，全部实行保护价收购，方便了群众运输，降低了种植成本。销售网络从山东、福建、浙江发展到广东、吉林、台湾。经营品种从鲜椒半成品到成品应有尽有。目前，合作社与台湾客商合作投资3000万元鲜椒出口加工项目，与韩国客商合作开发"子珠叶"和雪菜加工出口，签订年生产2000吨的项目合作协议。

资料来源：根据相关资料整理、改编。

四　培育龙头企业，发挥示范带动作用

龙头企业在农业产业化进程中承担着开拓市场、创新科技、带动农户和促进区域经济发展的重任，能够带动农业和农村经济结构调整，带动商品生产发展，推动农业增效和农民增收。农业龙头企业既可以是生产加工企业，也可以是中介组织和专业批发市场等流通企业。只要具有市场开拓能力，能够进行农产品深精加工，为农民提供系列化服务，带动千家万户发展商品生产走市场的，都可以称为龙头企业。在龙头企业带动下，生产、加工、销售各环节建立了较为完善的利益联结机制，带动较多农户走向市场，龙头企业成为加工的龙头、市场的中介、服务的中心。

农业产业化龙头企业的发展得到了盐城市各级政府的重视。2007年12月，盐城市委、市政府出台《关于鼓励农业招商引资促进农业龙头企业发展的政策意见》，亭湖区出台《关于在全区农业龙头企业中实施"倍增"计划的意见》等鼓励、扶持龙头企业发展的政策，这些政策从资金扶持、项目引进、基地建设、品牌创

建、人才培养、优质服务等方面给予全方位的支持。随着这些政策的实施到位，盐东镇龙头企业也得到了快速的发展。

专栏4—4

盐城大禹水产贸易有限公司

盐城大禹水产贸易有限公司成立于2009年4月22日，位于盐东镇庆丰工业集中区，由盐城大禹针织有限公司孙洪兵投资50万元独资创办。

公司初始投入1800万元，开凿水井2眼，新建制冰厂、加水站，浇筑水泥路及水泥场地1.3万平方米，购置30千瓦制冷机组2台，纳米增氧机15台，拥有2吨电瓶叉车1辆，蓄水池2座达到千吨级别，鱼池1000平方米，一次性库存鱼80万斤以上。产品主要销往广州、深圳、长沙、南京、蚌埠、宁波、慈溪、杭州、合肥、徐州、淄博、北京、沧州、唐山、霸州、天津、辽中等地。

2010年以后，大禹水产从内集货源、外拓市场入手，不断谋求新发展。陆续新建房屋5000平方米、扩建鱼池2000平方米，在全国各地建立大型水产市场，日库存量超过100万斤，产品逐步配备多品种，包括新鲫鱼、鲤鱼、鮰鱼、鲈鱼、花鲢、白鲢、黑鱼、回鱼、怀子（鮰鱼的一种）、草鱼等。在此基础上，逐步扩张自有养殖基地，扩大收购覆盖范围，从当初的7000亩，发展到如今的2万亩以上，带动养殖农户500户以上。

到2013年，大禹水产已经形成淡水水产大规模养殖、销售、加工一条龙服务链，拥有大型现代化淡水养殖设施、冷链物流设施及大型运输水车、保鲜车50余部，在全国已建有二十几个较大规模的水产市场，日销售过百万斤，年销售额超过10亿元。

资料来源：根据相关资料整理、改编。

五　加强农业社会化服务体系，深化农业生产的纵向分工

加强农业社会化服务体系建设，是全面提升农业经济整体素质和竞争力，进一步推动传统农业向现代农业转型的重大举措，是解

决农业基础差，农业生产方式落后等突出问题的必然要求。早在
1991 年 10 月，国务院就出台了《关于加强农业社会化服务体系建
设的通知》，此后的 30 多年来，我国农业社会化服务体系建设已
经有了很大发展。2007 年《农民专业合作社法》的颁布实施，为
农业社会化服务体系的建设提供了良好发展契机和宽松的外部环
境。在这样的政策背景下，农业社会化服务领域不断扩展，具体体
现在：农业社会化服务体系的服务方式多样化，除了单纯由政府提
供的公益性服务外，直接面向广大农户的各类农村合作组织更多地
满足了农业服务多元化、多样化的需求，改善农业基础设施、资源
状况和环境质量，提高了农村公共服务的整体效率。另外，农业社
会化服务体系的规模化程度也在不断提高，以农业服务为主的农村
合作组织通过社会化服务，把小规模集合成大规模，把分散经营的
农户变为集约化大生产，提升了生产规模和生产能力。

经过几十年的发展，我国农业社会化服务体系建设获得了很大
发展，但是也普遍存在主导性服务组织缺乏以及合作组织服务能力
薄弱的问题。针对这些问题，盐东镇着重从以下几个方面加强农业
社会化服务体系建设。

1. 完善镇、村两级农业服务机构（农技中心），提高公益化服
务水平

镇级农业服务机构主要提供技术培训、咨询、信息服务、跨村
农田基本建设、农用物资购销、农产品销售等村级服务组织力所不
及的服务。村级农业社会化服务直接与农户见面，是各层次农业社
会化服务的基础。通过镇村两级服务结构协调配合，完善农村社会
化服务水平。

2. 加快中介服务组织体系建设，提升经营性服务能力

引导农民成立合作经济组织，为农户提供产前、产中、产后服
务，发挥生产与市场之间的桥梁和纽带作用。积极发展农业经纪
人，加快农产品市场信息流通，有效解决农村市场信息不畅问题，
加快农产品流通，促进农产品深加工。建立各种民间行业协会、商

会等中介组织，发挥其在市场准入、信息咨询、规范经营行为、协调价格、实施国家标准、调解利益纠纷、行业损害调查等方面的自我管理作用，切实维护和保障行业内农民和企业的合法利益。

3. 加快科技推广体系建设

通过农业科技体制改革，加快建立新型农业科技创新体系；增加农业科技投入，抓好优良品种的引进、培育和推广，加快品种更新换代；通过农民科学技术培训网络建设，建立多渠道、多层次、多形式的农民技术教育培训体系，按照农业科技研究开发人员、农业技术推广人员、农民技术员、农民科技致富领头人、农户等五个层次开展农业技术培训。

4. 加快投融资服务体系建设

盐东镇鼓励以农业生产发展及农产品运销、加工企业为主要服务对象的中小金融机构的发展，鼓励金融机构加大对农业生产发展以及农产品运销、加工企业的放贷力度；建立促进农业生产发展以及农产品运销、加工企业发展的专门基金，以专业基金贷款方式对其进行融资支持。

专栏4—5

盐东涌现千名农民经纪人

在新农村建设中，盐东镇把壮大农民经纪人队伍作为农业增效、农民增收的一项重要工作来抓，强化管理，注重培训，着力打造一支规模化、组织化、市场化的经纪人队伍。该镇大力扶持经纪人建立地方性、专业性的协会组织，明确规定经纪人的职业道德、行为规范、诚信服务等，推动经纪人走上自我管理、自我服务、自我提高的发展轨道。通过组织经纪人到市内外考察学习，邀请省、市农技专家到农业基地授课等形式，增强农民经纪人的营销能力。该镇还把培训重点放在规范引导经纪人依法经营上，引导经纪执业人员依法签订经纪合同和依法诚信经营，促进经纪业规范健康快速发展。

截至2013年，盐东镇已有上千名农民经纪人活跃在良种推广、农副产品购销等领域，为该镇的生猪、西瓜、羊角椒、鸡蛋等特色农产品寻找"婆家"。盐东镇近年来喜获丰收的 2.5 万亩羊角椒，大部分都是通过经纪人牵线搭桥，很轻松地销往全国各地。

资料来源：改编自盐东镇党委宣传办稿件（2014 年 1 月）。

第三节　高效农业和特色农业

党的十七大报告强调，推进社会主义新农村建设，要"坚持把发展现代农业、繁荣农村经济作为首要任务"。繁荣农村经济，就是牢牢把握建设现代农业这个核心。许多地方的实践表明，能带动农民致富、可持续发展的高效农业和特色农业就是发展现代农业的具体实践形式。现代高效农业是以市场为导向，运用现代科学技术，充分合理利用资源环境，实现各种生产要素的最优组合，最终实现经济、社会、生态综合效益最佳的农业生产经营模式，具有高投入、高产出、高效益与可持续发展的特性。实现高效农业和特色农业的途径，就是要根据当地资源条件、种养优势和经营特色，以市场为导向，合理开发利用自然资源和社会资源，发展生态农业、设施农业、都市农业和观光农业，实现农业产业化，生产品种更多、数量更大、质量更优的多系列农产品、食品，创造名、特、优品牌，实现经济效益、生态效益、社会效益的全面提高。

盐东镇在如何推动现代高效农业和特色农业发展的问题上，抓住并解决了三个制约因素：一是解决"不想发展"的问题。通过组织农民走出去，到区农业园区观摩、学习本地能人大户等办法，激发农民投身高效农业的热情。二是解决"没钱发展"的问题，对高效农业进行资金扶持。除区政府相关奖补政策全部落实兑现外，镇里还专门提供资金对 10 亩以上设施农业进行奖励。三是解决"不会发展"的问题，为农民提供技术保障。采取农业实用技术培训与科技入户辅导相结合的办法，对全镇有兴趣和已投入高效农业的农民集中授课，从而改变农民的观念，改变其粗放经营的习惯，使其质量意识、效益观念有了极大的提高。2010年，全镇高效农业种植面积达到3.5万亩，占耕地面积的40%。设施农业种植面积1.23万亩，占高效农业面积的35%。当年新建成500亩以上连片高效设施农业园2处，培植市级重点农业龙头企业两家，实现农业增加值2.68亿元，农民人均纯收入达到7630元。

一 推动体制创新和服务体系创新，搭建高效农业服务平台

盐东镇通过采取规划引导、政策扶持、机制创新等措施，初步构建了相对完善的高效农业服务平台。

1. 充分发挥区域优势，做好园区总体规划

盐东镇立足沿海农业，通过拓展土地，发展农业示范园区，强化优质果品、无公害蔬菜、花卉苗木等特色种植基地，形成集生态农业示范、多种经营、地方特色经营、观光旅游为一体的现代高效农业示范区。盐东镇抓住区级农业园区转型契机，加大设施农业投入力度，2010年已建成育苗中心1万平方米，日光温室大棚和钢架大棚1300亩；台农伯乐达有限公司小米椒基地220亩；康胜食用菌生产基地3万平方米；新增500亩设施蔬菜基地2个。

2. 以"地"为本搞流转

依托近10万亩耕地资源优势，引导鼓励农民搞土地流转、土地入股，转移农村劳动力，鼓励多种形式进行、多种主体参与的农村土地承包经营权流转新机制。在流转形式上，转包、转让、互换、出租、股份合作等多种流转形式并存；在流转主体上，逐渐由过去的以农民为主转向了农民、龙头企业、专业合作社等多元化方向发展。截至2010年，先后成立农村土地股份合作社8家，流转土地达1.6万亩。

3. 积极支持和鼓励农民专业合作组织的发展

鼓励专业大户、乡村农技组织、龙头企业牵头举办合作社，在信贷、税收等问题上给予合作社一定的优惠政策，帮助和引导农民开展专业合作，并鼓励农民专业合作组织在技术咨询、实施国家和

行业标准、价格协调、调解利益纠纷等方面发挥自我管理的作用。专业合作组织的发展，不仅在农田与市场之间搭起了桥梁，而且促成了一批特色农产品品牌的诞生，"盐红"牌羊角椒、"盐凤"牌鸡蛋、"盐蜜"牌西（甜）瓜、"盐淮"牌生猪都是在农业专业合作社带动下形成的特色农产品品牌。

4. 强化服务促进在建项目尽快投产

镇领导班子成员与重点企业、重点项目挂钩服务，建立了"一个项目（企业）、一位领导、一本台账、一抓到底"的工作机制，成立了"项目帮办服务中心"，全天候、全方位为企业和项目提供一条龙、精细化、快捷化的服务，及时帮助企业和项目协调解决各类矛盾困难，协调集聚各类生产要素，力促在建项目开工建设、竣工达产。2013年盐东镇利用新洋港独特的区位优势，成功招引市区客商王梦菲来盐东镇投资。协议达成后，镇政府及农口一条线派员组成专门班子，服务该项目。目前，一次性投资1500万元，年饲养生猪万头以上的盐城市山林养殖有限公司已经达产。

专栏4—6

亭湖区现代农业示范园和盐东镇正洋高效农业园

亭湖区现代农业示范园是由区规划建在盐东镇镇域的大型农业项目，由核心区、农产品加工区和华东农副产品批发市场三部分组成，在沿海高速以东形成了一个集生产、加工、流通于一体的现代农业综合景观。2010年年初亭湖区委、区政府确定现代农业示范园"区镇共建、以镇为主"。此后，盐东镇高度重视，成立专门班子推进园区建设。为破解园区建设层次较低、经济收益小等症结，盐东镇明确了"效益兼顾、发展持续，培植精品、营造主题，引导产业、提供思路，因地制宜、体现特色，市场导向、注重双赢，总体规划、分期实施"的建园思路。围绕该思路，园区立足沿海农业，突出优质果品、精品无公害蔬菜、花卉苗木等特色种植生产，建设集农业生产、生态建设、观光休闲、旅游度假为一体的现代高效农业示范区，逐步形成了选项精、特色浓、收益高的良好格局。

随着 1500 亩的鹤鸣轩生态农业园、600 亩的金冠园艺苗木基地、2500 亩的日光温室大棚、4500 亩的钢架设施果蔬大棚等一批项目的相继实施，现代农业示范园区规模已达 11410 亩，覆盖李灶、正洋、坞港和曙阳 4 个村（居），带动农户 3000 多户，户均增收近 3000 元，农业园区示范带动作用日益凸显。

2012 年以来，盐东镇对区现代农业示范园内的土大棚、食用菌等项目进行"腾笼换鸟"①，选择连栋大棚、智能温室等高档设施项目入园建设。江苏闽泉食用菌基地、蝴蝶兰项目温室大棚等已建成，金冠苗木和绿望蔬菜的"强强联合"已签订协议，香兰葡萄采摘园产品供不应求。为提升项目承载能力，园区 2012 年投资 1.8 亿元，建成"三纵五横" 8 条道路、12 座桥梁、5 座闸站、7500 米防渗渠，并新增了 6 台 35 千瓦变压器，架设了 15 千米电力杆线，铺设了 15 千米自来水管道，园区基础设施得到明显改善。在园区示范辐射下，盐东镇"一村一品""一户一棚"工程全面推进，12 个村（居）全部建成了 100—500 亩集中连片的高效农业示范区，羊角椒、西（甜）瓜等经济作物种植面积增至 6.5 万亩。

盐东镇正洋高效农业园，是盐东镇党委、镇政府按照"聚集资源、突出重点、形成特色"的原则指导下，以发展现代农业为理念，以发展优质高效农业、高科技设施农业、绿色生态农业、休闲观光农业为目标，以正洋村土地流转合作社为载体，将农民手中土地流转出来建设的高效农业园区。园区计划建成占地 2000 亩的以日光温室大棚为主、钢架大棚为辅的现代高效农业示范园。

目前，盐东镇政府已经投资 35 万元，对园区水、电、路等基础设施进行了配套，在戴霞标等种植能手的示范带动下，正洋村村民杨建付、蔡剑等 8 名农民进园区建设了 150 亩日光温室。2011

---

① 腾笼换鸟是经济发展过程中的一种战略举措，就是把现有的传统制造业从目前的专业基地"转移出去"，再把先进生产力"转移进来"以达到经济转型、产业升级的目的。

年园区内日光温室大棚建设面积已达到 350 亩。

　　资料来源：根据相关资料整理、改编。

二　加快现代农业示范园区建设，增强园区辐射带动作用

　　现代农业的发展，需要现代农业示范基地引领。2010 年上半年，盐东镇完成了 6000 亩核心现代农业示范区建设；围绕"一户一棚奔小康"的建设目标，以正洋、中东、曙阳等村为重点，以村为单位集中连片建设面积 20 亩以上的高效设施农业小区；盐东镇同时开展了日光温室蔬菜基地、设施蔬菜栽培基地、无公害蔬菜设施栽培基地 3 个农业项目申报现代农业发展项目资金和省级现代农业专项资金，积极争取国家财政支持发展现代高效设施农业。目前，台农公司百亩大棚已经建成生产，上海客商的 300 多亩苗木花卉基地建设已经签约，香港客商的 600 亩钢架大棚项目正在洽谈。

　　现代农业示范园是盐东镇发展高效农业的核心示范园区。该园区的功能定位为沿海特色农业示范区，高效农业综合生产区、生态农业休闲体验区、沿海观光农业旅游区、现代农业科技孵化、沿海观光游览区和主入口管理服务区。并确定了 4 大项目设置，具体为沿海特色农业项目、高效农业综合生产项目、特色休闲度假项目和综合型的生态观光旅游项目，重点发展设施蔬菜及特色苗木、花卉、优质瓜果、农家乐园、生态旅游等特色产业。已建的 1 万平方米育苗中心既是区域性育苗基地，又是新品发展示范基地，真正实现了由统一供种向统一供苗方式的转变，不但能提供 1000 万株优质种苗，而且能全方位服务全区高、新农业的发展。而且已建的 1300 亩日光温室大棚和钢架大棚，以及台农发展有限公司投资的 220 亩高效农业基地，盐都客商投资的 100 亩葡萄立体种植基地，已成为全区发展高效农业科技示范和实验基地。已建的 200 亩和新建 220 亩绿化苗木基地引导全区绿色产业和健康快速发展。宿迁客商投资的 3 万平方米康胜食用菌生产基地项目达标投产，该基地在取得实实在在经济效益的同时，每年还可消耗 7000 亩的秸秆，解

决了农田秸秆再利用难题，拉长了农业产业化链条，优化了农业生态环境。以上项目建成后的示范园区，与相邻的 3000 亩农产品加工区、1000 亩华东农业副产品批发市场互为唇齿，形成一个集生产、加工、流通于一体的综合型、高品位超长现代农业综合景观带。

专栏 4—7

盐城市亭湖区现代农业示范园区

盐城市亭湖区现代高效农业示范园建于 2008 年，并于当年 8 月通过规划评审，总规划面积 8 万亩，核心区 1.3 万亩，位于江苏省盐城市亭湖区盐东镇境内。园区是亭湖区委、区政府为打造江北市场农业第一县（市、区），大力推进现代农业发展，促进农业持续增效、农民持续增收而建设的重点工程。园区交通便利，西邻新长铁路、通榆河、沿海高速，距南阳国际机场仅 10 千米，北靠新 331 省道、新洋港，水陆空交通便利。园区建设的目标是：在 2010 年完成 1.3 万亩核心区规划建设，将园区建成优质种苗繁育基地、高效农业发展基地、观光休闲胜地，同时辐射带动全区现代高效农业发展。

园区按照"提升形象、提高效益、扩大规模"的总体要求，坚持"政府引导、企业主体、政策扶持、市场运作"的建设思路，重点发展设施蔬菜、绿化苗木、观赏花卉、优质瓜果、农家乐园和生态旅游等特色产业。通过近两年的建设，园区发展势头迅猛，育苗中心、绿化苗木、设施果蔬、食用菌种植、甜叶菊种植和立体种养等 6 大功能示范区已经初具规模，一个设施完善、功能齐全、环境优美、示范带动能力强的现代农业园区初步形成，并逐步成为该地区现代农业的示范窗口、全市高效农业的亮点工程、江苏沿海特色农业的展示基地。

世界蔬菜种苗知名企业荷兰瑞克斯旺公司投资兴建的现代化育苗中心，是盐城市区域性的供苗基地和新品种展示基地，每年可提供 3000 万株优质种苗，为广大客商提供最优质的种苗服务；已建成的 1300 亩日光温室大棚和钢架大棚、2250 亩甜叶菊、绿化苗木基地、康胜食用菌生产基地、葡萄立体种植等一大批重大投资项目都取得了良好的经济和社会效益。

园区与紧邻的占地 3000 亩的盐城农产品加工区、规模 1000 亩的盐城农副产品批发市场形成"产加销一条龙、贸工农一体化"的空间布局,形成在盐城市和江苏省有重大影响的现代农业产业走廊。

2014 年以来,园区瞄准"全市最好、苏北领先、江苏一流"的新定位,突出规划、项目、基础配套设施"三个提升",着力建设集现代农业、生态建设、观光休闲、旅游度假为一体的现代高效农业示范园区。对照园区和台湾蝴蝶兰项目两个新编制的规划,加速推进台源休闲农业园建设,启动香兰葡萄采摘园二期、恒书猕猴桃、扬昇苑百亩连栋大棚等特色项目建设,力争蝴蝶兰项目建成 3万平方米智能温室和 2000 平方米组培中心,鹤鸣轩建成三星级乡村旅游景点。同时,结合"万顷良田"工程,推进以万亩蔬菜保供基地为重点的绿色食品生产基地建设,抓紧灵芝生长及深加工项目落户园区,并扎实开展农业招商活动,力争再招引 3 个以上有影响的项目入驻,储备 10 个以上农业项目。园区还将强化示范引领作用,加大投入,开工建设现代农业科技馆和生态农业展示中心,推动"一村一品"和"一村多品"的高效农业发展模式向纵深发展,大力推进土地规模经营,积极探索家庭农场发展模式,为农民增收致富创造条件。

资料来源:根据相关资料整理、改编。

三　加强农民技术培训,提高农业科技含量

现代农业与传统农业的本质区别在于农业的科技含量。现代高效农业发展的基础是掌握现代农业技术的高素质农民。盐东镇通过镇村两级农业实用技术培训和科技入户工程,为现代农业的发展打下了良好的人才基础。仅 2010 年上半年,盐东

镇就集中举办了两期300人以上的农业实用技术培训班,村(居)集中举办农业实用技术培训班两轮,24个班次,培训农民3080人,完成区下达任务的73.3%;科技入户工作全面开展,部级示范户家禽40户、生猪30户、果蔬30户,省级示范户家禽生猪200户、蚕桑20户、果蔬35户、棉花80户,科技辅导员到户率100%。

盐东镇按照农业实用技术培训实施要求,围绕高品质棉、红辣椒、西(甜)瓜、设施蔬菜、生猪和蛋鸡养殖六大特色产业,全年分4月中下旬、8月上旬、10月上中旬三个轮次,以集中到村培训为主、分散指导为辅的方法,采取"四个"结合,即专业性培训与普及性培训相结合、集中培训与巡回指导相结合、教室授课和现场观摩相结合、科技赶集和送技术下乡相结合的方式,丰富培训内容,确保培训效果。每年4月初,根据各村(居)产业特色,举办辣椒高产栽培、棉瓜立体种植、高品质棉高产栽培、设施蔬菜种植、生猪春季增栏、兽药安全使用等技术培训班;每年8月,针对夏季高温,以安全生产、农产品食品安全为主线,举办夏季生猪高热病防治、蛋鸡夏季饲养、蔬菜连作阻碍防范、畜禽生态养殖、圈舍夏季消毒、农药夏季安全使用等技术培训班。镇农业中心编辑印发《盐东科技》,并按时向农民发放《江苏农业科技报》《农村百事通》《农家致富》《长江蔬菜》等科技推广资料。

盐东镇成立了以镇农业技术推广服务中心技术力量为主体、典型种养大户、农业经纪人组成的农技讲师团,每位讲师团成员包一个村(居),负责培训工作对接和科技入户指导。讲师团有明确的工作制度和规范的程序培训,每月每位辅导员入户不得少于3次;每月的25日下午集中所有镇级科技辅导员到中心例会,汇报当月的入户工作情况,反馈示范户的需求以及帮助措施。讲师团成员结合自己的专业和农民实用技术的需求,认真准备讲稿,讲授内容要体现"五多"(多思考、多收集、多结合、多延伸、多引导）和"八有"（有培训通知、有培训登记、有培训场地、有培训报告、有培训照片、有培训会标、有培训资料、有培训明白纸）。农技讲师团的工作重点：一是为农民提供使用技术辅导；二是推广农业新技术，根据本镇的特色产业，重点推广测土配方施肥技术、瓜果及蔬菜高产栽培及病害防治关键技术、优质西（甜）瓜良种及栽培关键技术、畜禽饲养及病虫综合防治等技术，保证培训和科技入户实用性。

通过开展农业实用技术培训和科技入户工程，盐东镇培养了一批观念新、懂科技、技能强、善经营的种养能手和致富带头人，促进了实用技术的推广，推动了农业结构的调整，加快了"一村一品"的发展，增加了农民收入。一是培养了一批学以致用的专业农民。正洋村科技示范户杨建富、蔡汉东等人通过参加蔬菜栽培培训班学习，建起了100多亩的日光温室大棚种植西葫芦、番茄、青椒等反季节蔬菜；东南村三组村民王杏华通过参加兽药安全使用培训班，按照高标准工化养殖要求，扩大了鸡场的规模，年饲养蛋鸡3.5万羽以上；东南五组村民陈兴康重新建设两幢标准化鸡房，将年养殖量扩大到1.2万羽以上。二是加快了实用技术的推广应用。盐东镇围绕各村（居）主导产业办培训，有意识地引导农民发展规模化种养业、优化区域布局、调整产业结构，形成了中东的高品质棉花种植、东南的百万只蛋鸡、李灶的万亩西（甜）瓜、桂英的生猪、艳阳的家禽、生建的水禽、曙阳村的羊角椒、正洋村的蔬菜等"一村一品"发展特色。美满村地理位置偏僻，农业生产一直滞后，镇政府结合省农业资源综合开发项目，出台三年帮扶计划，以羊角椒、冬瓜等特经作物栽培为培训重点，通过羊角椒培训班的技术推广，全村2010年羊角椒种植面积达2000亩，其中连片种植面积有500亩以上，推动了"一村一品"的发展。

专栏4—8

盐东特色农业助民致富

近年来，盐东镇采取政策引导、资金扶持、强化服务、示范村和典型户带动等措施，鼓励农民发展特色种养业，以点带面扩大规模，走出了一条专业化、规模化的农业产业新路子。按照"特色各异，亮点纷呈"的发展原则，该镇全力培植"一村一品"或"一村多品"的发展格局，初步形成了以中东、东南、艳阳、李灶、曙阳为主的2.5万亩羊角椒产业，以李灶、新建、兆丰为主的3.5万亩西（甜）瓜种植产业。同时，东南、曙阳的蛋鸡养殖，桂英、美满的生猪养殖，生建的特种水禽养殖也初具规模。

盐东镇充分发挥区高效农业示范园区的示范效应，将有较好蔬菜种植基础的兆丰、曙阳等作为蔬菜专业村，对棚育反季节蔬菜生产发展出台了一系列扶持政策，并将政策性扶持与有效服务相结合，发展特色种养业的环境得到不断优化。镇、村还大力开展农业实用技术培训，做好全镇种养业265户科技示范户的带动工作，采取"大户帮小户、小户带散户"的帮扶模式，带动更多农民走上特色种养之路，为农民致富增收提供了保障。

资料来源：改编自盐东镇党委宣传办稿件。

第四节　农民合作组织

农民合作组织在农业产业化经营中起着协调和服务作用，是连接农户和农户、农户和龙头企业、农户和市场的桥梁和纽带。盐东镇在农业产业化和发展现代农业的过程中，注重农民合作组织在农产品规模化经营、市场化经营和品牌化经营中的推动作用，建立了农民专业合作社、土地股份合作社、资金互助社等"三大合作"组织，对推进农业产业化和现代化、促进农民增收起到了重要作用。

一　专业合作社

如前所述，农业产业化的关键是引导农民走向市场，如何把分散的农户与大市场对接起来，实现农产品的有效流通，是农业产业化的关键环节。针对过去一家一户经营模式带来的农产品销售难、产品附加值不高和抵御市场风险能力弱等实际问题，近年来，盐东镇按照"抓合作、带基地、连农户、促产业"的思路，积极鼓励和引导种植大户、农民经纪人和村组干部等能人带头领办农民专业合作社，并在资金投入、税费、土地等多方面给予大力扶持，帮助农户解决实际问题，进一步增强农民"抱团"闯市场的意识。例如，每逢生产活动关键节点，盐东镇盐红羊角椒专业合作社就组织技术人员分赴各村居和羊角椒种植大户家中，指导农户浇水、施肥、防虫。群众高兴地说："有了合作社，我们从种到销都不用愁。合作社成了我们致富的好帮手。"

截至 2013 年，盐东镇已先后成立、发展各类专业合作社 40 多家，经营范围涉及蔬菜种植、畜禽养殖、农产品加工等产业，羊角椒、蔬菜、棉花、西（甜）瓜等特色主导产业都拥有农民专业合作组织。其中，羊角椒专业合作社发展较快，运作成熟，覆盖面广，正着手组建盐城市富民羊角椒专业合作社联合社。各个专业合作社都实行了"五统一"的标准化农业生产：统一购种供苗、统一种植管理、统一技术服务、统一包装、统一销售，为农户提供产前、产中、产后全程跟踪服务。盐东镇专业合作组织的发展，不仅在农田与市场之间搭起了桥梁，提高农民的科技水平和市场意识，带动了近万名农户增收，而且促成了一批特色农产品品牌的诞生。

二　土地股份合作社

我国传统农业实行的是以户为单位的分散经营模式，这种经营模式造成了经营规模小，农业兼业化、副业化、口粮化的现象，严重制约了农业生产水平的提高和农民收入的增长，已成为农业产业化发展的"瓶颈"因素。土地使用权的合理流转是实现农业适度规模经营、发展农业产业化的基础。

为适应农业产业化发展，盐东镇制定了农业规模经营发展规划，打破村、居间的行政界限，按照区域化布局、规模化生产、专业化经营的发展思路，遵循"一村一业、一村一品"的思路，大力发展专业户、专业村，逐步形成一村连多村、多村成基地的专业化生产格局。为解决农业规模化中凸显的土地问题，盐东镇在稳定和完善农村土地承包经营制度的基础上，依法规范土地流转行为，确保农村土地流转不改变土地集体所有性质、不改变土地用途、不损害农民土地承包权益，并鼓励多种形式进行、多种主体参与的农村土地承包经营权流转新机制。流转形式上，转包、转让、互换、出租、股份合作等多种流转形式并存；流转主体上，逐渐由过去的以农民为主转向了农民、龙头企业、专业合作社等多元化方向发展。截至2010年，全镇共成立土地股份合作社8家，实际流转土地1.6万亩，占耕地总面积的18.8%。通过土地流转，各村（居）相继发展了各自的优势、主导产业，引导农民发展规模化种养业、优化区域布局，调整产业结构。形成了中东的高品质棉花种植、东南的百万只蛋鸡、李灶的万亩西（甜）瓜、桂英的生猪、艳阳的家禽、生建的水禽、曙阳村的羊角椒、正洋村的蔬菜等"一村一品"发展特色。

第五章

乡镇工业化道路

　　乡镇工业在盐东镇的城乡统筹发展乃至城乡发展一体化过程中具有不可替代的重要地位。正是乡镇工业的发展壮大推动着传统农业向现代农业的转变，促进着传统农村向现代村镇的转变，牵引着现代服务业在广大村镇萌芽、发展。目前，盐东镇正处于工业化实现阶段中期的前半段，工业发展具有总量规模快速扩张、工业结构由特色主导产业向多层次支柱产业转变的特点。对盐东镇工业化水平的分析显示，在该镇的工业化过程中，城乡统筹发展取得了显著的成绩，工业和服务业对于吸收就业发挥了重要作用。但相对城乡统筹发展的要求而言，工业和服务业在国民经济中的比重仍然偏低，非农产业的劳动生产率还需要进一步提升。据此判断，在未来相当长的时间内，盐东镇仍需通过招商引资和激活本地民营经济活力加快传统优势产业升级和新兴支柱产业发展，进一步扩大规模、优化结构、提升水平。

　　本章集中讨论盐东镇工业化发展问题。第一，对盐东工业化发展进行阶段划分，分析和评价当前的工业化水平。第二，阐述工业主导产业发展情况以及工业结构调整情况。第三，介绍通过招商引资，促进工业快速发展的具体做法和经验。第四，讨论工业集约化发展问题。第五，分析工业化过程中遇到的困难和问题。第六，针对城乡统筹的要求，对进一步提高乡镇工业的水平提出思路性建议。

第一节 工业化水平和发展阶段

整体上看，20世纪90年代中期以来，盐东镇的工业化道路大致经历了以下三个阶段。

1. 工业微观主体形成阶段

1995—1997年间为盐东镇企业制度改革的初级阶段。这时的企业基本上以镇、村集体经营为主，个体、民营经济处于萌发阶段。集体企业引进了苏南的管理模式，全面实施"一包三改"（联产承包责任制；改干部能上能下、废除终身制；改工资能多能少，打破分配上的平均主义和"大锅饭"；改工人能进能出，增强了企业用工的自主权），为企业的经营管理注入了活力，促进了经济的快速增长。1997—1999年，盐东镇集体产权改制提速。其间镇办12个集体企业全部先后改制成私营企业，村办企业也全部改制成私营企业。产权的变更激活了企业的活力，大部分企业由此步入膨化期，最具典型的案例是原集体企业双新公司被私营业主范成洲以等额资产承担等额债务的形式购买重组成"射阳县永大纺织有限公司"后，1999年起死回生，实现销售收入1.5亿元，纳税1000万元。

2. 工业基础形成阶段

这一阶段跨时10年，为1999年至2008年。2000年盐东镇政府审时度势，决定在工业基础比较好的东南村建立纺织工业集中区。为了做大做强盐东的工业，镇党委、镇政府充分利用庆丰村的地理优势。于2003年年底，创建了庆丰工业集中区和李灶集镇园区，以东南工业集中区为龙头的"一线三点"的空间发展格局初步形成。

3. 工业化水平加速提升阶段

2008年以后盐东镇进入加速提升工业化水平阶段。盐东镇通过加强招商引资力度、激发民营经济活力加快产业升级和产业结构调整，纺织产业作为传统优势产业，产业组织结构进一步优化，技术创新能力有所提升，环保机械等新兴支柱产业发展势头初步形成，多元支柱产业对工业化的支撑作用逐渐加强。

课题组采用"中国社会科学院工业化评估模型"对盐东镇工业化水平和发展阶段进行了分析①，该模型将工业化进程分为三个阶段，即前工业化阶段、工业化实现阶段和后工业化阶段。其中工业化实现阶段分为工业化初期、工业化中期和工业化后期，每个时期又分为前半阶段和后半阶段，并给出各个阶段的标志值（见表5—1）；然后从经济发展水平、产业结构、工业结构、就业结构、空间结构5个方面对盐东工业化水平进行评估，选择人均GDP、三次产业产值结构、制造业增加值占总商品生产部门增加值的比重、第一产业就业人员占比、人口城市化率5个指标分别度量以上5个方面的水平。

表5—1 工业化发展阶段评估指标体系

基本指标	前工业化阶段 I（1）	工业化实现阶段			后工业化阶段 III（5）
		工业化初期 II（2）	工业化中期 II（3）	工业化后期 II（4）	
1. 人均GDP（经济发展水平）（2008年美元）	771—1542	1542—3085	3085—6169	6169—11568	11568以上
2. 三次产业产值结构（产业结构）A＞I（%）	A＞20，且A＜I	A＜20，I＞S	A＜10，I＞S	A＜10，I＜S	
3. 制造业增加值占总商品生产部门增加值的比重（工业结构）（%）	20以下	20—40	40—50	50—60	60以上

① 陈佳贵、黄群慧、钟宏武：《中国地区工业化进程的综合评价和特征分析》，《经济研究》2006年第6期。

续表

基本指标	前工业化阶段Ⅰ（1）	工业化实现阶段			后工业化阶段Ⅲ（5）
		工业化初期Ⅱ（2）	工业化中期Ⅱ（3）	工业化后期Ⅱ（4）	
4. 人口城市化率（空间结构）（%）	30以下	30—50	50—60	60—75	75以上
5. 第一产业就业人员占比（就业结构）（%）	60以上	45—60	30—45	10—30	10以下

注：2008年美元是课题组按照 NBER 美国实际人均 GDP 计算。

资料来源：陈佳贵、黄群慧、钟宏武：《中国地区工业化进程的综合评价和特征分析》，《经济研究》2006年第6期。

2008年，盐东镇总人口54764人，实现地区生产总值78380万元（《盐城统计年鉴（2009）》），人均 GDP 为14312元，约合2100美元。盐东镇三次产业产值结构大约为22∶52∶26。制造业增加值占地区生产总值的比重大约为41%。城镇人口比重为72.64%。2008年，盐东镇从业人员26946人，第一产业就业比重约为28.8%（《江苏统计年鉴（2009）》）。根据"中国社会科学院工业化评估模型"对于盐东镇工业化水平各分项指标打分，人均 GDP、三次产业产值结构、制造业增加值占地区生产总值、城镇人口比重、第一产业就业占比分别为31分、53分、38分、70分和51分，综合得分为43.2分，据此判断盐东镇2008年的工业化水平处于工业化实现阶段中期的前半段。（见表5—2）

从分项指标看，人均 GDP 和制造业增加值比重是影响工业化发展水平的主要因素。进一步加快就业从农业部门向劳动生产率更高的工业和服务业部门转移，加快工业特别是制造业增长速度，通过三次产业结构和工业内部结构调整提高劳动生产率，是提升盐东镇人均 GDP 和制造业比重、从而提高工业化水平的主要路径。

表 5—2 盐东镇工业化阶段判断（2008 年）

项目	盐东		盐城		权重
	值	得分（分）	值	得分（分）	（%）
人均 GDP	14312 元	31	19741（元）	34	36
三次产业产值结构	22：52：26	53	5：49：45	55	22
制造业增加值占地区生产总值	41%	38	43%	39	22
城镇人口比重	72.64%	70	62.6%	61	12
第一产业就业比重	28.8%	51	41.1%	37	8
工业化综合得分	43.7	43.2	—	43.5	
工业化阶段判断	工业化实现阶段中期的前半段 Ⅱ（3）		工业化实现阶段中期的前半段 Ⅱ（3）		—

注：数据来源于《中国建制镇统计资料（2009）》和《盐城统计年鉴（2009）》。

2008 年，盐城市人均 GDP、三次产业产值结构、制造业增加值占地区生产总值的比重、城镇人口比重、第一产业就业比重分别为 19741 元（约合 2946.4 美元）、5：49：45、43%、62.6%和 41.1%，各分项得分分别为 34 分、55 分、39 分、61 分和 37分，综合得分为 43.5 分，据此判断盐城市 2008 年的工业化水平也处于工业化实现阶段中期的前半段。对盐城市和盐东镇工业化水平分项指标比较可以看出，盐东镇在人均 GDP、三次产业结构和制造业增加值比重得分方面略低于盐城市总体水平，但在城镇就业人口和第一产业就业比重 2 个指标方面的得分显著高于盐城市总体水平。（见图 5—1）这表明，在盐东镇的工业化过程中，城乡统筹发展取得了显著的成绩，工业和服务业对于吸收就业发挥了重要作用；但相对而言，工业和服务业在国民经济中的比重较低，非农产业的劳动生产率还需要进一步提升。据此可以判断，盐东镇进一步优化产业结构、实现转型升级、加快工业发展、推进工业强镇的任务还比较艰巨。

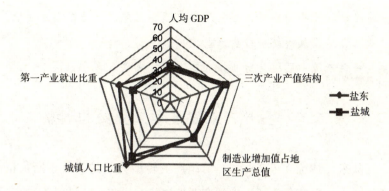

图 5—1 盐城市和盐东镇工业化水平分项指标得分

专栏 5—1

江苏大宏集团境外生产基地落户坦桑尼亚

2013 年 3 月 5 日，从盐东镇传出喜讯，由江苏大宏纺织集团股份有限公司独资新建的坦桑尼亚气流纺纱线生产基地项目，获国家发改委核准登记。该项目是盐城市第一家棉纺企业境外生产基地，开创了全市企业国际化先河，为全区企业"走出去"积累了丰富经验。

该项目建设地点位于坦桑尼亚新阳嘎省克左比区，占地面积 50 英亩，总投资 6499.6 万美元，改造现有厂房（建筑面积 7500 平方米），新建生产厂房、仓库、办公、生活等生产和辅助用房，新增建筑面积 2.2 万平方米，购置清梳联、气流纺纱机、并条机等生产和辅助设备 184 台（套），建设规模为年产棉纱 3.5 万吨。

坐落在盐东镇的江苏大宏纺织集团股份有限公司成立于 2007 年，注册资金 1 亿元，主营范围：棉、纱、纺织品、布、整经机，纺织机械及配件的加工、生产和销售。经过多年努力，该集团已成为在国内纺织机械、纺织行业具有较高声誉的省级民营科技企业，是国家级农业产业化龙头企业、全国诚信守法乡镇企业、省农业产业化带动能力 20 强企业之一、市百强企业，集团高品质棉产业基地被农业部评定为国家级示范基地。

为响应国家"走出去"政策，大宏集团积极实施落户海外战略，充分利用非洲地区的土地和人力资源，不断加快推进棉纱生产基地建设。据相关规定，省发展和改革委同意大宏纺织集团在坦桑尼亚独资建设气流纺棉纱生产基地项目。

资料来源：改编自盐东镇党委宣传办文稿。

第二节   主导产业发展和工业结构调整

盐东镇传统优势产业——纺织产业转型升级的步伐不断加快。近年来，环保装备等新兴支柱产业发展势头良好，工业结构向多元支柱产业发展的特征明显。

一   "纺织大镇"向"纺织强镇"转变

纺织产业是盐东镇的支柱产业和特色产业，盐东镇东南纺织工业园是全市十大产业集群之一。盐东镇是全国产棉大镇，有着十分丰富的优质棉花资源。2007 年，盐东镇皮棉产量达 7500 吨，周边有高品质优质棉田 80 万亩，棉花的收购、加工及附产品的综合利用配套成龙。依托原料优势，盐东镇纺织工业快速发展，成为全镇的支柱产业，并在盐城市的纺织工业中占有重要的地位。盐东镇于 2003 年被省纺织工业协会命名为"江苏棉纺名镇"。

盐东镇纺织产业集群萌芽于改革开放之后的 20 世纪 90 年代中期，启动于 21 世纪初。截至 2007 年，盐东镇共有纺织企业 80 家，其中轧花企业 18 家，棉纺织企业 48 家，化纤企业 1 家，麻纺织企业 3 家，针织企业 1 家，服装企业 4 家，纺机企业 5 家。全行业拥有固定资产 10 亿元，占盐东镇工业企业总资产的 83%。纺织产业门类较为完整，其中：①棉纺织企业 48 家，占纺织工业企业的 60%，2007 年实现销售收入、利税、利润分别占纺织工业的 63%、60%、58%。盐东镇拥有棉纺锭 15 万枚，织机 2500 台，其中 5 万锭以上的企业有 2 家。棉纺织行业是规模最大的行业。②麻纺织企业 3 家，占纺织工业企业的 3.8%，2007 年实现销售收入、利税、利润分别占纺织工业的 12%、12.5%、11.8%。③轧花企业 18 家，占纺织企业的 23%，

2007 年实现销售收入、利税、利润分别占纺织工业的 12%、12.5%、11.8%。④服装企业 4 家，占纺织工业企业的 5%，2007 年实现销售收入、利税、利润分别占纺织工业企业的 4%、4.1%、3.9%。⑤纺机企业 5 家，占纺织工业企业的 6%，2007 年实现销售收入、利税、利润分别占纺织工业企业的 18%、20.3%、23.4%。（见表 5—3）

表 5—3　　　　2007 年盐东镇重点纺织企业一览表　　　　单位：万元

企业名称	商标	品牌	主要产品	资产总额	2007 年销售收入	利税	利润
永大纺织公司	永系方	省名牌	精梳棉纱	23125	40146	2347	1934
大宏纺织公司	金大运	省名牌	精梳棉纱、棉布	34459	32728	1950	1511
宏华纺织机械公司	大运	省名牌	整经、浆纱、浆染联合机	16938	16641	1555	845
荣意来纺织机械公司	大运	省名牌	整经机、无键联结	5762	11055	775	612
宏铭达纺织有限公司（在建）			棉、布坯	1488	3046	145	104
粤宏化纤有限公司（一期投产）			DTY 纺丝	7136	13037	505	472
华亚臻布业有限公司			灯芯绒	976	5939	230	211
浩源织业有限公司			高档亚麻坯布	578	3563	150	135
成利达织造有限公司			灯芯绒	551	3586	130	121
杰锐印染机械公司			烘桶	684	5523	240	225

　　资料来源：根据调研有关资料整理。

　　到 2008 年，盐东镇纺织产业已由棉花的种植、加工，逐步发展到以棉纺、化纤、浆纱、织造、服装为主导的纺织产业集群，初步形成花纱布衣的龙形格局，发展成以棉纺、化纤、织造、服装为主导的全市重点十大产业集群之一。2008 年，盐东镇有纺织企业 100 余家，固定资产 12 亿元，职工 7000 余人，核心区——东南工业园的功能区分工合理，基础设施配套完善。2008 年 7 月 1 日，时任盐东镇党委书记李新仁提出大力实施工业强镇战略，决定加大特色产业投入，加快建设东南纺织产业集群，促进企业聚集。具体实施的战略措施如下：

1. 建设重点工业集中区，完善基础设施

充分发挥棉花资源优势，坚持高起点规划、高标准建设，大力发展特色产业，采取多种方式筹措资金，强势推进纺织特色企业集中区基础设施建设。通过企业改制和临街土地运作，对农民土地实行逐年补偿等多种渠道筹集园区建设资金 2500 万元，同时推行 BOT 融资方式，吸收 1000 多万元社会资金投入园区，配套建设职工公寓、餐饮中心和标准厂房。初步形成了东南、李灶、庆丰"一区三点"、东西呼应、块状分布、组团发展的格局，构建了盐海线、陈李线 10 千米的工业长廊。集中区基础设施建设累计投入 3 亿多元，高标准完成了 50 千米的路面硬化、500 盏路灯亮化、3 平方千米消防管道铺设、5 万平方米绿化，热电公司与污水处理公司配套齐全，实现了"七通一平"。东南产业集群还通过了 ISO9001 质量体系论证和 ISO14001 环境质量体系论证，切实增强了集群抵御外界风险的能力。

2. 更新建设理念，建立一流的集群运行模式

针对企业人才少、运输困难、维修成本高、市场行情不准、资金周转紧张等困难，盐东镇先后成立了园区管委会、园区实业开发公司、园区纺织协会、园区招商局、园区物业管理公司等实体协作机构，努力实现园区的自我管理、自我开发和自我发展。相继建立了年可培训熟练工 1000 人次的职工培训中心、拥有 60 多辆大中型货车的物流中心、高级技术近百人的维修服务中心、专兼职信息员

40 人的信息中心，注册资金 500 万元的宏信担保公司。另外，还成立省级研发中心，有高级工程师 8 人、高级技工 15 人、本科学历以上人员 30 人，年开发新产品 5—10 个，并确保 3—5 个新产品迅速产业化，提高了产业竞争力，扩大了市场占有率。

3. 创优招商方式，打造一流的集群服务平台

为解决纺织产业集群产品档次低、产业链短的发展瓶颈，盐东镇成立 5 个招商分局，实行专业化招商，先后在东北、浙江、苏锡常等纺织行业发达地区举办了多次招商投资说明会，开展纺织产业集群专项招商活动，招引德国、日本、我国香港、东北、上海等国内外客商到东南纺织产业集群区投资兴业。宏华美泰克斯胶辊、大宏热电联供、大宏特种纱纺织、盐城粤宏差别化纤维、宏铭达高档天丝纱等项目的投资额均在 1.5 亿元以上，弥补了集群空白，实现了集群的产业配套，有效地推进了产品的提档升级、产业链的拉长拉宽。政府主动帮助企业到银行协调解决生产资金，2007 年至 2008 年两年间共为企业协调资金 6000 万元，并在全市建立了第一家企业银行，让企业不出门就可办结各类同存同兑业务。

2010 年，盐东镇紧紧抓住沿海大开发的历史机遇，用足用好出口退税上调等纺织业发展的利好政策，扎实开展“特色产业突破年”活动，进一步培大育强纺织业，着力实现由“纺织大镇”向“纺织强镇”的转变。

一是提高专业招商能力，做大产业规模。2010 年 4 月份和 9 月份，盐东镇分别在浙江湖州和苏南常州两地开展纺织产业专题招商活动。盐东镇围绕“新招引纺织企业 8 家，其中亿元企业不少于 2 家，外资企业不少于 1 家，储备纺织项目不少于 10 家，2011 年销售要突破 40 亿元”的目标，加大纺织产业招商引资的力度。盐东镇成立了 2 个专业招商分局，发挥多年纺织产业招商的优势，采取以商招商、园区招商、委托招商等多种招商方式，扩大招商范围，充分利用盐东划入上海两小时半经济圈的地域优势，突破上海、浙江及苏南发达地区产业转移重点区域，让盐东成为众多商贾

及有识之士目光聚焦的热点。盐东镇还在绍兴和上海两地设立招商办事处，并在当地聘请招商顾问，常年开展驻点招商。

二是促进重点企业裂变扩张，优化产业结构。盐城市宏华纺机公司研发的"9 单元预湿浆纱机"在 2009 年获得教育部和国家纺织工业协会颁发的"国家科技进步二等奖"后，该公司进一步加大投入，组织大规模生产，努力形成新的经济增长点。大宏集团是国家级农业产业化重点龙头企业，永大集团培养了一大批企业老板和熟练纺织工人，荣意来纺机、粤宏化纤、辛亥服饰、金舟纺织等企业也经历了金融危机的洗礼，内在实力、自主创新能力都逐步具备了裂变扩张的基础。盐东镇加大服务力度，按照"抓技改、重研发、拓市场"的思路，推动企业提档升级。通过加大技改力度和重点帮扶，支持大宏纺织新上功能性纤维项目、粤宏化纤后纺加弹项目，力促纺织产业升级换代。为不断增强产品综合竞争力，盐东镇还加快品牌申报进程，力争使"大运"牌纺机申报成为国家级品牌，"金大运"牌棉纺、"永纺"牌棉纱申报成为省级品牌，以品牌创建提升企业产品的市场占有率。

表 5—4　　盐东镇纺织行业龙头企业基本财务状况（2008 年）

企业法人单位名称	主营业务收入（万元）	利润总额（万元）	利税总额（万元）	全部从业人员（人）	人均利税（元）	资产负债率（%）
大宏纺织集团股份有限公司	42532	2205	2786	1205	23120	48.3
永大纺织集团股份有限公司	50841	2754	3630	1315	27605	48.5
宏华纺织机械有限公司	21665	1122	1382	325	52423	44.2

资料来源：根据调研有关资料整理。

二　多元支柱产业结构初步形成

2010 年以来，盐东镇紧紧抓住"江苏沿海开发"和"统筹城乡发展"两大契机，做强传统产业、培植新兴产业，紧紧围绕"项目立镇、特色兴镇、财政强镇"发展战略，通过科学规划，打造园区、培植"龙头"、科技创新、创建品牌，扬长比较优势，实现错位发展，努力培植产业竞争力，打造镇域经济新优势，倾力打造以纺织业为"龙头"的集纺机、胶辊、热电、轧花、棉纺、织造、浆染、化纤、医药、为一体的龙形产业格局。到 2010 年，工业企业达到 168 家，其中永大、大宏集团固定资产均达 7 亿元，年销售超 10 亿元。

按照"有规划、有园区、有龙头、有品牌"的目标，盐东镇举全力培植纺织业、环保机械、高效农业和现代服务业四大特色产业。其中，纺织业要实现质的提高，环保机械要成为新的增长极，力争四大特色产业总体规模达到 50 亿元。

对于新兴环保机械行业，主要采取的措施是：充分利用盐东镇与江苏盐城环保产业园接壤的资源，抢抓"沿海大开发"和"统筹城乡发展"的机遇，启动盐东科技工业园建设，产业定位为与江苏盐城环保工业园配套的环保机械制造。规划建设面积 10 平方千米，一期开发 2.8 平方千米。按照"一次性规划，分步实施"的原则，完成部分主干道及水电配套，计划招引 6 个以上千万元以上项目入户，培植盐东工业经济新的增长极。

盐东镇还积极通过积极发展现代服务业形成工业和服务业互动发展的格局。政府加大集镇土地开发力度，建成规模居住小区 2 个，吸引具有较大规模超市 2 家落户，建成星级宾馆，新引进金融机构 1 家，抓紧实施新奥燃气管道东延和东南撬装站项目，为工业发展营造良好的环境。

为推进传统优势产业升级和新兴产业发展，镇政府采取了一系列促进产业结构转型升级的政策措施。

1. 重抓项目推进

大力开展特色产业招商，根据全区招商统一部署和特色产业发展的方向和重点，围绕产业龙头企业和产业链关键环节开展专题招商。突出国内行业前 50 强企业，针对性地开展敲门招商、股权重组招商。大力实施"百企千万技改工程",招商引资项目考核突出特色产业项目比重。

2. 加大政策扶持

积极帮助园区、企业争取区以上各类政策资金,对特色产业项目实行优先供地,重大项目要确保"点供"。扩大融资渠道,督促金融部门对特色产业资金需求重点倾斜,人力资源、科技、工商等部门要着力做好人力资源、技术创新、品牌建设等方面服务指导工作,镇企业发展中心、帮办服务中心要提高工作效率,提高服务质量,为特色产业项目建设提供最快捷、最周到的服务。

3. 强化组织保障

镇成立推进特色产业发展工作领导小组,负责特色产业培植的规划布局、组织推进、督察考核、协调服务等工作。强化目标责任,把特色产业培植的年度工作目标、序时进度、工作重点分解落实到各村(居)、各部门,实行目标管理、节点式推进。

近年来,盐东镇积极促进多元支柱产业发展的措施取得了良好效果。2010 年 7 月 15 日,总投资 1.2 亿元的江苏舒适照明有限公司在亭湖区盐东镇东南工业园举行开工仪式。据项目一期工程于竣工投产后,将引进智能数字式灯头扭距仪、LCR 数字电桥、寿命试验仪、光谱分析仪、智能电参数测量仪等先进设备 120 台套,年可产节能灯具及其系列灯管 300 万支,实现销售近亿元,利税 1000 万元。该项目的建设改变了盐东纺织业一枝独秀的产业状况,成为盐东经济发展的新亮点。截至 2010 年 9 月,盐东镇拥有工业企业 170 多家,其中规模以上企业 24 家。形成了纺织机械制造、轧花、纺纱、织布、制衣等较为完善的纺织产业链条以及新能源开发综合利用生产基地,在盐城市乡镇工业中成为一大特色和新的亮点。

专栏 5—2

盐东镇重点工业企业

中国永大纺织集团

中国永大纺织集团是苏北地区最大的私营纺织企业集团,集团下属 5 个子纺织公司：射阳县永大纺织有限公司、射阳县永华纺织有限公司、疏勒县永大纺织有限责任公司、托克逊县永大纺织有限责任公司、上海系方实业有限公司。集团现有员工 7500 人，各类中、高级技术人员 300 人，产品主要有 8S－16S 起绒纱、32S－80S 纯棉精梳纱。其中"永系方"牌纯棉精梳纱获"盐城市名牌产品"称号，产品直销上海"三枪""宜尔爽"等知名品牌厂家，且长期供不应求。2004 年投资 1.2 亿元，征地 10 多公顷，兴建了江苏永大药业有限公司，主要产品为苯妥英纳原料药。

江苏大宏集团

江苏大宏集团为江苏省省级民营集团，现拥有全资、控股或参股子公司 11 家：江苏大宏纺织集团有限公司、射阳县瑞鹏亚麻纺织有限公司、盐城市宏华纺织机械有限公司、射阳县第二纺织机械有限公司、盐城市荣意来纺机有限公司、盐城市鑫鹤纺织机械有限公司、盐城粤宏特种化学纤维有限公司、江苏国信盐城生物质发电有限公司、安徽大宏纺织有限公司、香港南泰企业有限公司、盐城宏铭达纺织有限公司。集团集纺织机械制造、棉纺、麻纺、浆纱、织造、印染、热电于一体，主产品有棉麻纺类：纯棉纱、亚麻及混纺纱，各种坯布、色织布、热电等；纺织机械类：1452G 型平行加压整经机、ASGA751 型系列高速剑杆织机、浆染联合机、有梭织机等五项技术改造、前织准备辅助设备等。产品畅销国内，并远销欧盟、泰国、印度尼西亚、菲律宾、孟加拉、越南、土耳其、贝宁等国家和地区。企业拥有职工 4000 人，其中高、中级技术人员 160 人。2007 年集团实现销售 8.5 亿元，利税 9000 万元。企业先后获得：国家农业产业化龙头企业、国内最大前织准备及配套设备生产企业、江苏省民营科技先进企业、江苏市场质量计量信得过企业、盐城市质量管理先进企业、全国 256 家诚信守法乡镇企业、江苏省高新技术企业、江苏省环境保护先进企业、盐城市优秀信用企业等荣誉、并通过ISO 900—2001 质量认证。

盐城市宏华纺织机械有限公司

　　盐城市宏华纺织机械有限公司是江苏省民营科技企业、江苏省高新技术企业、江苏省环境保护先进企业。目前拥有固定资产超亿元，各类加工设备300余台套，专业从事纺织机械的设计、制造。主要产品有：ASLGA393型系统浆染联合机、ASGA360系列单元及条单元传动单、双浆槽浆纱机、ASGA751型高速剑杆织机等。产品畅销全国，并远销到泰国、越南、缅甸、孟加拉、土耳其、贝宁等国家和地区。

盐城市力佳电机厂

　　盐城市力佳电机厂是由本地客商陈安社于2003年5月投资兴办的，引进各类车、磨、刨、铣床等，注塑机、检测设备40台套，主要从事电机、水泵、增氧机、太阳能、塑料制品的制造和销售。该厂以最优的质量、最完美的售后服务赢得了客户的青睐。生产的"力真佳"牌电机畅销国内外。年可生产各类电机1万台。

盐城市东泉水泵厂

　　盐城市东泉水泵厂是由本地客商张宏培于2003年投资兴办的，是一个集专业生产、制造、销售为一体的生产厂家。拥有IS、IH、ISG、IRG、ISW、QW、NL型等30多个品种、1000多种规格的泵，产品广泛应用于化工、环保、建筑、消防、暖通、给排水、冶金、造纸、制药、食品、电力、空调、制冷、锅炉、生物工程等行业。主要有各类车床及附属设备30台套，年可生产各类水泵、电机5500台。

江苏舒适照明有限公司

　　江苏舒适照明有限公司位于盐东东南工业园，总投资1.2亿元，一期工程于2010年年底竣工投产。主要产品为智能数字式灯头扭距仪、LCR数字电桥、寿命试验仪、光谱分析仪、智能电参数测量仪等先进设备，年生产能力为120台套，并可生产节能灯具及其系列灯管300万支，实现销售额亿元，利税1000万元。

盐城市荣立建材有限公司

盐城市荣立建材有限公司成立于 2007 年 9 月，是中国砌块协会会员单位，通过 ISO 9001、ISO 14000 国际管理体系认证，荣获安全生产工作先进集体、AA 级重合同守信用企业、质量诚信单位、市级计量认证达标单位，"荣立"知名商标是盐城名牌产品。公司地处盐城市亭湖区盐东镇，引用具有国际先进技术水平的日本 TIGER 虎牌 M-4、T-9 全自动砖机生产线，年产 150 万平方米地砖或 30 万立方米标准砌块，产品涵盖路面砖系列、园林景观、水工护坡、承重装饰砌块四大类，产品种类齐全，其他设计规格色系可定制，生产规模在省内业界位列前茅。

资料来源：综合有关资料、报道。

第三节　"外引内促"，加快工业发展

盐东镇积极通过招商引资实现"龙头"项目对产业发展的示范带动作用，促进既有产业的裂变增长和新兴产业的跨越发展；通过加快创业平台建设，促进本地民营经济的创业创新发展，激发经济发展的活力。通过综合运用"外引"和"内促"，形成多种资本、多种主体、多种产业相互促进融合发展的良好态势。

一　外引：以招商引资推进转型升级

在招商引资方面，盐东镇通过活化招商，力求重大项目新突破。盐东镇以落实"重大项目突破年"活动为契机，坚持以项目推进统领经济工作。招商引资的主要经验包括以下几个方面。

1. 在组织经济工作中，坚持以项目推进统领全局，强化招商力量

保证一名镇主要领导正常外出招商，镇招商局必须每周外出招商，确保网络不断线、项目不断人、经费不断饮、区域不失守。全面建立镇领导班子包保责任制，三套班子领导全部挂钩到企业和项目。

2. 有的放矢，明确招商任务、开展重点区域招商引资是盐东的一个优良传统

盐东镇不断创新招商方式，将网上招商、中介招商、全员招商、媒体招商等多种形式结合起来，形成浓郁的招商氛围。盐东镇将招商引资重点锁定在长三角等地，施行驻点招商、敲门招商。在经济比较活跃的长三角、珠三角两地设立招商办事处，并在当地聘请招商顾问。瞄准常州、苏州、昆山、上海等外资密集区，采取聘请招商顾问、设立招商机构、组织小分队招商等多种形式，加强信息沟通，加大感情联络。盐东镇还密切关注发达地区产业转移动向，采取敲门招商等形式紧盯上海闵行区、常州等地产业转移项目。

3. 为使项目"引得来、留得住、能发展"，盐东镇结合"机关效能提升年"活动，硬化服务，促使在建项目早建成

盐东镇以"机关效能提升"活动为抓手，深入开展"三服务"活动，按照每个项目确定一名镇领导牵头、一套班子专抓、一本台账倒排工期的要求，无条件服务项目，创造性开展工作，确保力度不减、措施到位。加快签约项目开工，集中力量推进开工条件较为成熟的项目的开工建设，促使资金早到位，协议变合同，合同早开工。加快在建项目进度，集中力量推进在建项目的建设和投产达效，帮助组织施工力量，狠抓形象进度。订立目标时间表，倒排工期，力促快建成、早达产。加快项目载体建设。以硬件基础设施完善为契机，加快盐东科技工业园的规划和实施。加大园区基础设施投入，加快园区三产服务业的配套，真正以优惠的政策、优良的环境、优质的服务，吸引重大项目和外资项目。

通过多年的坚持和努力，盐东镇招商引资工作取得了显著的效果。随着沿海大开发向纵深推进，位于大市区东桥头堡的盐东镇，区域优势逐步显现，成为各路客商竞相投资的福地。2010年上半年，盐东镇再成功签约5000万元以上项目17个，其中工业项目15个，三产项目2个，新开工项目12个。得益于项目的快速推

进，2010 年上半年，盐东实现财政总收入 2655.5 万元，占年确保任务的 57.1%；一般预算收入 1331.1 万元，占年确保任务的 64.6%，顺利实现"双过半"。截至 2010 年 9 月底，盐东镇成功签约千万元以上项目 20 个，其中亿元以上项目 9 个，5000 万元以上项目 5 个，新开工项目 18 个。

二 内促：积极搭建创业和服务平台

2010 年以来，盐东镇坚持富民优先，把鼓励全民创业、发展民营经济作为富民强镇的重要举措，做优环境，积极营造"创业有功、致富光荣"的氛围，激发全民创业活力。2010 年年初，盐东镇召开了民营经济工作专题会议，对民营经济主要指标一一分解，各村落实了发展民营经济联络员，做到上下联动、专人负责，从而保证了私营企业、注册资本金、标准厂房按序时超额完成了任务。盐东镇始终把营造务实高效的服务环境、诚实守信的市场环境作为推动民营经济发展的重要举措，实行镇领导班子成员和工业一条线人员挂包制度，从环境、政策、信息、服务等方面给予重点扶持，帮助解决项目建设和生产经营过程中遇到的困难和问题。同时镇成立帮办中心，各村明确一名帮办员，实行从申报立项、名称核准到登记注册的全方位、全过程、全天候服务。

盐东镇充分运用市场化手段，积极推进融资担保平台建设，组织银企座谈会，为银企之间牵线搭桥，为创业者贷款融资提供便利。仅 2010 年前 9 个月，农民资金互助合作社、担保公司就为镇内近百家中小企业、个体工商户累计放贷 5000 万元，帮助企业解决了资金难的问题。在此基础上，政府还积极帮助企业盘活闲置厂房、招引技术工人，引导中小企业招商引智，加大企业自主创新力度。

盐东镇党委、政府十分重视扶持青年人创业，近年来先后在李灶、生建、东南投入 1000 多万元资金，兴建了创业基地，为有志于创业的青年人大开绿灯，搭建了创业平台。盐东镇创业园区内不仅硬件设施配套齐全，而且物流服务、贷款担保公司、金融服务业应有尽有。为搞好服务，盐东镇除了明确企业发展中心、项目帮办中心相关人员全力投入服务外，还在创业基地分别设立了园区管理委员会，专门负责协调和服务工作。坐落在亭湖区盐东镇东南工业园区的盐城市宏州机电设备厂年仅 29 岁的年轻创业者张高阳，2005 年带着妻子张海燕想回家乡创业，受到各级政府的大力支持，在东南园区选好了厂址，很快就办理了立项、征地、规划、领证、用电等一切手续，很短时间内使张高阳投资 300 万元创办的宏州电机厂就投入了生产，当年就实现产值 500 多万元。该厂生产的 IW2.4－10.5 单项旋涡泵等 5 个系列产品覆盖了整个华东市场，产品供不应求，Y 系列（IP44）三相异步电机已由两个厂家作为配套机械出口韩国市场。

盐东镇在发展民营企业上为青年们搭建平台，不仅激发了本土青年的创业热情，还吸引了一大批外地青年加盟盐东。近年来入户较大的青年企业家有：盐城市辛亥服饰有限公司董事长王志东、盐城鑫宇太阳能公司总经理陈春元、盐城市永业机械制造有限公司总经理李海燕、盐城永鑫塑料制品有限公司总经理王健。盐东镇 168 家民营企业中，青年人创业的就达 90% 以上。总投资达到了 27.9 亿元，项目涉及纺织、服装、电机、医药、塑料、水泥制品等各大门类。截至 2010 年 9 月底，盐东镇新发展私营企业 116 户，占年计划 80 户的 145%；新发展个体工商户 555 户，占年计划 750 户的 74%；新增注册资本 24049 万元，占年计划 17000 万元的 141.5%；新建标准厂房 40364 平方米，占年计划 45000 平方米的 89.7%。

盐东镇民营经济发展的另一个特点是村私营工业的发展。1997—1999 年，盐东镇改革开放以后创办的村办企业先后改制为私营企业，各村私营业主分别办起了棉花加工、纺织厂、织布厂、太阳能热器厂、食品厂、医疗器材厂、服饰厂、电机厂、烤漆房厂等。随着改革开放的步伐不断加快以及所有制的变革，一批村办私营企业在各村不断兴建。目前，全镇 13 个村居（除东南村）共有中、小型企业近百家，销售额达 1.16 亿元，形成投资多元化、多种所有制经济并存的新格局，促进了全镇村工业经济稳步增长。（见表 5—5）

表 5—5　　　　　　盐东镇村办小型工业企业一览　　　　单位：万元

村别	企业名称	项目名称	产品	投资额	销售额
中东村	育才铸造厂	铸件生产	铸件	30	100
	福祥轧花厂	轧花厂	棉花	50	200
	金刚机电设备厂	电机制造	电机	50	300
	张兆根织布厂	坯布生产	白坯布	50	200
桂英村	祥普太阳能热器厂	热水器生产	热水器	20	5
	雅康食品有限公司	食品生产	豆奶粉	30	4
	霍发医疗器材厂	医疗器材生产	医疗器材	5	2
	永兴服饰礼品有限公司	服饰生产	服饰	35	8
艳阳村	济元棉业有限公司	棉业加工	棉花	150	300
	陈金荣轧花厂	棉业加工	棉花	60	100
	李学书棉籽脱绒厂	棉业加工	棉花	50	60
李灶村	双子木器加工厂	农具生产	家具	35	150
	茂广建材水泥制品厂	水泥制品生产	水泥制品	80	800
	佳岚服装加工厂	服装加工	服装	30	100
	金强丽床垫厂	床垫生产	床垫	30	60
	永春机械加工厂	机械加工	机械设备	50	100
	联泰木材厂	木材加工	木材	60	200
	永林水泵厂	水泵加工	水泵	30	100
	永林电机厂	电机生产	电机	50	200
	国清棉绒加工厂	棉花加工	棉花、皮棉	40	200
	国仙食品加工厂	食品加工	食品、饮料	150	250
	射阳塑料包装厂	塑料包装品生产	塑料包装品	300	300
	书宏棉绒加工厂	棉花加工	棉花	50	200
	广林棉绒加工厂	棉花加工	棉花	60	250
	志勇棉绒加工厂	棉花加工	棉花	50	200

村别	企业名称	项目名称	产品	投资额	销售额
李灶村	正法水泥制品厂	水泥制品生产	水泥制品	50	300
	会武水泥制品厂	水泥制品生产	水泥制品	120	1500
	国兵烤漆房厂	烤漆房生产	烤漆房	40	120
	桂生水泥制品厂	水泥制品生产	水泥制品	80	800
	盐新木器厂	木器加工	木器、家具	35	120
	俊林轧花厂	棉花加工	棉花	35	300
	利民油脂加工厂	油脂加工	油脂	60	500
	华鼎机械制造厂	机械制造	机械设备	120	800
	编织袋厂	编织	编织袋	36	50
	建涛砂石场	水泥砂石加工	水泥、砂石制品	30	300
	荣华家具	家具生产	家具	30	300
	中群棉绒加工厂	棉花加工	棉花	15	2
正洋村	盐城抛丸机械厂	抛丸机械加工	抛丸机生产	50	220
	射阳腾龙服装厂	服装加工	服装	30	150
	正宏涂装厂	涂装设备生产	涂装设备	30	200
	正洋服装厂	服装加工	服装	20	50
	晓兰玩具厂	玩具加工	玩具	30	100
	杨群粮食加工厂	粮食加工	粮食	10	15
新民村	心力织造有限公司	织造	灯芯绒坯布	80	100
	雅梦服装厂	服装加工	服装	30	50
	新民棉绒加工厂	棉花加工	棉花	30	45
	蔡尧春棉花加工厂	棉花加工	棉花	6	12
	蔡万涛轧花加工厂	棉花加工	棉花	6	11
	蔡正华轧花加工厂	棉花加工	棉花	6	12
	严正军轧花加工厂	棉花加工	棉花	6	12
	倪同邦轧花加工厂	棉花加工	棉花	6	13

村别	企业名称	项目名称	产　品	投资额	销售额
庆丰村	射阳鑫盛服装有限公司	服装加工	服装	50	100
	史宏领棉花加工厂	棉花加工	棉花	3	5
	王启根棉花加工厂	棉花加工	棉花	3	5
	史玉军棉花加工厂	棉花加工	棉花	3	6
	周乃仓棉花加工厂	棉花加工	棉花	3	5
	射阳县正兴织造厂	织造	灯芯绒坯布	90	150
	乃西蜡烛加工厂	蜡烛加工	蜡烛	5	10
	绍新水泥制品厂	水泥制品加工	水泥制品	3	15
美满村	中友轧花厂	棉业加工	棉花	35	15
	国兵轧花厂	棉业加工	棉花	37	18
	正清轧花厂	棉业加工	棉花	45	20
	书洲轧花厂	棉业加工	棉花	25	12
	志祥轧花厂	棉业加工	棉花	23	11
	庆堂轧花厂	棉业加工	棉花	20	13
	同春轧花厂	棉业加工	棉花	38	21
	玉年轧花厂	棉业加工	棉花	40	23
	正南轧花厂	棉业加工	棉花	35	15
	开良猪鬃厂	猪鬃加工	猪鬃	15	11
曙阳村	曙阳塑料籽子厂	塑料籽子生产	塑料籽子	30	35
	盐城千影服装厂	服装加工	服装	8	15
	新怡服装厂	服装加工	服装	6	12
	驰一达棉绒厂	棉花加工	棉花	22	30
	陈刚轧花厂	棉花加工	棉花	16	25
	陈书西轧花厂	棉花加工	棉花	15	25
	李祥芳轧花厂	棉花加工	棉花	12	23
	陈启浩轧花厂	棉花加工	棉花	11	22
	陈正让粮食加工厂	粮食加工	粮食	5	10

村别	企业名称	项目名称	产　品	投资额	销售额
兆丰村	兆丰棉业有限公司	棉花加工	棉花	200	300
	射阳民胜塑料编织厂	编织袋、玩具生产	编织袋、玩具	50	150
	兆丰村陈春武轧花厂	棉花加工	棉花	35	100
	兆丰机械有限公司	机械生产	纺机	50	100
	兆丰王权汽保设备厂	烤漆房生产	烤漆房	30	50
	兆丰雪瑞思羽绒服加工厂	服装生产	服装	7	7
新建村	永兴机电设备厂	机电制造	机电	25	85
	恺兴再生棉加工厂	棉业加工	棉花	15	15
	守同轧花厂	棉业加工	棉花	8	6
	守朋轧花厂	棉业加工	棉花	6	4
	兴红轧花厂	棉业加工	棉花	20	19
	志忠水泥制品厂	水泥制品生产	水泥制品	4	6
	豪富水泥厂	水泥生产	水泥	35	150
	景兴砖瓦厂	砖生产	砖	120	300
	殿余油脂加工厂	食用油加工	食用油	10	15
	忠金油脂加工厂	食用油加工	食用油	6	10
	国军水泥制品厂	水泥制品生产	水泥制品	12	25
生建村	华奇电光源厂	整流器生产	整流器	20	10
	同发棉短绒加工厂	棉花加工	棉短绒	50	80
	大桥棉短绒加工厂	棉花加工	棉短绒	80	120
	生建溶剂厂	溶剂油提纯	溶剂油	300	500

资料来源：根据调研有关资料整理。

第四节　工业集约化发展状况

在政府的积极规划和引导下，盐东镇以东南工业集中区、庆丰工业新区和李灶集镇工业区为平台促进工业集聚、集约发展的态势基本形成。

一　东南工业集中区

东南工业集中区创建于 2001 年，集中区是集轧花、棉纺、织造、浆纱、服装、纺机制造、化纤为一体的纺织产业集群基地。集中区自创建以来，按照"高起点规划、高速度发展、高标准配套"的总体要求，一期工程开发 200 多公顷，已建成四纵三横的黑色路面。建成区融生产、生活、服务功能为一体，金融、卫生、教育及绿化、亮化、美化工程相配套，路、桥、水、电、汽、通信设施齐全。226 省道穿越境内，交通便捷。

大宏集团是集中区内的龙头企业，集团在该集中区内有全资、控股或参股子公司 6 家：盐城宏华纺机有限公司、盐城市荣意来纺机有限公司、江苏大宏纺织有限公司、盐城市粤宏特种化学纤维有限公司、盐城市宏铭达纺织有限公司、江苏国信盐城生物质发电有限公司。国内投资者还形成了齐齐哈尔、闽浙、粤港、本土四大投资板块，园内建成了齐齐哈尔等特色工业小区。企业规模不断扩大，园区内现有具备一定规模的企业 40 多家，其中投入超千万元的 16 个，投入超亿元的 5 个，将形成 30 万锭棉纺、化纤生产能力，年产棉纱 3 万吨，各类布匹 3600 万米，出口服装 1500 万件，纺机及配件的生产能力达到 12.8 万台套，辐射带来的效果日趋显现。东南纺织产业集群不仅带动了全镇民营经济的兴起，而且反哺了农业，拉动了集镇和第三产业的蓬勃发展。东南村 80% 的富余劳动力农民变成产业工人，园区企业年产值 20 亿元，税收 2500 万元，为实现率先全面达小康目标奠定了坚实的基础。

东南工业集中区 2002 年 6 月被市政府命名为首批"市级示范工业园区"，同年 10 月被省命名为"省级示范工业小区"。国家、省、市、县（区）领导多次到园区进行视察，对园区的各项工作给予充分肯定。2005 年 4 月 1 日，江苏省振兴苏北经济工作会议在盐城召开，参加对象是省委、省政府、省人大、省政协四套班子

的主要负责人，全省各市、县（区）的书记、县（区）长，出席
人数达 500 多名。会议期间参观调研了东南工业集中区，将东南园
区作为典型向全省推广。2003 年 5 月 25 日，中共江苏省委书记李
源潮来盐东镇视察，在考察东南工业园区后，提出了殷切希望：要
把东南村建成苏北"华西"。

二　庆丰工业新区

盐东镇庆丰工业新区位于省道 331、226 交会处，距盐城机场
10 千米、新长铁路 15 千米、盐通高速 4 千米，地理位置优越、交
通便利。新区自 2003 年 6 月创建以来，已开发面积 200 多公顷，
投入 1000 多万元的基础设施工程，已完成一期工程的路、桥、水、
电、通信"五通一平"。金融、卫生、教育以及三产服务业配套齐
全，新区的绿化、亮化基本到位。已有 10 多家企业入园，行业涉
及纺织、机械、医药及医疗器械、高档橱柜、汽保、食品生产、水
泥制品等。投资 1 亿元、征地 53.3 公顷的盐城市公安局汽车驾驶
员练考中心已投入运营，年可培训及练考驾驶员 6 万人次，有力地
带动了庆丰工业新区的三产服务业，投资 2 亿元的练考中心相配套
的汽车交易市场正在兴建之中。

三　李灶集镇工业区

李灶集镇是盐东镇政治、文化、经济、教育、交通、物流、贸
易、人居中心集散地，盐海线横贯东西，新丰河穿行而过，是盐东
镇原老的工业区。20 世纪 80 年代，镇内工业发展缓慢，只有综合
厂、农具社、面粉加工厂、丰文塑印厂等几家小型工厂，随着改革
开放热潮的兴起，镇内工业也随之得到不断的发展。

1990 年 5 月筹资兴办新洋轧花厂，相继新洋农机修造厂建成。
1999 年 5 月 25 日镇党委、镇政府发文，决定建设李灶镇区私营工
业园。原集体企业双新公司被私营业主范成洲购买重组成射阳县永
大纺织有限公司。原镇办 12 个集体企业先后改制成私营企业进入

镇区私营工业园。永大纺织集团主要生产"永系方"牌棉纱，现有纺织工人1000多名，年生产能力3万多锭生产能力，年创利税1000万元以上。

外婆庄园食品加工有限公司主要从事食品加工，外婆多元米生产等，年销售收入为1000多万元；射阳广源纺织有限公司主要生产棉纱、布，投资1000万元，年销售收入3000万元；会武水泥制品厂主要生产水泥制品，年销售收入1500万元。现镇区工业园内有28家企业，集纺织、塑印、家具、食品加工、机械加工、建筑材料加工、农副产品加工、棉绒加工等，年创利税近亿元。

专栏5—3

构建安全责任体系

2014年，盐东镇深入开展"企业主体责任落实年"活动，综合运用法律、经济、行政等手段推动企业主体责任的落实。盐东镇安委会组织专门人员，深入辖区企业、项目现场，开展安全生产检查，对存在的问题当场发放整改通知书，限期整改。

多年来，盐东镇重视抓安全生产责任体系建设，强化企业主体责任、政府和部门监管责任、属地管理责任，加强安全管理和监督，确保不突破安全生产目标控制值。进一步落实领导干部"一岗双责"制，层层分解落实安全生产管理目标任务，逐级签订目标责任书，做到纵向到底、横向到边、责任到人。健全工作考核体系。镇安委会每季度召开工作会议，通报工作情况，解决具体问题，针对每个阶段的重点工作和专项行动，不定期开展督察考核，强化过程管理；建立安全生产情况通报制度，每季度通报安全生产情况；建立健全安全生产的警示谈话、事故企业黑名单、事故现场会和工商企业安全生产承诺等制度，促使企业自觉履行社会责任。盐东镇还健全激励约束体系，对安全生产工作成绩突出的单位和个人，进行奖励；对工作失职、渎职，后果严重，触犯法律法规的，坚决一查到底，严肃处理。

资料来源：改编自盐东镇党委宣传办稿件（2014年3月）。

第五节　工业发展中存在的困难和问题

通过改革开放以来30多年的努力，盐东镇的工业化发展取得了显著的成就，但工业发展过程中仍然存在诸多亟须解决的深层次问题，要素约束紧、发展水平低的问题较为严峻。

1. 土地、规划问题

目前盐东镇有规划设计的只有东南工业集中区，生建建材工业园与李灶科技工业园还没有经正式规划编制单位规划，基础设施建设滞后，道路、水、电配套问题严重制约着企业的发展，而且厂房建设标准、绿化面积、亮化等公用工程均影响到集中区的整体形象，同时，土地瓶颈也严重制约了工业的发展，几年来几乎没有工业用地指标，仅靠库存的百十亩地招商引资，影响了大项目的入户。

2. 融资难题

企业流动资金紧张，项目建筑、引进设备等资金需求不可避免，有些企业由于租赁土地新上项目，有些企业由于消防通道验收等原因无法取得房产证件，还有些企业由于房产证已行抵押，而银行等金融机构贷款准入门槛较高，均无法贷款或再行贷款，而企业有时只能向民间资本或小企业担保公司融资，成本较高，也严重影响了企业发展的积极性。

3. 技术装备，研发能力偏低也影响到产品的市场

企业高科技设备不多，以棉纺为例，清梳机、自动络筒、精梳、剑杆织机与先进发达地区相比仍存在较大差距。全镇具有省级研发中心的企业只有一家——宏华纺机公司，市级企业技术中心虽有但研发能力较低，生产出来的产品纯棉纱、坯布等虽有一定市场但仍属于低端产品，产品附加值较低，抗御市场风险能力较弱。

4. 人才与劳动力因素也制约了企业的发展

产业高级管理人才相对匮乏，特别缺少专业技术人才和熟悉专业的复合型管理人才。由于与发达地区的收入差距较大，熟练工人的流

动性也很大，因此招工问题也成为盐东镇项目推进中的难点问题。

第六节 进一步提升工业化水平的思路

针对目前盐东镇工业发展中存在的困难和问题，盐东镇党委、镇政府提出了进一步促进工业发展的思路。

一 裂变扩张重点企业，进一步优化产业结构

一是继续发挥龙头企业带动作用。盐东镇大宏集团是国家级农业产业化重点龙头企业，几年来为推动产业集群、地方经济发展、带领群众致富奔小康发挥了"领头羊"作用。永大集团是盐东镇纺织工人成长的摇篮，培养了一大批企业老板和熟练纺织工人。未来要进一步加大对这些龙头企业的服务力度，增强两大集团内在动力，为特色产业的发展发挥更大的作用。

二是加快推动企业提档升级。宏华纺织、荣意来纺机、粤宏化纤、辛亥服饰、金舟纺织等企业都经历了金融危机的洗礼，内在实力、自主创新能力都逐步具备了裂变扩张的基础，政府应按照"抓技改、重研发、抓市场"的思路，敦促企业加大技改力度，促进产品升级换代，加速规模小、档次低的织布企业整合重组，鼓励织布企业淘汰落后生产设备。

三是不断增强产品综合竞争力。加快品牌申报进程，力争在短期内申报成功国家级品牌1个、省级品牌2个、市级品牌4个以上。"大运"牌纺机申报国家级品牌，"金大运"牌棉纱、"永系方"牌棉纱申报省级品牌，以品牌创建提升企业产品的市场占有率。

二 强化载体配套建设，进一步提升产业水平

一是强化硬件设施。东南纺织园区经过多年的发展，基础配套、设施齐全、功能配备，近期内实现土地扩容和投资增加，加快打造一流乡镇园区，一流产业集群，使之成为纺织产业转移的高

地，纺织产业发展的热土。

二是强化软件配套。纺织产业集群必备的行业协会、担保公司、资金互助组织等各类组织齐全，但作用不够明显，应加大扶持力度，带领更多的企业规避市场风险，争创市场竞争力，打造旗舰园区，形成产业集群，树立特色品牌。

三是强化科技创新。鼓励大宏集团加强研发中心建设，积极申报国家级技术研发中心，开工建设永大集团纺织研发中心，帮助荣意来公司申报重大成果转化项目，不断提升自主研发创新能力；引进纺织类优秀人才，以人才抢占市场优势；促进校企联盟建设，加快特色产业共性技术服务平台建设，真正实施区域化集聚、规模化拓展、差别化发展。

专栏 5—4

强载体集聚项目　加快产业转型升级

2014 年 3 月 17 日，位于盐东镇新洋港新型建材园区内的荣立建材公司欧式仿石景观建材项目现场，几十名工人正在紧张施工，只见该项目主体厂房即将封顶，机械设备全部进场，正准备安装调试。据介绍，该项目总投资 6000 万元，占地 40 亩，引进日本原装进口虎牌 TC－63 生产线，建成后年可生产 80 万平方米的景观建材。

这是盐东镇加快载体建设、重抓项目引建、打造园区经济升级版的缩影。2014 年以来，盐东镇全力打造新洋港新型建材园区、盐东科技创业园、现代高效农业示范园等园区，全力推进园区内 1 个市三重项目、4 个市八大类项目、10 个区六大类项目建设，力促项目早日竣工、早日投产达效。

新洋港新型建材园区已经初具规模，目前以建材管桩企业为主，生产集管桩、新型路材、混凝土、粉煤灰等一系列多元化建材产品。当务之急是完善园区配套设施，提升园区软实力，吸引更多建材企业入园。

而在盐东科技创业园内，正在快速推进园区新区大道、盐东大道等主干路网建设，力争月底前完成新洋路、中心路西延等道路建设，同步配套建设绿化、路灯、污水处理等设施，还将开工建设不低于5万平方米标准厂房。为了尽快让签约项目入园，盐东镇专门成立科技创业园区管委会，搭建专门班子，快速推进园区建设。

新招引的建华管桩制造、环保节能型烘干除尘设备、汽车生产线设备制造等项目正在办理土地、规划、建设等前期手续，即将开工建设。

与新洋港新型建材园区、科技创业园一样，盐东镇还积极推进现代高效农业示范园布局规划，加大特色产业培植，最大限度发挥区域资源优势，积极引导优势产品、优势产业，向农业园区集中。

2014年以来，盐东镇召开多次会议，要求各部门全力以赴加快园区各项基础设施建设，全面提升园区配套服务功能，不断提升园区承载能力。该镇要求各挂钩服务企业成员把自己当作企业的一员，不仅要了解企业的情况，更要注意倾听企业的意见和建议，帮助企业做好发展规划、解决企业在生产经营中遇到的难题，和它们共同应对困难和挑战。

不仅如此，该镇还经常召开服务企业工作会议，辖区企业和挂钩服务企业成员一起参加会议，针对企业提出的生产经营中遇到的困难，能在现场回复解决的当场回复，不能现场回复的迅速给出解决方案，并持续跟进服务。该镇通过各种途径帮助、服务企业，促进企业健康有序发展，不断提升镇域经济实力。

资料来源：改编自盐东镇党委宣传办文稿。

第六章

商贸服务业

从通常的产业发展时序来看，作为第三产业的商贸服务业是继第一、第二产业发展到一定程度之后才能得到发展的。在传统农业乡镇里，要发展现代商贸服务业更是面临很多问题，尤其是只有在解决好农业增效、农民增收，普遍提高农村富裕程度后才可能形成对服务业的有效需求和购买力。盐东镇的商贸服务业同样如此，起步晚、层次低、水平低，镇域内的发展也不均衡，离乡镇城乡发展一体化的要求有较大差距。然而，城乡发展一体化非常重要的一个方面就是城乡商贸服务一体化。城乡商贸服务一体化的功能和作用体现在两个方面，一是扩大农村消费市场，实现城乡消费品市场协调发展；二是推动公共服务、民生工程向农村延伸，改善农村消费环境。随着盐东地区第二、第三产业的基础作用日益巩固，农村经济持续快速发展得到可靠保证，居民收入有望快速提高，对服务业的需求也会越来越大。这意味着盐东现代服务业蕴藏着巨大的发展空间。

本章主要考察盐东镇商贸服务业的发展。由于资料不够充足，只能着重介绍集市贸易、专业市场、乡村旅游和乡镇金融等几个方面的情况。

第一节　商贸概述

解放前，作为偏僻、落后的农村，人们普遍在死亡线上挣扎，自给自足都难以保证，而交通闭塞使出行不便，盐东镇镇域内几乎不存在什么商业、服务业的概念，生活必需品的零星交易主要靠走村串户的货郎来实现。新中国成立后到改革开放前，所有村镇农业生产所需的工具、种子、化肥、机械等生产资料和农家基本生活用品等生活资料，都主要依赖计划经济体制下统购统销的、集体所有的供销社供应，仅仅只能满足最基本的生产和生活需求。与此同时，生产出来的农作物也只能按照计划定额通过供销社渠道以公粮的形式上缴。

1978年实行改革开放后，随着中心镇区李灶街的兴建，各村村庄的形成，人口增长并逐步集中，土地承包责任制改革使村民收入增加，生活水平快速提高，商品需求量和购买力加大，盐东镇的商业逐步发育起来，在各主要村庄开始出现集市贸易。尤其自20世纪80年代始，伴随改革开放不断地深入，盐东镇镇域内的商业经营范围不断扩大，集市贸易得到快速发展，市场管理逐步走向规范化、法制化。1995年以后，原有的供销社单一商业体制、结构框架和垄断格局终被打破，商业领域呈现出多种经济成分并存的局面。供销社、代销店、个体商业共同发展，乡村商店、自由集市贸易、商业市场展开激烈竞争，流通领域继续扩大，市场出现了较为繁荣的场景。特别是个体商业的不断兴起，满足了持续增长的商品和服务需求，这使得市场兴盛，购销两旺。李灶、东南两个中心集镇的兴建，形成了盐东镇的两个主体商业群，并带动了镇域内各村个体工商户的营销活动。尤其是21世纪以来，伴随乡镇工业规模的扩大和现代高效农业的发展，围绕几个乡镇产业园区的建设，现代生产性服务业开始崭露头角。

1. 食品站

在计划经济时期，食品站是全民所有制企业，承担着国家赋予的历史责任和社会责任，一心一意地为人民群众的"菜篮子"工程服务。当时的食品站上面有食品公司为主管单位，隶属县商业局，执行国家关于生猪经营的"三统一分"体制，即"统一收购、定点屠宰、集中检疫、分散销售"的16字方针进行操作，工作人员则是按部就班地上班工作。在国家生猪收购牌价公布后，按等级收购生猪，各个等级之间存在着不同的差价，严格地执行国家的收购政策。食品站还设立门市部，收购老百姓的鸡蛋，季节性地收购蛋鸡仔、肉羊等，根据上级指示精神，定期把生猪、肉羊、蛋鸡仔等调拨到上海、南京等大中城市的市场，而供应本地的猪肉则严格按计划进行。后来，随着全镇生猪饲养量不断增加，出栏率不断提高，猪肉的市场供应也有了大幅度提升，最大限度地满足了全镇人民的需求。肉食告别短缺，至此，计划供应既没有必要，也不再可能了。

随着政策开放步伐的不断推进，经济建设的理念和方式加速转变，由计划经济逐步转向市场经济。在经济体制转轨的过程中，食品部门首当其冲地进行了改制。购销生猪、供应市场猪肉，不再是由食品站独家经营，凡符合条件的单位或个人都可以参与生猪、蛋鸡仔等副食品的经营。食品站经营规模也在不断萎缩，其工作重点逐步转移到提高"定点屠宰"的服务质量上来。2000年，食品站由全民所有制企业改制成股份制企业，根据市场的运作方式，在做好"定点屠宰"服务的同时，自主经营、自负盈亏，还要上缴有关费用，在职工作人员由原来的30多人，一下子就精减到只有3人。可以说，食品站已完成了当时特定条件下的历史使命和社会责任，现在只保留一个屠宰场，为全镇的生猪屠宰服务，为肉品的检疫、检验把关。

2. 供销社

（一）供销社商业

盐东镇的供销社组织是伴随着人民公社运动而建立起来的。20世纪50年代末，公社集体所有制性质的商业机构——新洋供销合作社成立，上级主管部门是县供销社。新洋供销合作社下设6个供销站，分别为东南供销站、朝阳供销站、李灶供销站、坞港供销站、南港供销站、生建供销站。可见，供销社从成立之初，就形成了遍布乡村的网点格局，几乎是计划经济体制下乡村贸易的唯一渠道。为适应农业生产和农村生活的需要，公社供销合作社改进部门组合形式，又分别设置了生产资料门市部、生活资料农副产品采购部、百货批发部等。

20世纪80年代初，供销社商业在改革开放中不断从体制和内部管理上进行调整，农工商形成一体，并成立供销社职工工会组织，定期开职工代表大会，充分体现了供销社组织上的群众性、管理上的民主性，经营上的灵活性、80年代末供销社继续进行管理体制的改革，扩大经营自主权，确立以农为主，农、副、工三业并举的服务宗旨，扩大全镇范围内的商业网点，全镇各村都设立"代销店"搞批发销售，抓优质服务，并在各供销社增设了棉花收购站，使棉农售棉更加便利，同时也增加了供销社的营销利润。90年代起随着改革开放的不断深入，盐东供销社进行了全员改制，由集体所有制改为股份制。目前，尽管大多数业务领域受到来自个体商户的竞争，相对经营规模也在缩小，但供销社仍然是城乡传统商业的主渠道之一。

（二）个体商业

中共十一届三中全会后，随着改革开放日益深入人心，加之对党的个体经济政策的贯彻落实，个体商户不断涌现，并逐步形成个体商业群体。个体商业群体在全镇范围内不断扩大经商项目，主要有日杂百货、粮油购销、服装鞋帽、五金家电、电信器材、机动车辆、生产资料、机电维修、装潢器材、水电器材、饮食业、服务业等。到了20世纪90年代，根据有关文件精神，政府进一步放宽个体商业户的经营范围，商品批发、农副产品、地方工业品的长途贩运陆续出现，从业人员不断增多，农村市场更加繁荣。原国有单位和集体所有制单位的一些下岗职工等人员也源源不断地加入个体经商行列。据不完全统计，截至2010年年底，盐东镇共有工商业户890余户，从业人员3850人（见表6—1）。

　　随着个体商业的发展，商业市场竞争激烈，传统的服务项目得到恢复，薄利多销、送货上门、高账赊欠的经营方式都有再现。个体商业在活跃农村市场、发展农村经济中起到了不可或缺的作用。

表6—1　　　　　　　　　盐东镇工商业户一览表　　　　　　　单位：户

村别	日杂百货	粮油购销	服装鞋帽	五金家电	电信器材	机动车辆	生产资料	机电维修	装潢器材	水电器材	饮食业	服务业	家具	超市	从业人员（人）
李灶居委会	60	14	32	12	5	20	15	28	26	5	13	45	6	5	732
东南村															
中东村	11	3	5				6	3	2		3	8			168
桂英村	8		1								1		2		26
艳阳村	13	3					2	4	1					1	32
坞港村	12	5					3	5	3	2	2	3			85
正洋村	6	5					3	5	3	2	2	1		2	56
曙阳村	5	7		1			8	3	3	3	4	3			51
美满村	10	15					6	4	3	2	1	2			200
新民村	8	4					5	6	4	2	2	3			53
庆丰村	26	13		5	3		10	17	5	2	15	42		2	672
新建村	6	5					4	4	1	1	1	2			47
兆丰村	10	2		1			5	3	1	1	1	8			95
生建村	25	13		2			8	7	3	2	8	3			250

资料来源：根据调研相关资料编写。

第二节　集市贸易

新中国成立初期，盐东镇就有逢集赶场的习惯。盐东镇大集设于李家灶，每月逢五或逢十为集期，农民和商人以各自的产品和货物赶集，进入市场交易。但集市时起时伏、时兴时衰。1962 年，为贯彻中共中央国务院"关于恢复和组织农村集市贸易"的指示精神，当时的新洋人民公社在东南小街设集市点。"文化大革命"期间，在"左"的思潮影响下，把农民发展副业生产当成资本主义尾巴宰割，禁止农副产品进入集市交易，从而造成商品生产和流通渠道堵塞，导致集市停业。

中共十一届三中全会以后，贯彻放开搞活的政策，集市贸易重新得到恢复。20 世纪 80 年代，除三类农副产品外，一、二类农产品在完成国家交售任务后，也可以到集市上出售。1986 年以后，李灶新建永大大街，街道宽 35 米，南北长 500 米，大街上新建了新的综合性固定农贸市场。随后又在鹤翔街设了定期交易市场，规定每月 4、9 日为集期。同时在庆丰村、生建村、坞港站、朝阳村等新增了交易集市，每月于 1、2、3、5、6、7、8、10 日分别开市。每逢集期，货物充足，生意兴旺，特别是秋冬时节。赶集人众多，平均每个集次入集人数在 1500—2000 人次，入市品种 500 多个。发展至今，盐东镇市场繁荣、集贸兴旺。集贸交易推动了全镇的经济发展，据统计，李灶集镇正常从事贸易和定期交易，月成交额在 68 万元。村定期集市成交额每次在 1.2 万元。

2001 年东南工业集中区的建成，也繁荣了东南集镇的贸易市场，个体工商户数量每年成倍增加。现在大街小巷布满个体商业户，有一定规模的超市 10 家、中型菜市场 1 座，共有摊位 100 多个，供应集镇居民各类鲜活的鱼、肉、海产品和各种新鲜的蔬菜，日成交额在 2.2 万元。李灶、东南两集镇 2010 年有个体工商户 583 户，其中日常百货 130 户，粮油购销 39 户，服装鞋帽 66 户，五金家电 25 户，电信器材 15 户，机动车辆 26 户，生产资料 49 户，机电维修 44 户，装潢器材 35 户，水电器材 8 户，饮食业 41 户，服务业 82 户，家具 6 户，超市 15 家，从业人员 1599 人。

20 世纪 70 年代盐东镇餐饮不成业，只有李灶街由原供销社承办的一家小饭店和临设在路旁的露天熟食点，从业人员 8 人。这让顾客就餐很不方便，还造成了"一部分人坐着吃，一部分围着桌子等，还有一部分人排队买"的现象。进入 80 年代后，随着李灶集镇人口的增多、商贸业的发展、社办工业的兴起，也带动了餐饮业的发展。餐饮业队伍不断壮大，永大路因餐馆林立而形成了餐饮一条街。2003 年由于李灶集镇区域扩大，集镇人口剧增，出现了档次较高的宾馆饭店。东南工业集中区兴建了上星级的"大宏宾馆"，餐厅内一次能供 600 人就餐。2010 年，盐东镇（包括李灶、东南、庆丰三镇区）有星级高档宾馆 5 家、中档旅馆 10 家、饭店 53 家、卤菜熟食店 28 家、家宴服务店 15 家，从业人员 1200 多名。

直到 20 世纪 80 年代，盐东镇镇域内生活服务设施还不够多，只有小旅社 2 家、理发店 4 家、浴室 2 家、照相馆 2 家、农机修理 1 家。1998 年"九洲超市"落户李灶街，相继"服装一条街""餐饮一条街"建成营运，"盐阜人民大超市盐东店""阳光服饰城"陆续开业。2001 年后随着东南工业集中区和庆丰工业新区的建成，带动了生活服务业的兴起，并逐步形成服务网。全镇服务网点 240 多家，其中旅馆 10 家、浴室 8 家、理发室 38 家、美容店 15 家、摄影 6 家、书店 6 家、药店 8 家等，从业人员有 1300 多名。

划归亭湖区以来，随着镇区功能的调整和农村经济的快速发展，盐东镇诞生了一批专业贸易公司。如盐城大禹水产贸易有限公司成立于 2009 年 4 月 22 日，位于庆丰村二组境内，由盐城大禹针织有限公司孙洪兵投资 50 万元独资创办。公司先期投入水车 6 部，开凿水井 2 座，新建制冰厂、加水站，浇筑水泥路及水泥场地 1.3 万平方米，购置 30 千瓦制冷机组 2 台，纳米增氧机 15 台，拥有 2 吨电瓶叉车 1 台，蓄水池 2 座达到千吨级别，鱼池 1000 平方米，一次性库存鱼 80 万斤以上。目前，公司投入和租用社会车辆 50 部，其中自有水车 16 部，总投入已达 1800 多万元。2009 年，该公司发售鲫鱼、花鲢 5976 吨，实现销售收入 6939 万元，创利 98 万元。产品主要销往广州、深圳、长沙、南京、蚌埠、宁波、慈溪、杭州、合肥、徐州、淄博、北京、沧州、唐山、霸州、天津、辽中等地。公司拟新建房屋 5000 平方米、扩建鱼池 2000 平方米，力争日库存 100 万斤，公司产品逐步配备多品种，新拓鲤鱼、鲶鱼、鳅鱼、白鲢、黑鱼等新品种。在此基础上，逐步创建公司自有的养殖基地，扩大收购覆盖范围——从目前的 7000 亩发展到 2 万亩左右，带动养殖农户 500 户以上，把公司建成集养殖、销售一条龙企业，年内争创市级重点农业龙头企业，为建设全面小康社会作出积极的贡献。

专栏 6—1

《盐东镇总体规划》中关于商贸服务业的内容

盐东有发展现代商贸业的基础，重点以中心镇区为主；同时加强房地产业，培育发展社会服务业，不断开发医疗保健、社区文化、法律咨询、居民就业技能培训、家政服务、社会保洁、养老产业等服务项目。积极培育，大力发展物流、市场、信息、科技商务、金融等现代服务业。加快建设新镇区现代商贸集聚区，发挥其联结城乡的作用。

规划在中心镇区建设文化娱乐中心以及商业服务等综合设施，带动城镇经济发展，使之充满活力。在中心镇区中部，沿中心路、鹤翔路布局商业服务设施，形成城镇商业服务中心区。以优美的环境、特色的商业服务为重点，发展商务设施。对商业中心的建筑高度和建筑形式进行必要的控制，强化城镇的景观特色。规划集贸设施 2 处。

在东南片区生活用地内配套布置商业服务设施，规划集贸设施 1 处。

至 2030 年，预计规划商业金融用地为 42.24 公顷。其中：中心镇区（李灶）规划商业金融用地为 37.61 公顷；东南片区规划商业金融用地为 4.63 公顷。

按照《盐东镇总体规划》建设的四星级黄海国际大酒店项目，已于 2013 年下半年由亿泰置业公司摘牌，目前土地等相关手续已基本完善到位，开发单位正在委托相关单位进行规划方案设计，规划建设集酒店、商业、高档住宅于一体的城市商业综合体项目。2014 年上半年待该项目规划方案通过上级部门审批后，将动工建设。

资料来源：摘编自《盐东镇总体规划》（2013）及相关报道。

第三节　专业市场

20 世纪 80 年代，盐东镇的主要副业项目是种植湖桑，当时全乡有湖桑园 500 公顷，每年春、秋养蚕，年人均纯收入 300 多元。1988 年，李灶、生建、兆丰、庆丰、东南、加谷等村农民开始尝试种植榨菜。其间，全镇榨菜种植面积最多达 200 公顷。1990—1994 年，许多农户开始大量饲养蛋鸡和生猪，年人均纯收入达 400 元。2000 年，一些村民开始种植羊角椒以及学试棉田套种西瓜。在盐东镇政府激励政策的支持下，一大批经纪人开拓了"盐红"牌羊角椒、"盐凤"牌鸡蛋、"盐蜜"牌西瓜等一批农副产品的销售市场。全镇累计种植羊角椒 666 公顷，每公顷产鲜椒 42 吨，售价在 4.5 万元以上，仅此一项，农民年人均纯收入就达 1000 多元。

随着农业产业结构的调整，农产品日益丰富化、特色化，盐东镇在进入 21 世纪后陆续形成了一批依靠当地农业特色产品和制成品形成的专业市场。2010 年，镇政府专门组建班子外出考察，在省道 331 李灶集镇专门规划筹建了占地 100 亩的盐东农产品批发市场。建成后的批发市场，与盐城市内的华东农产品市场相呼应，为全镇农产品流通提供更加便捷的服务。

盐东镇都市农业与专业市场相结合的另一个亮点，就是在于政府及时引导农户组建了各类经济合作社。盐东镇继续坚持"民办、民管、民受益"的原则，按照"抓合作、带基地、连农户、促产业"的思路，积极鼓励和引导种植大户、农民经纪人和村组干部等能人带头领办农民专业合作社，衔接产销，联合发展。目前，全镇已发展羊角椒、蔬菜、棉花、西（甜）瓜等农民专业合作社32个，其中2010年发展7个，直接带动上万农户进入市场，加快了农民增收致富的步伐，有力地推动了镇域经济的快速发展。各个专业合作社都实行统一销售、统一包装、统一购种、统一购物、统一技术服务的"五统一"标准化农业生产，增强合作社及其成员抵御市场风险、参与市场竞争的能力。其中，以红羊角椒和蔬菜专业市场最为典型。

在盐东镇的专业市场形成和发展历程中，专业合作社发挥着重要作用。以李灶居委会农产品购销经纪人陈瑞华为核心组建的"盐红"牌羊角椒专业合作社，不仅向羊角椒种植户提供优质的品种、肥料、种植技术，还同入社社员签订保护价收购合同，不仅把羊角椒销往全国各地，还打入日本、韩国等国际市场和我国台湾地区市场。

一　羊角椒专业市场

羊角椒是甜辣椒的一种类型，以色泽紫红光滑，细长，尖上带钩，形若羊角而得名。其特点是：皮薄、肉厚、色鲜、味香、辣度适中，富含辣椒素和维生素C。相比于棉花种植，羊角椒的种植过程更为粗放，病虫害更少，且羊角椒的经济收益较为可观（每亩产值约为5000元），市场波动较小，在盐东本地颇受农户青睐，种植面积不断扩大。由于羊角椒在生产成熟后，对采摘和保鲜等环节要求较高，如果不能及时外销或加工，容易腐烂变质，特别是如果当时雨水过多，极易直接造成羊角椒种植户重大经济损失。这便对羊角椒的流通环节提出了更高要求，建立起专业市场，为羊角椒的生产、加工及市场流通提供便利极为必要。

　　盐东镇现已发展成为华东地区最大的羊角椒生产基地。羊角椒专业市场的形成与发展历史，与羊角椒专业合作社的发展密不可分。目前，盐东镇有羊角椒专业市场 16 家，在册成员近 2600 家，固定资产总额达到 1000 万元，涉及羊角椒种植户上万人。在全镇众多羊角椒专业合作社中，典型的羊角椒专业合作社有盐城市军杰辣椒购销合作社和盐东镇盐红羊角椒专业合作社等。合作社不仅向羊角椒种植户提供良种、肥料、技术，还同入社社员签订保护价收购合同。

　　1. 盐城市军杰辣椒购销合作社

　　该社由 10 名农民经纪人发起，于 2008 年 11 月成立，注册资金 300 万元，农民成员 104 名。合作社现有固定资产 106 万元，羊角椒切片机 6 台，真空包装机 2 台，粉碎机 2 台，生产厂房 300 平方米，收购加工场地 800 平方米，腌制贮藏羊角椒窖池 20 只约 800 立方米，新建办公、楼房 360 平方米。2009 年实现销售收入 3500 万元，按交易量返还给合作社成员红利 422690 元。

　　军杰辣椒购销合作社的 10 位社员都是当地知名的辣椒种植大户和运销大户，在长期的辣椒种植、收购、运销中积累了较多经验，建立了各自的市场营销网络，同时也积累了较好的经济和技术基础，平时也开展松散型的辣椒运销合作，为建立紧密合作的利益共同代表奠定了良好的基础。2007 年年初，在《农民专业合作社法》颁布实施后，从整合各自资源和优势，创造规模经营效益的目的出发，经过充分协调和召开社员大会，决定依法成立合作社，扩大椒农队伍，增加农民收入。商定合作社以股份制模式创建，每位社员筹集 2000—10000 元不等的入股资金，牵头的陈爱军一人筹集 150 万元股金，用于合作社的经营，并按各自分工，分别负责合作社供事中的种植、收购、加工与储藏和运输销售工作，形成产供销一条龙的产业化经营，取得良好的规模化生产和产业化经营效益。

　　为确保合作社规范运作与健康发展，军杰辣椒购销合作社按照市场化运作的要求，坚持市场规划，整片建制，完善管理，彰显效益。

一是健全了组织机构。按照农民专业合作社的组建要求和政府引导、能人牵头、市场运作的机制，选拔懂经济、会管理、责任心强、信誉度好的产业带头人、运销大户、经济能人牵头成立。设立了代表大会、理事人和监事会。合作社内部设立了市场部、供应部、财务部和生产部 4 个部门，分别为合作社成员提供种子和农资供应、市场信息、科技培训、技术指导、产品收购、加工销售等服务。合作社采取订单式合作方式，成员所产辣椒一律包收，且在合同保底价向上成交，遇到市场行情下滑时按合同价收购，较好地保证了成员利益。

二是创新运行机制，增强合作新的凝聚力。合作社成立以来，发挥产业带头人和经济能人的自身优势，通过实实在在的经济效益，鼓励更多的棉农变椒农，做大做强特色产业。合作社成立前，全镇羊角椒种植面积近万亩，约占总耕地面积的 1/10，由于合作社使椒农亩收益在 3500 元以上，比棉花毛收益翻了一番多，这样两年后已形成辣椒种植面积 3 万亩，约占总耕地面积的 1/3。

三是加强财务管理，促进合作社健康发展。合作社严格按照《农民专业合作社财务制度（试行）的要求》设置制度，制定了《盐城市军杰辣椒购销专业合作社财务制度》，明确了费用开支应用、报销程序、审批权限等事项，费用开支实行民主决策一支笔审批，收益分配按《章程》规定进行，每年成员交售的羊角椒都有 0.10 元/斤的红利返还，合作社成立的当年按照成员每售 1 斤返还 0.09 元的红利，共返还给成员 12 万多元。

购销合作社在坚持"分散经营、集中管理、联合对外、统一销售"的原则上，积极拓展无公害食品基地，创办"绿色食品"品牌。采取统一生产标准、统一技术服务、统一市场销售、统一销售价格，以市场为导向，逐步实施羊角椒的科学化、标准化、规模化的生产经营管理，积极为社员提供羊角椒生产的产前、产中、产后的生产资料供给、新品种引进、实用技术培训、资金扶持等服务。供应部确保生产物资的质量，合作社成员生产所需种子、肥料、农药等全部统一采购、统一供应，既降低了购买成本，又保证了质量，同时又确保了专业合作社成员用药、用肥安全。生产部专门负责管理规程的制定、各种生产新技术、新产品试验、示范及推广。使合作社参与市场竞争能力更强，辣椒产业更大，椒农更富。

2. 盐东镇盐红羊角椒专业合作社

该合作社由原盐东羊角椒生产协会于 2007 年 8 月转型成立。2010 年 9 月 16 日，由亭湖区盐红羊角椒专业合作社发起，与盐城市 9 家专业合作社联合组建而成的盐城市联民羊角椒专业合作联合社正式成立，注册资金 320 万元，主要从事羊角椒的种植、购销、储存和加工。联合社现拥有成员单位 48 个。发展至 2010 年，合作社共有在册成员 100 多名，拥有固定资产 60 万元，羊角椒切片机、真空包装机各 2 台、粉碎机 1 台，生产厂房 600 平方米，腌制贮藏羊角椒的窖池 800 立方米。在该合作社的带动下，2008 年全镇种植羊角椒农户 5000 多户，种植总面积达 3 万亩。2008 年该合作社被市政府认定为市级农民重点专业合作组织。该社在当地农业产业结构调整和带动农民增收等方面发挥了显著的推动作用。除了提供技术指导和培训，更新品种，提高羊角椒的种植收益外，该社在建立羊角椒专业市场方面，发挥了重要作用。

盐红羊角椒专业合作社不仅在生产技术品种上提供保证，而且在收购、销售上服务更健全，具体做法有：一是年初有订单。2008 年 11 月份，在合作社成员大会上，对全镇 5000 多户椒农作出承诺，2009 年种植的羊角椒做到应收尽收，并与种植大户签订了收购合同，同入社社员签订保护价收购合同。二是收购有站点。合作社在全镇及周边地区设置 15 个固定收购点，方便椒农。三是对外销售有市场。该社重视市场开拓，诚信经营，现销售区域不仅涉及浙江、山东、福建、四川等省，还发展到我国台湾和韩国、日本等地。随着专业合作社的建立、机制的完善、市场的开拓，合作社在羊角椒种植和贸易等方面的支持作用不断加强。

二　蔬菜专业市场

蔬菜种植与销售是盐东镇重要的农业生产活动。随着盐东镇域设施农业、特色农业、都市农业等高效农业的发展，蔬菜种植规模不断扩大，蔬菜种植户在农业生产资料购买，农产品的销售、加工、运输、贮藏以及与农业生产经营有关的技术、信息等方面的技术和信息服务的需求也越来越大，亟须予以满足。在这样的背景下，盐东镇成立了一些蔬菜专业合作社组织，为组织成员提供蔬菜的供种、种植、收购、销售、贮藏以及开展与蔬菜生产经营有关的技术、信息等方面的服务。在这些蔬菜专业合作组织中，较为典型的是盐东镇绿望蔬菜专业合作社。

盐东镇绿望蔬菜专业合作社于 2010 年 8 月 9 日召开设立大会，由 10 名本地人发起，并于同年 10 月正式成立，成员出资总额 80 万元。成员入社自愿，退社自由，地位平等，民主管理，实行自主经营，自负盈亏，利益共享，风险共担，盈余主要按照成员与本社的交易量（额）比例返还。该合作社的章程详细规定了合作社成员的权利与义务、组织机构规则、财务管理办法、合作社的合并分立等事宜，为合作社的规范运作建立了良好的制度基础。例如，在财务管理方面，合作社的资产实行内部"五权分离制"管理和台账登记责任管理。一是，在资产的购置、验收、保管、使用、处置等环节上，实行"五权分离"。即购置计划权与审批权、审批权与采购权、采购权与验收保管权、保管权与使用审批权、处置权与审批权相分离，相互监督。二是，建立资产台账登记责任制度，确定专门理事对资产的购置、验收和保管、使用进行登记，建立台账，落实责任。凡造成资产损失或者浪费且不能补救的，其直接和间接损失由责任人赔偿。财务部要根据本社实际，分门别类地确定易耗品使用期限和周期以及固定资产的折旧年限和比例，据实确定资产折旧。财务部要定期对实物资产进行账账、账卡、账实清查，向理事会呈报实物资产清查报告，提出实物资产管理问题解决方案。加强对本社商标、土地使用权、非专利技术、商誉等无形资产的管理，防止无形资产流失。合作社还通过公开栏公开、会议公开、公开信公开、信息化公开等形式，将合作社的发展规划，年度财务计划和决算，成员变更与收益分配，国家政策，管理技术人员方面，资产购置、使用和处理，非生产性支出等信息，依照具体内容按月、季、年对相关部门和人员及时公布，并建立起社务公开档案备查。

绿望蔬菜专业合作社还为成员提供常规化的培训教育服务，学习党在农村的方针政策、涉农法律法规、合作社法律法规政策、合作社生产经营管理知识、合作社章程和管理制度；开展合作社生产经营等相关的技术培训，促进成员增收；组织实施盐城市、亭湖农业等相关部门开展的培训教育工作任务。在学习形式上，每年全体成员轮流集中学习培训不少于 2 次，全年覆盖所有成员。合作社理事会成员、监事会成员、管理人员、成员骨干代表每季度集中学习不少于 1 次。开展涉及本社生产经营的实用技术培训每年不少于 3 次，全年覆盖所有成员。涉及新品种、新技术、新装备等推广、应用的，适时组织开展培训。并要求培训教育有组织、有计划、有签到、有记录、有资料，理事会负责本社成员培训教育的组织工作，每年制订符合本社实际的培训教育计划，定期征求成员对培训教育方式、内容等工作的意见、建议和需求，增强培训教育的针对性、实效性，提高培训教育质量，提升成员素质，增加成员收入。

除了在蔬菜的种植、经营等环节提供服务，绿望蔬菜专业合作社还设有农村资金互助服务部，为社员提供资金互助服务平台。①

盐东镇除了在羊角椒、蔬菜的生产经营领域形成了专业市场和专业合作社组织外，在花卉种植、禽蛋生产、瓜果等领域也建立了一批专业合作社（见表6—2）。这些专业合作社对于推进农业生产

---

① 专业合作社提供资金互助服务，是盐东镇乡村金融的一个显著特征，参见后文"乡镇金融"相关内容。

效率的提升、农民收入的增长、农村金融的成长都发挥了重要作用，并且成为地方政府开展"三农"工作的重要政策载体。依靠农业合作社进一步做大农产品的专业市场、拓宽农产品市场销路、加强农产品市场的市场信息发布，非常有利于促进盐东镇农村商贸服务的发展。

表6—2　　　　亭湖区2011年政府优先扶持农民专业合作社名录

（盐东镇所属部分）

合作社名称	合作社地址
盐城市联民羊角椒专业合作联合社	盐东镇李灶街李灶加油站东侧
盐城市绿望蔬菜专业合作社	盐东镇李灶街西路南
盐城市外婆庄园农副产品购销专业合作社	盐东镇区纺织广场东侧
盐城市亭湖区迎春蔬菜专业合作社	盐东镇李灶居委会17组
盐城市山秀农副产品专业合作社	盐东镇区盐海路北侧
盐城市亭湖区华兴禽蛋专业合作社	盐东镇东南村二组22号
盐城市桂英秸秆专业合作社	盐东镇桂英村三组117号
盐城市鹤乡仙莲花卉专业合作社	盐东镇东南村八组四十号
盐城市卫国蔬菜专业合作社	盐东镇桂英村
盐城市亭湖区李灶草业专业合作社	盐东镇李灶居委会七组
盐城市万顺秸秆专业合作社	盐东镇供销路西航运公司院内
盐城市亭湖区盐东镇红杉树羊角椒专业合作社	盐东镇李灶街新洋供销社三楼
盐城市银龙水产品专业合作社	盐东镇区盐海路北侧
盐城市亭湖区亭玉瓜果专业合作社	盐东镇艳阳村

资料来源：摘编自亭委农〔2011〕5号文件。

在盐东当地制定的发展规划中，还包含两个专业化市场建设项目。其中，农副产品集散中心拟定建在盐东镇的农业园区，有利于提升该镇的专业化市场规模和水平，加强农产品种植、加工与物流联系。该镇在331省道李灶集镇专门规划筹建了占地100亩的盐东农产品批发市场，随着它的建成，可与盐城华东农产品市场相呼应，为全镇农产品流通提供更加便捷的服务。

专栏6—2

盐东镇主要农贸市场简介

李灶农贸市场。位于盐东镇永大路，始建于1998年，占地面积2180平方米，建筑主体为大棚钢结构。市场内设有摊位55个，门面房26间，有各类经营户42户。2009年成交额2000万元，是2000年的300%。

南三区综合市场。位于盐东镇东南村六组，始建于2001年。该市场占地面积1152平方米，建筑主体为大棚钢结构。市场内设有摊位50个，门面房17间，有各类经营户34户，2009年成交额1440万元。

盐东综合市场。位于盐东镇中心区域，2004年10月10日由张正荣个人投资建设。市场为大棚钢结构，总面积3000平方米，有门面房45间、摊位186个、经营户48户、专职管理人员2名。2009年成交额4500万元。

资料来源：根据相关调研资料整理。

第四节　乡村旅游

历史上，虽然盐城市具有一定的历史和自然旅游项目，但盐东镇的乡村旅游发展相对滞后，或者说并没有意识到将乡村旅游作为城乡统筹过程中促进乡村经济社会发展的一种形式。旅游景点缺乏，旅游业态不成熟，旅游特色不突出，相应的旅游配套服务业如交通、餐饮、住宿和旅游纪念品等发展缓慢，配套能力不强，这些严重制约了盐东镇旅游业的发展。实际上，随着城镇化的不断推进，盐东镇发展乡村旅游越来越显示出自己独特的优势和潜力。从地理区位上看，盐东紧邻盐城市区，是盐城的东大门，向西能承接盐城市区红色旅游，向东则策应沿海湿地旅游和国家丹顶鹤自然保护区。从农业产业结构调整看，观光农业、都市农业的发展为乡村旅游提供了极具潜力的特色景观产品和体验产品。从依托盐城推进大市区建设战略看，盐东发展城郊型观光旅游、休闲旅游、度假旅游和生态旅游也具有潜在优势。

江苏省盐城国家级丹顶鹤自然保护区（见专栏1—3），是我国最大的海岸带保护区，也是全国第一个海涂型自然保护区，海岸线长582千米，总面积45.33万公顷，其中核心区为1.74万公顷，土地权属保护区。保护区内的珍禽驯养场已取得了丹顶鹤等人工孵化及越冬半散养的经验，因而现在任何时候到保护区，都可以看到这类珍禽。还有珍禽标本馆，主要陈列鹤家庭成员各个种类的标本，同时陈列栖息在保护区的其他珍禽标本，其类别多达260余种。

盐东镇是通往丹顶鹤自然保护区的重要节点城镇，东临丹顶鹤自然保护区12千米，交通道路条件较为理想，是盐东镇传统的旅游项目之一。

近年来，盐东镇在统筹城乡发展的过程中，加大了乡村旅游业的开发力度，成为盐东镇服务业发展的重要内容。2010年以来，盐东镇按照"打生态牌、走绿色路、拉产业链、建特色区"的思路，发挥丹顶鹤保护区独特的自然资源优势和S331的出海黄金通道作用，大力发展三产业，做好"鹤"文章，充分运用高效农业园区建设景观农业，全面建设万亩农家乐园高效观光旅游项目，迅速启动鹤乡经济休闲园的建设，抓紧洽谈垂钓度假村和休闲会所项目，精心打造特色海鲜一条街，通过招商引资的方法，吸引两家大型超市和连锁店落户盐东，全面启动商品房开发，已经完成两个商住小区的建设，并在2013年内建成星级宾馆1—2家，力促产业结构由一、二、三转化成二、三、一。

2011年，盐东镇继续发挥邻近丹顶鹤保护区独特的自然资源优势和省道331的出海黄金通道作用，以"千鹤湾"国际老年养生社区项目为龙头，用足政策，全力扶持，精心服务，进而实现盐东现代服务业的大提速；以首块64亩商住用地成功出让为契机，加快经营集镇力度，建设新镇区道路5000米以上，形成镇区新构架，提高镇区建设档次，并开工建设东南新型社区；继续推进万亩农家乐高效观光农业旅游项目，建成鹤乡银河休闲项目，以特色街道、综合市场、酒店餐饮、休闲娱乐等传统服务业的快速兴起，逐步构建起与城乡居民需求相适应的现代服务业体系。

盐东镇引资开发的"千鹤湾中国盐城国际养老社区"项目，经前期策划、论证已完成总体规划设计，目前进入筹建阶段。项目总投资约 30 亿元人民币，目标是通过 3—5 年的努力，将该社区打造成中国最高端的养老国际社区，中国最生态的低碳养生基地，中国最休闲的特色度假景区。在目前该项目的规划中，有关乡村旅游的内容是"建成乡村生态旅游度假区。新建千鹤湾现代高效生态农业示范基地。分为 3 个功能区建设：第一个为大型景观湿地公园，占地面积 6000 亩。利用现有水面整理成人工湖，既解决工程建设所需的垫土和社区的空气湿润，又是老人和游客垂钓休闲的好场所；大部分面积主要栽植意杨、桃树、梨树和葡萄等果树和景观树，打造成果树园的景观园，形成社区的大氧吧。第二个为现代高效设施农业示范园，面积 3300 亩。主要建设高档大棚发展特色农业，既是现代农业的亮点，又是老人和游客回归自然，体验现代生活的好去处。第三个为都市农业度假村，占地面积 2000 亩。建设1800 户的度假棚（室），集住宅、停车、休闲和生产劳动体验为一体，是各类人群假日休闲旅游的好归宿"。

第五节　乡镇金融

一般而言，金融系统可以分为正式金融系统和非正式金融系统，前者主要是指以银行为核心的金融资本借贷市场，后者有偿被称之为"民间信贷"，两者之间通常表现出"此消彼长"的关系。在特定情境下，正式金融资金和非正式金融资金的主导型取决于资金的可得性和相对价格。在盐东镇的调查过程中，课题组明显感觉到民间融资机构无论是在数量上，还是在功能上，都在当地居于主导地位，民间资本成为当地融资的主要手段。

目前，中、工、农、建四大国有股份制银行未在盐东镇设立分支机构，仅有中国邮政储蓄银行设有分支网点，直到2010年10月黄海农商银行（前身为盐城市区农村信用合作联社）盐东支行开业，正式金融机构网点稀少是造成正式金融体系在盐东镇发展滞后的重要原因。2007—2009年，盐东镇金融机构贷款投放主要来自于当地的信用社网点，贷款投入额年均约3亿元，这3年分别约为3.2亿元、2.9亿元和3.5亿元。而与之形成鲜明对比的是非银行（信用社）类资金存贷机构。（见表6—3）

表6—3　　　　　　　盐东镇金融机构贷款投入情况表　　　　单位：万元

年度	年末贷款余额	其中					
		工行	农行	中行	建行	信用社	其他
2007	32128					32128	
2008	28778					28778	
2009	34636					34636	

资料来源：根据调研资料编写。

2010年10月，盐东镇共有50余家非银行（信用社）类存贷组织70余个网点。这些机构大多以担保有限公司、资金互助合作社等名义（以下统称为"民间金融机构"），集中于盐东镇城镇，尤其是盐东镇镇政府前面的主街，目前还没有发展至村一级，其中，盐东镇经济发展水平相对较高的东南村居委会最为集中，表现出经济发展水平与民间金融组织之间的正相关关系。另据了解，盐东镇担保组织的数量显著高于周边地区，比重约占亭湖区全区的2/3，是亭湖区主要的担保组织的集中地。这些农民（农村）资金互助合作社的设立目标，通常是"为繁荣农村经济，促进农业增效、农民增收，推动农民专业合作组织的发展"，以区域内农民为合作对象，采用坚持"加入自愿、退出自由、风险共担、利益共享"的办社原则，实行民主管理，自主经营、自负盈亏的经营方式。其主要业务活动内容是为本社社员和区域内农民的生产、生活提供小额、短期的资金互助服务。

从贷款的流程来看，资金需求方（借贷人）向申请资金，通常需要 2 个担保人为其担保，还需一定的抵押物，以降低民间金融机构的经营风险。只要具备担保人和抵押物，半天时间即可完成申请手续，从民间金融机构获得贷款，方便快捷。从担保业务来看，申请半年期的贷款的业务为主，通常最长贷款时限不超过 1 年，民间金融机构的发贷的年利率通常在 12%—20%，是同期国家法定贷款基准年利率的 2—3 倍①，民间金融机构的贷款资金主要流向是当地的农业（如羊角椒的种植、经营）和工业生产活动（纺织业），甚至有些民间金融机构明确以××羊角椒资金互助合作社为名。此外，上文所述的农业专业合作社也通常提供有偿资金借贷服务，进一步加大了民间金融的规模和结构的复杂性。

担保组织的主要活动包括三个方面："拉存款""放贷"和"收贷"。各个组织在金融资本的使用上面也有差异，有些专门发放贷款，而有些出了发放贷款外，还将资金用于自行使用。这些担保组织之间也存在较为激烈的竞争，主要集中在吸纳存款方面。其中少数几家因为成立时间早、资金量大、经营规范，信誉度相对较高，竞争优势明显。在行政管理上，这些组织归地方农委和工商部门管理。

这些民间存贷组织虽然在近两年表现出显著增加的趋势，但有着更为长久的历史。据了解，盐东镇的民间信贷机构前身多为"地下钱庄"，在正式金融体系覆盖不足的地方提供资金服务，特别是在 20 世纪末期在国家政策作用下，全国范围内撤销农村金融机构网点、抽调农村金融资本之后，农村"地下钱庄"成为地方金融市场的补充。这些公司以灵活多样的方式，弥补了企业和银行之间的信用空缺。盐东镇民间存贷机构的快速发展，突出反映了乡镇金融市场中正式金融资本供给与资金需求之间的矛盾，集中表现

---

① 通常认为，放贷利率高于同期国家法定基准贷款利率 4 倍即为"高利贷"。

为从正式金融机构获取信贷资金"门槛高"和"渠道少"等问题，这也表明发展农村金融的必要性和迫切性。

但是，还要客观看到，这些民间金融机构在缓解农业金融资金供求矛盾方面发挥作用的同时，在制度和经营方面仍然面临着诸多问题，特别是缺乏相应的风险管控措施，行业监管存在着严重问题，还可能存在非法吸纳存款、超范围收取贷款利息等法律问题，甚至出现过个别机构负责人携款逃匿等重大问题。地方政府对当地民间金融机构存在的上述问题也表现出忧虑和警惕，未来如何明确民间金融机构的制度、规范其经营行为，以及降低资金借贷风险，均面临严峻挑战。

第七章

环境保护和生态建设

　　城乡发展一体化的重要内容和特征之一，是城乡生态环境一体化。把加强农村环境保护作为新亮点，构建城乡一体化的生态环境保护新格局，不断地提高人们尤其是农村居民的生活质量，实现城乡可持续发展，是对乡镇工作的新要求。盐东镇在推进城乡统筹工作中，始终注意将环境保护和生态建设放在首要位置。在工业化、城镇化过程中，盐东镇坚持走新型工业化和城镇化道路，努力寻求工业快速增长与可持续发展之间、城镇建设稳步推进与环境生态保护的动态平衡，加强环境保护和污染治理，加强生态建设。2005年，盐东镇被评为盐城市环境优美乡镇；2006年，被评为江苏省卫生文明镇。2008年以来，盐东镇进一步坚定了生态优先的理念，加大创建力度，通过科学规划，突出重点，加大投入，强势推进，镇容镇貌得到了美化，农村的生态环境和生产条件得到明显改善，居民的环境意识得到不断增强，集镇的文明建设与管理水平得到较大提升。2009年，盐东镇获得"江苏省环境优美乡镇"称号。盐东镇东南村于2005年获得江苏省生态村称号，2011年被命名为"国家级生态村"。

　　本章主要阐述盐东镇在环境保护和生态建设方面的具体做法，展示盐东镇在构建乡生态环境一体化新格局时所创造的阶段性业绩。

第一节　环境保护

在工业化刚刚起步的时候，盐东镇的环境污染问题较为严重。村庄道路坑洼不平，杂物时常堆积在路面，损害路面、阻塞交通；农村河道淤塞、水上杂草物漂浮遮面，不仅造成行船困难，还导致水质低劣，无法饮用；农户生活垃圾随地抛放，形成重要的生活污染源。农业生产使用了大量的化学农药、化肥，使水体有机磷、氯氮等污染物逐渐增加。随着机动车辆逐年增多，含有一氧化碳和二氧化碳、铅类化合物的废气排放量日趋增加。此外，盐东镇三大工业园区的兴起，推动多家企业进驻开展生产经营活动，同时带动各村创办各类加工厂，也由此增加了工业污染源，加大了污染增量。生态环境状况呈不断恶化趋势，给人民群众的生产、生活带来严重影响。

生态环境状况的变化引起了盐东镇党委、镇政府的高度重视。进入 21 世纪后，镇党委、镇政府将环境保护和区域可持续发展作为重点关注的问题，采取种种措施加强对环境污染的整治。镇党委、政府负责人带头，组织各级干部认真学习、贯彻落实环境保护方面的法律、法规和政策，提高思想认识，体会政法取向，掌握工作方法，明确工作重点。以此为基础，坚持以经济建设为中心，以保护生态环境为重点，以创建环境优美乡镇、打造"绿色新盐东"为目标，深入宣传，相互协作，积极投入，全面建设。目前，环境整治取得明显进展，优美乡镇建设取得阶段性成果。

一　环境保护措施

在组织机制方面，盐东镇成立了创建优美乡镇工作领导小组，由镇长任组长，党委委员任副组长，各部门负责人为成员，组成了一个强有力的领导班子，带领全镇开展整治环境、保护环境、打造绿色新盐东的各项工作。盐东镇党委、政府高度重视以"六清六建"和"三清一绿"① 为主要内容的环境保护和环境综合整治工作,先后出台了《关于农村环境综合整治的实施意见》《关于加强河道保洁工作的通知》等文件,将创建环境优美乡镇工作作为惠民工程加以推进。在每年的"6·5世界环境日"期间,全镇都在政府组织下坚持开展多种形式的宣传活动,镇政府领导发表广播讲话,印发宣传材料,以营造良好的环境保护氛围。

广泛宣传,全面营造环境保护的社会氛围,提高干群环境保护意识。2002年以来,盐东镇政府举办环境保护法律、法规和环保知识培训班8期,受训人数达16000余人次,参加各类环保知识竞赛800余人次,在党员冬训班上设置环保教育课程,在党校开设环保教育专题。对干部开展"保护环境就是保护生产力要素"的宣传;对群众开展"保护环境,就是保护自己,提倡节约型消费"的宣传;对企业法人开展"实施清洁生产,积极开发无废、少废的生产工艺"的宣传。镇党委、政府领导同志在各种会议上多次强调:"环境优美乡镇创建、引进工业项目、小城镇建设都要注重环保工作。既要金山银山,更要绿水青山。"由于领导重视、部门配合以及社会各界的监督,盐东镇环境质量有明显的改观,连续多年被射阳县、亭湖区、盐城市政府评选为"环境保护先进集体"。政府积极利用黑板报、画廊、标语、广播电视、专题会议、发公开信等多种形式开展环境保护宣传发动。近年来,共制作宣传标语1200多条,发放公开信12000多份,召开专题会议20次,悬挂横幅50多条,出宣传栏7期,书写户外墙体标语50多条,制作环保宣传广告牌20多个。从环

---

① 2007年,江苏省针对本省实际情况,确定以建设农村环境综合整治示范村为突破口,启动以整治村庄环境脏、乱、差和加强水体、土壤污染防治为重点的"六清六建"和"三清一绿"环境综合整治工程,推动全省环境基础设施建设向村庄延伸、环境监管向村庄覆盖、环保投入向村庄倾斜。"六清六建":①清理垃圾,建立垃圾管理制度;②清理粪便,建立人畜粪便管理制度;③清理秸秆,建立秸秆综合利用制度;④清理河道,建立水面管护制度;⑤清理工业污染源,建立稳定达标制度;⑥清理乱搭乱建,建立村庄容貌管理制度。"三清一绿":清洁田园、清洁水源、清洁家园和村庄绿化。

保的意义到环保的现状及人们的环境保护行为准则的宣传，对环境保护的好人好事大力提倡，对破坏环境行为实行教育引导、惩教结合等，成效显著，使群众参与环保的自觉性不断提高，群众对环境的满意度也在不断提升，群众对环境状况满意度达95%以上。

科学编制规划，加强规划引导。盐东镇领导班子经过集体研究专门邀请省、区、市规划设计专家，结合盐东镇的区位特点，以科学发展观为指导，编制了《盐东镇总体规划》《盐东镇环境规划》，重新设定了全镇的功能区划，合理定位了产业特色，更加科学地进行产业布局，制定了切实可行的推进措施。结合盐东镇实际，在东南村设立"东南纺织工业集中区"，为策应江苏环保产业园的辐射效应，将李灶集镇定位为"盐东科技产业园"。

严格执行环境保护各项法律法规。盐东镇强化建设项目环境管理，在项目招引审批中，做到：一要严格执行建设项目环评和"三同时"① 规定。未通过环评、未落实"三同时"规定的，一律不予供地，建设项目环保审批率和"三同时"执行率均达100%。二要杜绝"十五小""新五小"② 违规企业的产生。严抓项目初审

---

① 指环保设施要和（项目）工程同时设计、同时施工、同时投产（投入使用）。
② 指1996年《国务院关于加强环境保护若干问题的决定》中明令取缔关停的十五种重污染小企业，以及国家经贸委限期淘汰和关闭的破坏资源、污染环境、产品质量低劣、技术装备落后、不符合安全生产条件的"新五小"企业。即（1）小造纸。年产5000吨以下生料造纸。年生产能力小于1万吨的化学制浆造纸生产装置。（2）小制革。年产折牛皮3万张以下。（3）小染料。年产500吨以下。（4）土炼焦。采用"坑式""萍乡式""天地罐"和"敞开式"等落后方式。（5）土炼硫。土法，同炼焦。（6）土炼砷。年产100吨以下土法。（7）土炼汞。年产10吨以下土法。（8）土炼铅锌。年产2000吨以下土法。（9）土炼油。无国家审批（国务院审批）。（10）土选金。溜槽、混汞、小堆浸等。（11）小农药。无生产许可证、正规设计。（12）小电镀。含氰电镀，无正规设计、工艺落后。（13）土法石棉制品。（14）放射性制品。无审批手续。（15）小漂染。年产1000万米以下。（16）小水泥。直径1.83米以下熟料粉磨站；窑径2.2米以下、年产4.4万吨以下机立窑。窑径2.5米及以下干法中空窑。（17）小火电。单机容量小于或等于5万千瓦的常规小火电机组。（18）小炼油。100万吨以下的原经审批的炼油厂。（19）小煤矿。无安全设施、无四证（采矿证、生产证、矿长资格证、营业执照）小煤矿，单井类型低于年产9万吨以下的煤矿。（20）小钢铁。平炉、10吨以下（含）电炉、1.5平方米以下鼓风炉、100立方米以下（含）高炉、15吨以下（含）转炉。

关，拒绝接纳对本地环境有影响的各类建设项目。2009 年，主动放弃了 4 个对盐东镇环境有较大影响的建设项目。拒绝各类化工企业落户盐东镇。三要对有污染源的企业在总量上实行控制和达标排放，对有严重污染的企业，根据上级环保部门要求坚决关停，对存在污染源的企业，定期检查、会办，坚决做到达标排放，做到工业污染排放达标率达 100%，同时积极倡导企业推行 ISO14000 认证。目前，盐东镇已有 3 家企业通过认证。四要镇域内林木保护、水土保持和动植物资源保护等无违法违规现象。近几年来，在盐东镇域内未发生重大污染事故和重大生态破坏事件。

认真抓好城镇建设与管理。推进农民集中居住，2009 年李灶东、西中心村、东南中心村，新入住近 200 户，其他各村也严格限制民房违章建设，努力提高集中居住率。加强道路、排水、排污、桥梁等基础设施建设，建成了盐东镇纺织广场等休闲广场绿地、园区路两侧绿化、盐海路两侧绿地等，有效改善人居环境。成立了城市管理中队，加强对环境的管理与整治。车辆停放有序、无乱搭乱建、无乱设摊位、无占道经营，店招店牌、标语、广告等有序定点张挂。集镇建成区无散养或圈养家禽家畜，实现了城镇建设与周围环境的整体协调。为彻底改变农村脏、乱、差的面貌。按照"组保洁、村收集、镇运转、区处理"的模式，积极推进垃圾中转站的建设，前期立项、选址、红线等已办理到位。

严格控制污染。近年来，盐东镇政府加大了对镇郊接合部的资金投入，路面达到了硬化，加强路道河边两侧乱倒或暴露垃圾的清理，遏制城郊接合部的乱搭乱建、露天粪坑、污水横流现象的发生。同时重抓秸秆禁烧、家用沼气池建设、养殖场粪便处理等重点工作，从根本上提升全镇的环境质量。积极实施秸秆综合利用工程。采取粉碎还田、过腹还田、沼气和发电厂原料等方式利用秸秆，全镇域建成秸秆禁烧区，秸秆综合利用率达 98%，清洁能源普及率达 73%。高度重视规模化畜禽养殖场污染防治工作。积极利用人畜粪便为原料发展沼气，建设户用沼气池 500 多个、改造农厕1200多户，50立方米规模的沼气站6座，规模化畜禽养殖场粪便综合利用率达92%、污水排放达标率达100%。

加大环境保护投入。近年来，盐东镇每年的环境保护投入均达1000万元以上，对镇区道路、各种线路、排水管道进行彻底改造，使镇区环境面貌发生了巨大的变化，村镇绿化、公共绿地、水源保护、校园建设都得到落实。目前，城镇布局合理，管理有序，街道整洁，环境优美，集镇建设与周围环境相协调，建成区达到了新型小城镇的标准。同时注重村容村貌、路容路貌、田容田貌建设。2004年秋，镇党委、政府发动全镇人民，开展清理农村河道活动，经过20多天的奋战，现在的镇村河道是面静水清，鱼欢虾跃。加强中心村建设和农村环境综合整治，达到了村庄环境整洁，取得了治理脏、乱、差现象的初步成果，"白色污染"得到有效控制。

专栏7—1

艳阳村环境综合整治实施方案

按照亭湖区、盐东镇农村环境综合整治的指示精神和统一部署，切实改变农村环境面貌，结合艳阳村的实际情况，特制定如下实施方案：

一、河道保洁。全村5纵7横全长35千米的河道普遍清理一遍，确保河内无水草、杂物，无漂浮物。河坡无杂草，保持整洁。

二、道路两侧的清杂。确保道路长期保持清洁，两侧无杂草杂物，无乱堆乱放，无乱搭乱建。

三、集中处理积存垃圾和生活垃圾，集中对全村境内的积存垃圾，特别是桥头两侧的积存垃圾全面清理一遍，对群众的生活垃圾落实专业保洁清运队伍，做好及时收集，及时清运，正常运转。

四、完成的时间：集中整治时间，确保在2013年12月10日前完成。

五、整治后长效保洁的管护措施。

1. 建立长期专业保洁和管护队伍，垃圾保洁工8名，清运工3名，河道长期管护人员12名，负责常年保洁和管护。

2. 保洁和管护人员必须坚持每天负责本辖区内的生活垃圾的收集、清理，道路两侧和村庄周围白色垃圾和杂物，河道管护人员负责辖区内河道杂草和漂浮物的清理，确保常年水清、坡清、路道整洁。

3. 清运人员必须坚持及时收集，及时清运，确保垃圾池（桶）垃圾无积存。

通过上述方案的实施，确保实现"三清、八无"的要求，即水源清洁、家园清洁、田园清洁、无杂物乱堆乱放，无违建筑、无露天粪便、无畜禽散养、无杂草丛生、无暴露垃圾、无臭水沟、无环境污染，努力营造一个碧水蓝天的美好家园。

资料来源：根据调研所获得的资料整理（2013 年 11 月）。

二 环境保护效果

近年来，盐东镇以创建省级环境优美乡镇为抓手，锁定创建目标，对照考核标准，扎实推进创建工作，环境保护取得显著成效。

1. 工业污染治理既得成效，为创建环境优美乡镇创造条件

工业污染源废水、废气中的主要污染物排放达标，厂界噪声达标率 100%，工业废物安全处置率 100%。近几年来，随着招商引资项目推进的力度不断加大，工业企业群体规划有了扩大。过去大部分企业经营过于粗放，以加工工业为主要经营手段，社会效益相对滞后。为了实现经济，环境和社会的良好互动，实现可持续发展。近年，盐东镇提出了"扩大规模、优化产业、注重环保、保证安全"的工作主题，开展了"美化厂容厂貌，展示企业形象"的活动，全镇工业企业都进行了排污整治，废气、废水、废物排放都能达标排放，为创建环境优美乡镇提供环境保障。当然，工业环境治理是一个任重道远的长期工作，不能指望能够毕其功于一役。

2. 建设项目环评和"三同时"规定执行率方面

2009 年，通过招商引资，盐东镇引进了盐城众志商品混凝土有限公司、江苏瑞驰泵业有限公司、盐城查尔斯机电有限公司、盐城金舟纺织有限公司等企业和项目。这些企业和项目都严格按照建

设项目"三同时"的规定进行立项审批，投入生产，无一家违规企业和项目落户盐东镇。

3. 医疗废弃物安全处置率方面

盐东镇卫生院为盐东镇中心卫生院，该院常年收治病人在2000人以上，专科治疗项目有12个，每年的医疗废弃物约540千克。该院的治疗废弃物均由盐城市亭湖区卫生局指定盐城宇新固体废物处置有限公司进行专门回收处置，医疗垃圾无害化处理率达100%；完善了医疗废水处理设施，医疗废水处理率达到100%。

4. 污染物排放总量控制在县（市、区）分配指标内

盐东镇严格执行盐城市亭湖区环保局制定的大气污染物、废水污染物及固体废物进行排放总量控制。在实施控制指标过程中，盐东镇原有的工业企业和招商进来的企业，如服装加工、木业、电子等企业的污染指标都在控制之内，形成的企业群体对造成的污染属于达标排放有限值。因此，盐东镇对工业污染物排放问题控制指标都在分配指标之内。

5. 城镇建成区生活垃圾无害化处理率方面

李灶集镇建成区面积约3平方千米，实际居住人口4000人左右，每天产生生活垃圾3.2吨左右，年产生活垃圾1168吨左右。产生的垃圾全部由集镇管理中心进行集中和中转，由亭湖区集中处理。盐东镇投入60多万元，建设垃圾收集与转运设施，垃圾转运到盐城市洪东村垃圾填埋场，垃圾中转率达到100%，生活垃圾卫生处理率达到95%。

6. 城镇建成区生活污水处置率方面

盐东镇建成区常住人口4000人，每天产生生活污水230吨左右。过去，生活污水的处理方式主要由氧化塘、氧化沟和湿地处理，处置率仅为35%。目前，盐东镇已根据总体规划和环境规划出台污水管道建设方案及相关招标文件，生活污水通过专用管道处理。

7. 排水管网服务人口比例方面

盐东镇建成区的排水管网是在20世纪80年代开始兴建并投入

运用，随着集镇的不断扩大，曾三次进行过建成区排水管网的扩改建，现拥有排涝站1座，变压器功能200千伏，36寸排水泵1台，其排水功能基本覆盖建成区。建成区现有排水管道13700米，管径100厘米，对污水排入、雨水接纳运行正常，管道畅通，在正常气象和常规气候条件下不会造成地面积水。通过制定长效的管理机制，每年对管网疏通两次，特别是在汛期到来之前，进行一年一次的全面疏通，基本达到汛期街道无积水、雨住路干的要求。投入近4000万元，建设生活污水收集管网和调节泵站，排水管网服务人口比例达到75%，居民生活污水处理率达到35%。

8. 城镇建成区人均公共绿地面积方面

镇党委、政府十分注重建成区公共绿地的建设，栽花种草85200多平方米。在建造公共绿地的同时，落实了管护措施，常年进行除杂、喷药、修整、施肥，使绿地保持常绿。镇区人均公共绿地面积9平方米。

9. 城镇建成区主要道路两旁绿化率方面

城镇建成区现有主要道路5条，总长度达6.3千米，共植树3000余株，主要树种为女贞、银杏、香樟，随道路铺设的同时进行栽植，达到路通树活。目前，盐海路上香樟与银杏主杆直径已达20厘米以上，行道树的管护责任制由盐东镇农技中心负责落实。道路绿化率达到96%。

10. 清洁能源普及等方面

盐东镇的清洁能源使用始于20世纪80年代，进入21世纪后，为了全面提高广大居民的生活质量，政府积极扶持广大居民建设沼气池，推广使用液化气等清洁能源，每建造一座沼气池，政府给予补贴1500元，这些措施的实行减少了薪柴的燃用，有效地提高了清洁能源的普及率。目前，全镇域清洁能源使用率达到73%。

11. 地表水环境质量基本达到环境规划要求方面

全镇域现有河道30多条，紧连国家二级水源保护地新洋港地表水的质量成为当地的生态环境保护的主要指标。近年来，盐东镇狠抓对河道的疏浚整治，清淤除杂，对生活污水和养殖污水严格控制，水环境质量已基本达到环保计划的要求。严格保护"清水走廊"（新洋港）。对新洋港两岸圩堤全部栽植生态防护林，清除影响"清水走廊"的污染隐患；近三年来，投入1000多万元，疏浚村庄河道24条，挖土300万立方米，清洁水面5000亩，有效地改善了农村水环境。自来水普及率100%，农村生活饮用水卫生合格率100%。

12. 建成区空气环境质量达到环境规划要求方面

在环境管理过程中，政府注重空气环境质量的达标管理。由于盐东镇工业基础较为薄弱，工业污染指数相对较低，加上大力发展林业生产，三年间实施千万株意杨工程，大大改善了镇域内环境空气质量。经检测，建成区空气质量达到环境规划的要求。

13. 生活饮用水水源水质达标率方面

近年来，盐东镇在保证和提升人民的身体健康度，提高生活质量，降低地方性疾病的发生，做了大量有效的工作，2000年之前全镇已经吃上了深井自来水，目前全镇12个村居都吃上了清洁卫生的自来水，通过源头水和末梢水的检测，水质达标率100%。

14. 森林覆盖率方面

盐东镇近年来在制订年度工作计划、中心课题上，紧紧结合盐东镇的地理条件和自然因素，调整产业结构，传统农业种植方式向多元结构转变，以发展林业为主导方向，实施林业富民的经济发展战略，大搞植树造林，森林覆盖率达17.8%，名列全区前茅。

15. 农田林网化率方面

农田林网是大农业实施抵御自然灾害的有力措施。近年来，盐东镇大搞农田林网建设，达到路有行道树，河有防护林，田间林网化，沟渠木成林，实施林业富民的战略措施，全镇16万余亩农田，林网化达79%。

16. 水土流失治理率方面

水土流失治理是实施农田保护搞好生态环境建设的战略措施，盐东镇水土流失治理达两次，一是夏季的自然灾害造成的大水冲垮的田园治理；二是冬季水利的修整。同时，通过每年的植树造林进行固土，有效地防止了水土流失。连盐高速在盐东镇境内，用于铺路取土面积达 500 余亩，留下大小取土坑 11 个，面对这种情况，镇政府为保护生态环境和生产发展，对取土坑进行承包养殖，其余面积进行苗木栽植，复耕还林还田，水土流失治理率达 100%。大力实施道路绿化、农田林网、镇区美化、生态修复等工程。

17. 无公害，绿色有机食品基地达到农田面积的比例不断提高

近年来，盐东镇认真落实农业发展的相关政策，结合盐东镇农业大镇的实际情况，狠抓农业产业结构调整，改单一种植向高质量、高产值、高效益、无公害、绿色有机农产品的转变。截至 2008 年 10 月，全镇耕地面积 16.5 万亩，其中 10 万亩无公害，绿色有机食品基地。李灶、东南、正洋等村居全部改变传统种植结构和模式，实施无公害种植，逐年减少农药化肥用量。据统计，农田化肥用量由前几年每公顷 340 千克减少到今年的 220 千克。积极发展生态农业，建成观光农业示范园区 3000 多亩，建成羊角椒、西瓜、生猪、肉羊、榨菜、蛋鸡 6 个无公害农产品生产基地，占农田总面积的 55%。大力推广使用有机肥，降低化学肥料使用量，禁止使用高毒高残留农药。

18. 规模化畜禽养殖粪便综合利用率方面

盐东镇是亭湖区畜禽养殖业大镇，全镇域内规模 2000 羽以上的畜禽养殖户 470 户左右，畜禽粪便污染农业生态环境成为一大难题，给创建工作带来很大障碍。近年来，镇党委、政府高度重视，把搞好养殖污染治理作为既要经济发展又要保护环境的重头戏来唱，多次向畜禽养殖户发放公开信，使广大养殖户自觉养成保护环境的良好习惯，畜禽养殖粪便得到了综合利用。其中大部分用于农田施肥，其余部分投向水产养殖、林果施肥和沼气，化有害为无害。

19. 规模化畜禽养殖污水排放达标率方面

盐东镇原有畜禽养殖户数量多、危害重。近几年，通过狠抓养殖治污专项工作，经过宣传感化、科学治理，使辖区内畜禽养殖粪

便得到了有效治理，一部分作为有机肥还田，减少农田化肥施用量；一部分出售给水产养殖产喂鱼；一部分作为沼气填料。畜禽粪便排放达标率100%。

20. 农作物秸秆综合利用率方面

盐东镇农作物秸秆年产量10.7万吨。近几年来，盐东镇的综合利用农作物秸秆工作有了很大的突破，其综合利用率达到97%。为打好禁止秸秆露天就地焚烧，达到综合利用这一仗，镇政府将秸秆综合利用纳入年度工作目标考核，与各村及驻点驻片干部签订秸秆禁烧和综合利用责任书，实行镇领导班子包片，分工干部包村，村干部包组的责任制，同时成立收获季节禁止就地露天焚烧巡查组，在禁止随意焚烧的基础上，引导农户综合利用，大部分是收割机随收随粉还田，水分重的秸秆则作为沼气填料、食用菌培养基料，较好地改变了农作物秸秆传统的处理方式。2010年以来，农作物秸秆更是成为镇上引进的生物质发电厂的发电原料（见专栏7—2）。

专栏7—2

秸秆综合利用三得利

2010年6月3日，盐东镇召开秸秆综合利用工作会议，出台村（居）同驻镇的江苏国信盐城生物质发电厂共同做好秸秆发电利用的文件。

每年立夏芒种到来之际，各种农作物秸秆大量涌现，以往群众为省事，均是在田间地头点把火一烧了事，不仅污染严重，而且给交通安全带来了严重威胁。而现在秸秆成为盐东镇引进的生物质发电厂最佳的发电原料。这样，由各村与生物质发电厂共同开展农作物秸秆综合利用，不仅解决了生物质发电厂的原料供应问题，而且群众还因秸秆利用增加额外收入，这样便会变废为宝，国家、集体、农民都可因此受益。2010年以来，盐东镇12个村（居）均已经陆续开展秸秆的组织、收购和运输等项工作。

落实三级责任抓禁烧

由于盐东镇加强秸秆综合利用的宣传与引导力度，村民们都乐意将秸秆卖给发电厂，企业原料充足，周边农民也从中获益数十万元。国信盐城生物质发电有限公司两台秸秆直燃锅炉和两台汽轮发电机组满负荷运行。

为确保不发生露天焚烧秸秆现象，2013 年盐东镇针对秋熟作物收割时间跨度长等情况，及时研究制定方案，努力在组织领导、舆论宣传、田块监管、督查考核等方面狠下功夫。成立由机关工作人员和各村（居）书记组成的镇秸秆禁烧和综合利用工作领导小组，镇村签订《秸秆禁烧目标责任书》，实行镇包村、村包组、组包户，逐户签订《承诺书》，做到包保责任横向到边、纵向到底，形成镇、村、组三级责任网络。设立镇村两级秸秆禁烧工作专项督查组，昼夜 24 小时不间断巡回检查，发现情况及时处置并上报，力争在第一时间解决问题。盐东镇还强化宣传，充分利用广播、电视、宣传车等形式，宣传秸秆露天焚烧的危害性，并充分利用镇内拥有大型生物质发电厂的条件优势，在东南、李灶等村居设立收购点，敞开收购秸秆，确保企业满负荷运行，提高秸秆的综合利用。

资料来源：改编自盐东镇党委宣传办文稿（2010 年 6 月、2013 年 11 月）。

专栏 7—3

《亭湖区盐东镇省级环境优美镇考核验收意见》（摘要）

依据《江苏省环境保护委员会关于印发〈江苏省环境优美乡镇、生态村标准解释及考核办法〉的通知》精神，根据亭湖区盐东镇人民政府的申请，受省环保厅委托，盐城市环保局组织对亭湖区盐东镇创建省级环境优美镇工作进行了考核。

考核组分两个专业组进行了现场检查。现场察看了镇容镇貌、生活污水处理设施、垃圾收集转运设施、盐东卫生院医疗垃圾收集与医疗废水处理设施、农贸市场、居民生态休闲广场、生态农业示范区、规模化畜禽养殖场、清洁生产企业、河塘整治现场、主要道路绿化和农田林网工程、生态村等，并与部分干群进行了交流；同时进行了问卷抽样调查。

考核组一致认为，盐东镇党委、政府高度重视以"六清六建"为主要内容的环境保护工作，出台了《关于农村环境综合整治的实施意见》《关于加强河道保洁工作的通知》等文件，将创建环境优美镇作为惠民工程加以推进；成立了创建工作领导小组，镇主要领导任组长，分管领导任副组长，各职能部门和村（居）主要负责人为成员，下设创建办公室，各村（居）相应成立了创建工作班子；以《盐东镇环境规划》为统领，制订创建工作计划和实施方案，定任务、定目标、定责任、定完成时间，严格考核奖惩，取得成效明显。

盐东镇广泛宣传，全面营造创建氛围。利用黑板报、画廊、标语、广播电视、会议、发公开信等形式，大张旗鼓宣传发动，使创建活动家家知晓。制作宣传标语1200多条、发放公开信12000多份、召开专题会议20次、悬挂横幅50多条、出宣传栏7期。

盐东镇强化建设项目环境管理。严抓项目初审关，拒绝接纳对当地环境有影响的各类建设项目，2008年，主动放弃了4个对环境有影响的建设项目，建设项目环保审批率和"三同时"执行率均达100%，工业污染源排放达标率100%；倡导企业推行ISO14000认证，3家企业已通过认证。

盐东镇投入近4000万元，建设生活污水收集管网和调节泵站，排水管网服务人口比例达75%，居民生活污水处理率达35%；投入60多万元，建设垃圾收集与转运设施，垃圾转运到江苏大吉垃圾发电厂，垃圾中转率达100%，生活垃圾卫生处理率达95%。全镇卫生改厕1200多户；基本建立了生活垃圾"组保洁、村收集、镇运转、县处理"的模式，收集率、清运率达100%。医源性废物全部委托盐城市宇新固废处置中心处置，医疗垃圾无害化处理率达100%；完善了医疗废水处理设施，医疗废水处理率100%。

盐东镇积极发展生态农业，建成观光农业示范园区3000多亩，建成羊角椒、西瓜、生猪、肉羊、榨菜、油菜、蛋鸡6个无公害农产品生产基地，占农田总面积的55%。大力推广使用有机肥，降低化学肥料使用量，禁止使用高毒高残留农药。2009年，农田化肥使用量为220千克/公顷。

盐东镇高度重视规模化畜禽养殖场污染防治工作。积极利用人畜粪便为原料发展沼气，建设户用沼气池500多个，50立方米规模的沼气站6座，规模化畜禽养殖场粪便综合利用率达92%、污水排放达标率达80%。

盐东镇积极实施秸秆综合利用工程。采取粉碎还田、过腹还田、沼气和发电厂原料等方式利用秸秆，全镇域建成秸秆禁烧区，秸秆综合利用率达98%，清洁能源普及率达73%。

盐东镇大力实施道路绿化、农田林网、镇区美化、生态修复等工程。采取科学措施，对道路建设取土的500多亩坑塘进行生态修复；镇区人均公共绿地面积9平方米，道路绿化率达96%，森林覆盖率达17.8%，农田林网化率达79%。

盐东镇严格保护"清水走廊"（新洋港）。对新洋港两岸圩堤全部栽植生态防护林，清除影响"清水走廊"的污染隐患；近三年来，盐东镇投入1000多万元，疏浚村庄河道24条，挖土300万立方米，清洁水面5000亩，有效地改善了农村水环境。自来水普及率100%，农村生活饮用水卫生合格率100%。

盐东镇开展的环境优美镇创建活动，领导重视，组织有方，发动广泛，措施得力，各项创建指标达到了《江苏省环境优美乡镇考核标准》，考核组一致同意亭湖区盐东镇通过考核验收。

希望盐东镇进一步加强环境保护和生态建设工作，加大环保宣传力度，不断增加投入，完善环境基础设施，建立健全长效管理机制，深化生态村创建活动，全面巩固创建成果，努力把盐东镇建设成为盐城市区后花园、生态经济特色镇。

盐城市环境保护局省级环境优美镇考核验收组

2010年1月15日

第二节　生态建设

在工业化过程中，盐东镇坚持走新型工业化道路，努力寻求工业快速增长与可持续发展之间的动态平衡，始终不放松镇域生态建设。盐东镇的生态建设和环境保护工作一直走在盐城市各县区乡镇的前列。2005年，被评为市级环境优美乡镇；2006年，被评为省级卫生文明镇；2009年，顺利通过全省范围的严格考核，荣获"江苏省环境优美乡镇"称号。盐东镇东南村从2003年开展生态村创建工作，2005年先后被授予"盐城市生态村"和"江苏省生态村"称号。东南村紧紧围绕建设社会主义新农村这一目标，认真贯彻落实科学发展观，以国家级生态村创建为抓手，大力开展生态农业观光旅游建设和农村环境综合整治八大工程。经过几年的努力，该村的经济结构、环境面貌均发生了巨大变化，对照国家级生态村创建标准，各项指标值均已达到或超出。2010年年底，东南村作为盐城市创建国家级生态村的唯一一家，申报材料和专题片上报国家环保部。经国家环保部复核，认为东南村已经达到国家生态建设示范区之"国家级生态村"考核指标要求，2011年10月东南村被环保部授予"国家级生态村"的光荣称号。（见表7—1）

表7—1　　　　盐东镇创建生态村及环境优美乡镇一览表

单　　位	行文单位	行文文号	授予称号
东南村	国家环境保护部	公告2011年第73号	国家级生态村
东南村	盐城市人民政府	盐政发〔2005〕19号	市级生态村
东南村	江苏省环境保护委员会	苏环委〔2005〕5号	省级生态村
盐东镇	江苏省环境保护委员会	苏环委〔2010〕3号	省级环境优美乡镇
盐东镇	盐城市人民政府	盐政发〔2006〕43号	市级环境优美乡镇
庆丰村	盐城市人民政府	盐政发〔2007〕71号	市级生态村
艳阳村	盐城市人民政府	盐政发〔2007〕71号	市级生态村

资料来源：根据盐东镇提供相关文件和国家环保部官方网站公告整理。

盐东镇在生态建设方面的经验：一是坚持生态发展理念；二是大力推进生态建设工程；三是实施"绿色盐东"一号工程。

一 坚持生态发展理念

盐东镇党委、政府注重生态建设工作。一是规划高起点。整个纺织集群规划占地面积 10 平方千米，一期工程已开发面积 3 平方千米建成区融生产、生活、服务功能为一体，绿化、美化、亮化工程相配套，路、桥、水、电、通信、污水处理设施齐全，以纺织、纺机为主导产业特色的有 60 多家企业。2002 年 6 月，东南纺织集群被盐城市政府命名为首批"市级示范工业园"，同年 10 月被江苏省命名为"省级示范工业园"。二是项目重"准入"。按照定位，坚持引进轻污染、易治理的项目，凡污染重、难治理或治理技术不过硬的项目，一律不予准入。三是舍得大投入。几年来，纺织集群先后投入 3000 多万元用于道路、桥梁、排水管道、绿色、亮化等环保基础设施建设，投资 1000 多万元的污水处理厂即将建成。东南工业集中区于 2004 年 8 月通过了 ISO 14000 国际环境管理体系认证。镇政府相继出台了"烟控区""噪声达标区"管理意见，以及饮用水源、地面水保护意见。由于措施得力，盐东镇生态农业建设成效明显，农田林网化建设步伐加快，生态环境得到了有效改善，真正达到了清洁水源、清洁田园、清洁家园。

二 大力推进生态建设工程

近年来盐东镇投入了大量人力、物力和财力，脚踏实地地开展了一批重点生态工程。这些重点生态工程的实施、建成，使盐东镇的生态环境面貌迈上一个大的台阶。

（1）江苏永大药业有限公司污水处理工程。占地面积 95 亩，建筑面积 8700 平方米，总资产 5000 多万元。2005 年 3 月通过 GMP 认证，年生产原料药及化工中间体能力 1200 多吨。其中污水处理工程是与上海同济大学济通环保科技有限公司合作，于 2005

年 6 月 30 日建成，共投资 140 多万元，处理站设计处理污水能力 60 吨/日，调试正常后可充分接纳甲硝唑、苯妥英钠的工艺废水和清洗废水、洗涤水、冷却水，工程采取国内最先进的物化和生化处理相结合的处理方法，调试完成后，出水水质可达到国家 GBJ14—87 一级标准。

（2）盐东镇生态苗木花卉基地。苗木花卉基地始建于 2002 年，总投资 500 万元，占地面积 250 亩。主要有金狮垂柳、日本榉树、雪松、广玉兰、三五杨、八九五杨、毛刺槐、红花刺槐、杂交柳等 70 多个品种。该基地的设立为盐东美化生态环境提供了有力的保证。

（3）盐海路环境综合整治工程。连接盐城和丹顶鹤自然保护区的陆上大通道——盐海公路由西向东横穿盐东镇境内，长 20 千米。近年来，镇党委、政府着眼于建立公路环境的长效管理机制，投入 150 万元，沿路安装路灯 300 盏，制作环保宣传广告牌 13 个，书写户外墙体标语 50 多条；对沿路垃圾采取村收集、镇转运统一处理的办法；确保沿路边的向阳河水体清洁、流动，无漂浮物；沿路违法违章建筑全部拆除，乱贴乱画彻底清除，取得了初步成效。

（4）纺织广场工程。占地面积 43 亩，投入 300 万元，集绿化、亮化、美化为一体，于 2003 年 12 月建成。

（5）李灶集镇工程。投入 1200 万元，新摊铺沥青路面二横三纵 5.5 千米，建成区道路面积 1.35 万平方米，绿化、亮化、下水道工程与之相配套。

专栏 7—4

扎实推进生态区创建和农村环境综合整治工作

2013 年 12 月，盐东镇专门召开生态区和农村环境综合整治工作情况通报会，对各村（居）工作推进情况进行总结和交流，对近阶段的工作作了部署。

盐东镇生态治理工程的可行性研究报告已完成、环评报告通过审批。污水处理厂及管网的选址、用地评审的手续已办结。投资

480万元新建的微动力生活污水净化装置及配套管网已投入使用。近日，东南污水微动力已顺利通过省环保厅的验收。与此同时，对8个村实施村庄河道整治。疏浚完成区级3条、镇级6条河道。农村改厕任务已完成2000多座。新注册成立的银丰秸秆加工厂，年收购销售秸秆可达1.3万吨。

东南村三星级"康居示范村"已通过省级验收，曙阳村三星级康居示范村和新建村二星级康居示范村正在快速推进中。投入360万元在全区乡镇中率先建成日处理垃圾50吨的压缩式垃圾中转站。全镇共建成封闭式大垃圾池85座、小垃圾池600多座；14个村（居）添置运输机械17台套、配备三轮保洁车100多辆，基本实现垃圾日产日清，实施全天候保洁，"组保洁、村收集、镇中转、区处理"的四级联运机制已步入正轨。目前，省道331沿线村（居）已形成垃圾无公害有效运转。

资料来源：改编自盐东镇党委宣传办文稿（2013年12月）。

三　实施"绿色盐东"一号工程

从2013年起，围绕"绿色盐东"建设的相关要求，盐东镇将造林绿化列为全镇一号工程。全镇以时不我待、只争朝夕的态度，高质量推进造林绿化工作，高效率巩固绿化成果。首先，按照"常年有绿、四季有花"的总体要求，全镇当年投入2500万元，立足"起点高规划、投入大力度、实施高标准"，严格执行招投标、工程监理、苗木采购、林木管护"四项制度"，全面提升造林绿化效果。其次，积极创新举措，采取区镇联动、部门协调、优化服务等方法，招引有资质和实力的客商30多个，吸纳社会资金4700万元，对投资主体明确任务、量化责任、倒排工期，大力度推进造林绿化工作。最后，在完善管护责任机制上下足功夫，建立镇、村、组三级网络管护机制，营造人人爱树、管树、护树的浓烈氛围，并从镇农业中心、农路办、派出所等单位抽调精兵强将，成立联合执法队伍，定期对造林绿化沿线进行巡查，依照《森林法》

相关条款，严厉打击毁坏林木等违法行为。

截至2013年年底，盐东全镇建成"H"形生态走廊24千米、成片造林示范点60个、节点绿化10个、省级农村绿化示范村两个，造林总面积1万多亩，森林覆盖率提高近5个百分点。

2014年3月1日，盐东镇专门召开"生态盐东"建设与造林绿化工作会议。在总结前期工作经验的基础上，出台《盐东镇2014年造林绿化工作意见》。自此，盐东镇全面启动2014年的造林绿化工作。

2014年，盐东镇新增造林折实面积为3180亩，其中成片造林2680亩（沿海防护林430亩，一般造林150亩，新建果园500亩，新建苗木花卉基地1600亩）；高标准农田林网25000亩；农村重点绿化示范村两个；巩固提升"H"形生态走廊和东南村、曙阳村千亩苗木花卉基地建设，打造具有沿海特色的万亩林果苗木花卉基地；搞好2013年成片造林小班的补足和完善，确保2014年省林业局秋季复查。

盐东镇2014年的造林绿化工作围绕以下五个重点。

（1）万亩林果苗木花卉基地提升工程。331省道、226省道、临海高等级公路生态走廊，6000亩林地的林木行间不得种植农作物，要利用林间空隙培育林、果、花卉等苗木，全面提升建设标准，达到"三季有花、四季常绿"的整体效果；东南村在现有基础上，要不断提质升档，曙阳村、美满村要加快递增速度分别建成1500亩、500亩的林果苗木花卉基地。

（2）沿海防护林建设工程。按照沿海防护林作业设计书建设标准和要求，集中连片栽植，每个小班面积在5亩以上，所植苗木须按要求选用优质壮苗，苗木成活率和保存率均在95%。全镇14个村（居）42千米的"村村通公交"线路和美满村西潮河堆要高标准、高质量规划造林，村村通公交线路两侧要各栽植两行以上的常绿乔木。

（3）一般造林建设工程。全镇所有河道、道路、排水沟渠等实现绿化全覆盖，以乔木为主，要做到"见缝插绿"，所有连片面积 1 亩以上的地块要全部栽植树木，确保两排以上，做到应栽全栽，已建的要提高标准，在提高成片林数量的同时，注重质量的提升。凡一般造林任务完成有难度的村，一定要在围村林上做文章，确保完成镇下达的任务。各村（居）所有采伐迹地、更新造林地，2014 年要全部造林，但造林面积不计入当年新增造林面积。

（4）农田林网建设工程。各村（居）新建和完善农田林网面积不得少于规划任务，对沟、田、路、河道的造林进行综合布局。农田条排沟两侧以栽植银杏、梨、柿为主，大中沟、农庄河两侧以栽植意杨、水杉等乔木为主，中路两侧根据实际情况而定。要搞好林业精品工程，并做好村与村的衔接。

（5）农村重点绿化示范村建设工程。今年新建村、桂英村被区政府指定为盐城市农村绿化重点示范村。要制定符合本村实际的绿化总体规划和实施方案，做到"一村一规划、一村一图纸"，严格按照庄台绿化覆盖率达 35% 以上的建设要求，充分利用居民家前屋后，村庄周围四旁隙地，大力发展特色经济林果，户均保有树木要达 30 株以上，其中果树保有 20 株以上；在村域范围内建成宽度不低于 15 米，连片面积不低于 100 亩的围村林；农田林网按照"控制率"应达到 100% 的要求，要对沟、田、路、河道的造林进行综合布局，网格面不得大于 100 亩；建成 500 亩的林苗花木良种繁育基地和 500 亩的经济林果基地；中心村要在公共活动区配套建设 1 亩以上规模，含有林间小道的公共绿地。

通过加强环境保护和生态建设，盐东镇在"绿色盐东"建设方面不断进步，成为打造"幸福盐东"、实现可持续发展和城乡发展一体化的重点和亮点。

专栏 7—5

在统筹发展中坚持生态优先

"以前这里道路、河沟两侧都是草堆、垃圾，经过综合整治，道路变绿了，河水变清了，空气更干净，心情也畅快多了，我们盐东群众无不感受到良好生态环境带来的惬意!"盐东镇李灶居委会居民们高兴地说。

近年来，盐东镇以创建国家级生态镇为契机，坚持把"生态优先"发展理念融入统筹城乡发展过程中，精心规划，加大投入，强力实施，走出了一条生态兴镇、生态富民的特色之路。在工业发展过程中，该镇实行污染防控和生态保育并重、生态环境保护与建设并举，坚持"关小、治大、择优"原则，推动企业重组，鼓励企业加大技改投入，治理污染源。按照"常年有绿、四季有花"的总体要求，建成以省道331、省道226、临海高等级公路为主轴线，总长24千米、面积近万亩的生态走廊，共栽植各类苗木180万株。按照"六整治、六提升"要求，重抓农村环境综合整治工作，投入300多万元率先在全区乡镇中建成压缩式垃圾中转站，并按5—6户居住户建垃圾池或配垃圾桶，各村（居）配备保洁员、保洁车，配备拖拉机等运送工具，组保洁、村收集、镇转运、区处理机制形成，不仅实现了垃圾减量化，还促进了垃圾资源化利用。

资料来源：改编自盐东镇党委宣传办文稿（2013年8月）。

第八章

社 会 事 业

　　城乡发展一体化的一个重要方面,是在城乡统筹的指导思想和战略步骤下大力发展农村社会事业,科学统筹城乡公共资源分配,把公共财政在更深、更广的领域和范围覆盖农村,不断促进农村经济社会的全面进步。因此必须坚定信心、端正态度,用科学发展观研究和指导农村社会改革,坚定不移地致力于进行城乡统筹和发展农村社会事业,并据此强力推进社会主义新型农村建设,坚定不移地走中国特色的农业现代化发展道路,加快形成城乡经济社会发展一体化新格局,保持农村经济社会的全面改革发展。盐东镇的社会事业,正是按照城乡统筹的方式与途径去实践的。随着经济的发展,盐东镇各项社会事业也取得了长足的进步。教育、医疗卫生等公共领域在盐城市处于先进水平;农村文化活动蓬勃开展,早在20世纪90年代末广播通响率就达到100%,目前有线电视、宽带、远程教育网已达到村村通、大户通;农村合作医疗保障覆盖率达到98%以上;社会保障体系基本完善,对所有贫困人口实施最低生活保障;建成了省级示范养老院,孤寡老人全部入住;设立了扶贫济困基金,确保困难户有饭吃、有衣穿、有学上。

　　本章主要系统介绍盐东镇社会事业方方面面的发展情况,包括教育,医疗卫生,文化、广播、电视和民政,以及精神文明建设等。

第一节 教育

盐东镇镇域面积141.7平方千米，人口近60000，现有两所初中，1800名在校学生。其中桂英中学为省级教育现代化示范初中，市级德育先进学校、绿色学校，2003年起连续三年荣获射阳县教学质量优秀奖，是国家重点高中——射阳县中学的优质生源基地。全镇共有28所小学，2500名在校学生，其中李灶小学为市级首批特色学校和绿色学校，东南小学在2005年小学毕业会考中，取得语文名列全县村小第二、综合第四的显著成绩。全镇6所民办幼儿园，教学设备全市一流，均达到盐城市一类园标准，已有3所通过一类园验收。其中，小天使幼儿园被盐城市教育局验收命名为"古诗文诵读"特色幼儿园。盐东镇是省、市两级基础教育先进单位、"燎原计划"示范乡镇、"双基先进乡镇""双基两高先进镇"，省、市、县/区教育部门多次在盐东镇召开现场会。近年来又通过江苏省、盐城市"三新一亮""六有"工程建设的验收，基本实现"校校通"。全镇的教育工作连续多年列全市前列，连续三年被盐城市教育局验收为"无流生镇"。

一 学校设置

1986年全镇有中小学34所，其中完全中学1所，5所联办初中，分别是桂英中学、南港初中、新洋初中、曙阳初中、朝阳初中、新建初中。小学28所，幼儿教育除镇设中心幼儿园外，各村小均设幼儿班1—2个。

1995年撤并朝阳初中、新建初中，分别并入桂中、南中。1997年撤并新洋初中、潮墩小学，分别并入民灶、新建小学。1998年撤并新洋初中、前进小学、东新小学、新合小学，分别并入桂英中学、李灶小学、东南小学、新建小学。1999年撤并花园小学、西潮小学，分别并入东南小学、朝阳小学。2000年撤并加谷、革新小学、曙阳初中及桂中高中部，分别并入朝阳小学、李灶小学、曙阳小学、南港初中、黄尖中学和盘湾中学。2001 年撤并美满、民灶、新民、潮墩、兆丰、洋河、新冲、庆丰、飞跃、利民、坞港、南港 10 所学校。美满、新民学生并入曙阳小学，民灶、潮墩学生并入东南小学；新冲、飞跃、利民、坞港学生分别并进朝阳小学、李灶小学、曙阳小学，兆丰、洋河小学学生并入新建小学，南港小学并入南中。2003 年撤并朝阳、新建、曙阳小学、朝阳小学、新建小学分别并入李灶小学、南港初中。2004 年南港初中新建九年一贯制学校。2006 年撤并南中，新建南港小学。南港初中学生并入桂英初中。

二 幼儿教育

1985 年之前，盐东镇基本上没有正规的幼儿教育。1985 年，镇中心区（李灶）创办了第一所集体幼儿园。在 1985 年至 2000 年，盐东镇的幼儿教育是乡、村集体办学。这一时期，全镇共有 27 所幼儿园，每个村都有 1 所，每年入园幼儿总数在 1600 人左右。2001 年进行了全镇幼儿园改制，整合、集中为 6 所民办幼儿园。2005 年在庆丰园区再新办了 1 所名为永星的民办幼儿园。至 2011 年，全镇共有 7 所民办幼儿园，教学设备全市一流，已有 3 所被盐城市验收为一类园。多年来，全镇学前三年幼儿入园率达到 95% 以上，学前二年幼儿入园率为 100%。

三 小学教育

盐东镇现有小学 28 所，分别是李灶中心小学、东南、东新、民灶、潮墩、桂英、花园、西潮、朝阳、加谷、新冲、前进、飞跃、利民、庆丰、南港、曙阳、坞港、美满、革新、新民、新建、新合、生建、洋河、兆丰、新尖、潮河小学。全镇小学教育工作，始终坚持教育优先发展，高质量地办教好义务教育，落实依法治教的措施，严格执行《义务教育法》，保证全镇适龄儿童全部入学。

多年来，全镇小学入学率，普及率均达100%（见表8—1）。最具代表性的三所小学办学条件及其水平，如表8—2所示。

表 8—1　　　　1986—2006 年盐东镇小学教育普及情况

年份	学生总数（人）	入学率（%）	巩固率（%）
1986	6346	100	99.9
1987	6213	100	99.9
1988	6280	100	99.8
1989	6211	100	99.8
1990	6016	100	99.4
1991	5868	100	99.2
1992	5921	100	99.6
1993	5866	100	99.7
1994	5858	100	99.8
1995	6000	100	99.8
1996	6126	100	100
1997	5403	100	100
1998	5999	100	100
1999	5531	100	100
2000	5573	100	100
2001	4384	100	100
2002	4330	100	100
2003	2949	100	100
2004	2781	100	100
2005	2550	100	100
2006	2550	100	100

资料来源：《盐东镇镇志》。

表 8—2　　　　　　　　　　　　　**小学办学条件水平统计**

学校	教师数（人）	学生数（人）	生师比	绿化		校园建筑面积		学校计算机		学校现代化教学设备使用率（%）
				校园面积（平方米）	绿化面积（平方米）	覆盖率（%）	面积（平方米）	生均（平方米）	台	生机比	
李灶小学	110	1472	13.4∶1	29395	17740	60.4	6437	4.4	98	15∶1	100
东南小学	43	588	13.7∶1	12223	7492	61.3	1989	3.4	33	7.8∶1	100
南港小学	65	490	7.5∶1	41166	36120	87.7	6815	13.9	30	16.3∶1	100
合计	218	2550	11.7∶1	82784	61352	74.1	15241	6	161	15.8∶1	100

资料来源：《盐东镇镇志》。

专栏 8—1

盐东镇李灶小学

李灶小学是盐东镇中心小学。校园面积 22700 平方米，建筑面积 7100 平方米，其中学生公寓 1460 平方米，操场 15 亩，绿化面积 14000 多平方米；现有教师 82 人，学历全部达标，其中本科 8 人，专科 50 人，中学高级教师 2 人，小学高级教师 26 人，小学一级教师 34 人；28 个班级，共 1584 名学生，住校生 931 人，半膳生 197 名。

镇小学布局大规模调整后，该校全面推进素质教育，学习"三个代表"重要思想，大力开展"内强素质、外树形象"的主题教育活动，提高了教师的政治素质和职业道德素质；鼓励教师自学或函授学习及参加现代教育技术的培训，不断提高教师的文化水平和业务水平；按时足额发放教师工资，表彰和奖励了工作优异的教师，努力调动全体教职员工的工作积极性。在教学常规管理上，学校建立了学科课程、活动课程、环境课程"三维一体"的新课程体系；出台了《教师教学工作考核方案》《学生学习奖励条例》，成立了"学科检查考核小组""专项课题研究小组"；确立了"科研兴教，科研兴校"的战略思想。学校还健全了制度，落实督查机制，将检查评比结果记入档案，严格奖惩兑现。在住宿制度管理上实行全天候服务，全方位育人。制定了严格的工作纪律制度，与生活指导老师签订了工作责任书，强化服务意识和增强服务技能。经过实践，学校提出了"自理、自律、自主"寄宿制教育的宗旨，对不同年级段的学生提出了不同的要求。

几年来，学校取得了较好的成绩：2002 年 12 月成为盐城市首批特色学校之一，"自主学习、自主管理、自主发展"让其有了自己的模式和套路；2004 年 4 月 8 日在省布局调整"三新一亮"的现场会中该校是现场之一；2004 年 10 月该校顺利通过了 A 级食堂验收；2004 年 11 月顺利通过了市百佳校园验收；2006 年春季学期被评为市"德育工作先进学校"。近几年该校 30 多名教师 160 多篇论文在省、市、县级报刊上刊出或相关会议上交流、获奖；注重学生创新精神和实践能力的培养，60 多名同学 200 多篇习作在报刊上刊登或活动中获奖；前年该校代表全镇小学生参加县庆"六一"七项技能竞赛活动，获得了 3 个一等奖和 4 个二等奖。在 2004 年县中小学生田径运动会中该校的成绩名列全县乡镇第一。

资料来源：根据调研有关资料整理。

四 中学教育

盐东镇原有 1 所中学（射阳县桂英中学），1 所初级中学（射阳县南港初级中学），4 所联办初中（东南、朝阳、曙阳、新建）。1995 年和 1999 年学校布局调整，分别将 4 所联办初中撤并到桂英中学和南港初级中学。2000 年桂英中学高中部撤并到射阳县黄尖中学，2004 年因小学布局调整，南港初中设小学部，变成九年一贯制学校。目前，全镇两所初中，33 个教学班级，1800 多名学生。桂英初中为省级教育现代化示范初中，市级德育先进学校，绿色学

校。南港初中 1997 年建成市级"规范化学校";2001 年建成省级
"示范初中";2002 年建成市级"模范学校",桂英中学为国家重
点高中——射阳县中学优质生源基地（见表 8—3、表 8—4）。

表 8—3　　　　　　　　中学办学条件水平统计

| 学校 | 教师数（人） | 学生数（人） | 生师比 | 绿化 | | | 校园建筑面积 | | 学校计算机 | | 学校现代化教学设备使用率（%） |
				校园面积（平方米）	绿化面积（平方米）	覆盖率（%）	面积（平方米）	生均（平方米）	台	生机比	
桂中	131	1827	14∶1	54264	38700	71.3	9745	5.3	150	14∶1	96.1
合计	131	1827	14∶1	54624	38700	71.3	9745	5.3	150	14∶1	96.1

资料来源:《盐东镇镇志》。

表 8—4　　　　　　1986—2006 年全镇中学教育普及情况

年　份	学生总数（人）	入学率（%）	巩固率（%）
1986	3133	100	99.9
1987	3187	100	99.91
1988	3225	100	99.94
1989	3194	100	99.92
1990	3121	100	99.93
1991	3129	100	99.96
1992	2866	100	99.95
1993	2547	100	99.94
1994	2732	100	99.97
1995	2767	100	99.97
1996	2725	100	99.98
1997	2708	100	99.97
1998	2821	100	99.98
1999	2647	100	99.98

年　　份	学生总数（人）	入学率（%）	巩固率（%）
2000	2756	100	99.98
2001	2902	100	99.98
2002	3077	100	99.99
2003	3174	100	99.98
2004	2377	100	99.98
2005	1827	100	99.98
2006	1817	100	99.98

资料来源：《盐东镇镇志》。

专栏 8—2

亭湖区桂英初级中学

桂英中学创办于 1958 年，是一所以英雄刘桂英烈士英名命名的省级示范初中。50 年来，学校坚持"以德为本，全面发展，为学生培植健康成长的沃土"的办学理念，全面推进素质教育，培养了大批合格人才，取得了骄人的办学业绩，学校先后被评为"江苏省实施教育现代化工程示范初中""市安全文明校园""市德育先进学校""市依法治校示范校""县教学质量优秀学校""市'十五'教科研工作先进集体"等，成为射阳教育园地中一株亮丽的奇葩。

学校占地面积 54264 平方米，2007 年春季学期办学规模为 33 个教学班，在校学生 1827 人，教职工 159 人，教师学历达标率 100%，有中学高级教师 8 人，中学一级教师 65 人。2007 年秋季学期计划招生 480 人，在校生预计 1520 人，分 28 个班。近年来，在省教育厅的帮扶支持和各级领导的关怀下，先后通过了"三新一亮"工程、"六有"工程、"校校通"工程、"四配套"工程的验收，办学条件不断改善，办公楼、教学楼，宿舍楼、餐厅等基本满足师生工作、学习、生活的需要，实验室、图书室、田径运动场等基本配套。学校拥有 50 台计算机的微机房，每个教室桌椅配套，配有投影仪等教学媒体，食堂被评为"盐城市 A 级学校食堂"。

学校始终坚持正确的办学方向，广大教职工艰苦创业、无私奉献、立足本职、埋头苦干，以实施名牌战略为目标，以"让社会放心，让家长满意，让更多的孩子享受优质教育"为己任，追求"一流的理念、一流的师资、一流的管理、一流的设施、一流的业绩"。科学扎实的管理，诚信务实的作风，和谐健康的氛围，铸就了"开拓进取、争创一流"的桂中精神。经过全校师生的共同努力，"团结、敬业、开拓、创新"的校风，"严谨、博学、规范、高效"的教风，"勤学、善思、刻苦、进取"的学风已蔚然形成。

学校大力推进素质教育，积极实施新课程改革，以发展学生能力为核心，培育全面发展的人才，确立新型的教学观、学生观，狠抓教学管理，不断改革课堂教学模式，以适应时代发展要求。学校在青年教师中广泛开展教学大比武活动，成功举办了四届"青蓝杯"教学基本功大赛，极大地提高了青年教师业务水平，有 16 名教师被县教育局评为第一批"窗口课堂"教师，并有 6 人面向全县开了教学观摩课，有十多人在县优质课竞赛中获奖，教师在各类报纸杂志上发表论文 356 篇。辛勤耕耘结硕果，2004 年、2005 年、2006 年学校中考综合考核均名列全县第二；2007 年，校中考成绩再创历史新高，达四星级高中线以上 62 人，600 分以上 218 人，列全县同类学校第一；薛永亮同学以 725 分的高分成为全县公办初中状元。近三年来，师生参加各类竞赛有 390 人次获奖。学校以鲜明的办学特色、优异的教育教学成绩而享誉社会，是全镇及周边乡镇莘莘学子梦寐以求的学府。

资料来源：根据调研有关资料整理。

五 成人教育

盐东镇成人教育中心校是该镇主要的成人教育机构，创建于 1983 年，原名新洋乡成人教育中心校。撤乡建镇后改名为盐东镇成人教育中心校。

盐东镇成人教育中心校曾有过辉煌的历史，多次成为市、县/区成人教育树立的榜样。1986 年创建成盐城市农科教示范基地，1999 年创建为江苏省重点成人教育中心校。2000 年完成了全镇扫盲的历史性任务。

多年来，盐东镇成人教育中心校先后与市、县委党委、农干校、盐城师范学院、盐城技师学院、生物工程高等学院等教育机构，联合举办过多期大中专学历班和培训班。根据本地经济建设和外地用工需要，每年举办各类培训班 20 期左右，培训人数达 2000 人次，每年向市县外输送劳动力 300 人左右，大大提高了劳动力平均受教育年限和从业人员的学历层次及劳动技能。有 90% 以上的村组和镇机关干部在盐东成人教育中心校提升了学历，先后有 200 多名教师通过盐东镇成人教育中心校的服务取得了合格学历。更为重要的是，改革开放以来，盐东镇成人教育中心校培养了一大批市场经纪人，这些人直接带动了本镇农民奔小康，为地方经济的发展作出了贡献。

六　师资力量

1985 年至 1996 年，盐东镇的教师分为公办教师、民办教师两种性质。公办教师均通过定级后由财政发工资，民办教师的工资则由地方筹集，每月发生活费，年终结算支付工资。从 1985 年开始，盐东镇逐年从民办教师中选拔较为优秀的人员转入公办教师队伍。1996 年 8 月，江苏省将全省的民办教师全部都转为公办教师。

截至 2010 年，盐东镇有专职教师 349 人，其中初中 131 人，小学 218 人，幼儿教师 62 人。多年来，通过函授进修等途径，教师的学历水平明显提高，全镇幼儿教师学历达标率达到 90% 以上，中小学教师学历全部达标。桂英和南港两所中学教师的大专、本科学历分别达到 75.7% 和 61.5%。（见表 8—5、表 8—6）

表 8—5　　　　　　　　　　　盐东镇中学教师情况统计表（2010）

学校名称	教职工数（人）	专任教师数（人）	学历达标数（人）	达标率（%）	中学本科		职称			教职工分年龄统计			参加普通话培训（人）	35 岁以下教师					
					人数（人）	占比率（%）	初级（人）	中级（人）	高级（人）	55 周岁以上（人）	36—55 周岁（人）	35 周岁以下（人）		合格（人）	合格率（%）	参加计算机培训考核（人）	合格（人）	合格率（%）
桂中	159	131	131	93.9	88	67	80	43	25	9	43	79	79	79	100	79	79	100
合计	159	131	131	93.9	88	67	80	43	25	9	43	79	79	79	100	79	79	100

资料来源：《盐东镇镇志》。

表8—6

盐东镇小学教师情况统计表

学校名称	教职工数（人）	专任教师数（人）	学历达标数（人）	达标率（%）	小学本科		职称			教职工年龄统计			参加普通话培训（人）	35周岁以下教师				
					人数（人）	占比率（%）	初级（人）	中级（人）	高级（人）	55周岁以上（人）	36—55周岁（人）	35周岁以下（人）		合格（人）	合格率（%）	参加计算机培训考核（人）	合格（人）	合格率（%）
李小	123	110	110	100	69	62.7	48	59	1	16	57	50	50	50	100	50	50	100
东小	47	43	43	100	25	58.1	16	27	13	17	17	17	17	17	100	17	17	100
南小	72	65	65	100	39	41.6	21	43	1	9	46	17	17	17	100	17	17	100
合计	242	218	218	100	123	50.8	70	85	2	39	81	84	84	84	100	84	84	100

资料来源：《盐东镇志》。

通过函授学习、在职培训、岗位练兵等形式，教师的教育教学业务水平得到迅速提高，均能熟练地运用现代化教学手段进行教学。35 周岁以下的教师全部通过省、市普通话、计算机培训考核，达到合格要求。镇内每年都要开展"说、听、评和运用现代化教学手段"教学基本功竞赛活动，各学校每学期开展"新课程—新课堂"人人参与的展示活动。常年正常开展教学基本功技能训练，有力地促进了教师的教学技能提高。每年教师节，盐东镇都要命名10 名首席教师，树立典型，发挥榜样的示范作用，促进教师整体素质的不断提高。

七　教育投入

在教育经费的投入方面，盐东镇按照江苏省政府苏政发〔2002〕66 号文件①精神和要求，遵循"三增长一优先"②的原则，采取多种形式积极筹措经费，努力改善中小学的办学条件并开展扶困助学工作。

2006 年为李灶小学、南港中学协调30 亩土地，扩建了两所学校的操场。为改善李灶小学、桂英中学两所学校的教学与生活环境，2003 年镇政府投入 130 万元为李小新建一幢 2100 平方米三层教学综合楼与一幢学生公寓。2005 年投入 100 万元为桂英中学新建一幢1100 平方米的学生宿舍用房，累计建筑面积 3200 平方米。镇党委、政府每个学期都要采取"减、缓、免"和捐助的措施，积极开展扶困助学活动。近年来年均免收 6 万元学杂费，8 万元课本费、伙食费和住宿费，实现了全镇中小学生"一个都不能少"的目标。为巩固、提高九年义务教育水平，教育拨款也逐年增长，保证公用经费的全额拨付。2005 年结算，中学生人均公用经费 190 元，小学生人均公用经费 130 元，均达到了省级目标。（见表8—7）

---

① 《江苏省人民政府关于完善农村义务教育管理体制的通知》。
② "三增长一优先"是指各级财政教育拨款增长高于财政经常性收入增长，并使按在校学生人数平均的教育费用逐步增长，保证教师工资和学生人均公用经费逐步增长，新增教育经费优先投向农村。

　　盐东镇对本镇两所中学进行了布局调整，每所学校交通便利，校园内高楼林立，教室明亮，桌椅整齐，道路平坦，绿树成荫，鲜花满园，环境优美，绿化面积覆盖率达60%以上。全镇学校均拥有图书室、实验室、微机房、闭路电视系统和广播系统等教育教学设施和配套的生活设施。2005年投入343.3万元实施"六有"工程①建设，各校有整洁的校园，满足师生就餐需要的卫生食堂、冷热饮用水、冲式厕所、安全宿舍和一人一张床。图书资料中学6万册，生均25册；小学5万册，生均16册。计算机小学161台，生机比为17.2∶1；中学153台，生机比为15.5∶1。这些设施都有配套用房和活动场地，并得到广泛的运用（见表8—7）。

　　盐东镇十分重视区域性特色学校的建设，李灶小学实行学生寄宿制以来，提出了"自理、自律、自主"寄宿教育的宗旨，坚持以"自主学习、自主管理、自主发展"模式的创新思路，取得明显效果，成为盐城市首批特色学校。

表8—7　　　　　盐东镇政府普九以来重大投入一览表

学校名称	年份	建设项目	政府投入（元）
桂英中学	1993	新建东南教学楼	655000
桂英中学	1993	新建西南教学楼	117000
桂英中学	1993	新建教师办公楼	320000
桂英中学	1998	新建西北两幢教工宿舍	60000
桂英中学	1999	新建男生宿舍楼	620645
桂英中学	2001	新建女生宿舍平房	75846
桂英中学	2001	新建校门及围墙	107653
桂英中学	2002	新建学生食堂	190983
桂英中学	2006	新建女生宿舍楼	833266.53

　　① 江苏省教育厅决定，从2004年开始，用两年左右时间，实施全省农村中小学校"六有"工程：即每一所农村中小学都有整洁的校园，有满足师生就餐需要的卫生食堂，有冷热饮用水，有水冲式（符合农村改厕要求）厕所，有安全宿舍，寄宿生1人有1张床。

学校名称	年份	建设项目	政府投入（元）
桂英中学	2006	学校大面积绿化	
桂英中学	2006	多媒体教学设备	234334
桂英中学	2006	体育器材	30669
桂英中学	2006	图书	76175.98

资料来源：《盐东镇镇志》。

第二节　医疗卫生

盐东镇医疗机构分为两级，镇卫生院和村居卫生室。目前全镇共有医疗卫生机构17所，其中卫生院（社区卫生服务中心）1所，卫生室（社区服务站）16所。

一　医疗机构

新中国成立前及新中国成立初期，盐东镇没有正规的医疗机构。1956年成立了新洋区医疗协会，在桂英乡和南港乡分别组建了医院，各有5名医生，桂英乡还有一家诊所，有6名医生。1959年成立新洋飞跃人民公社卫生院，设医疗、卫生、妇幼3个股，有6名医生。当时医院只有2间茅草平房，设备条件很差。

20世纪60年代到70年代，新洋卫生院先后经多次院舍改造，建起了3幢砖瓦结构的平房，有30多个房间，设内科、外科、防保科、妇幼保健科等科室。此时，各生产大队分别设有卫生保健站，配2—3名赤脚医生。到80年代和90年代中叶，新洋卫生院的条件进一步得到改善，新建了门诊大楼、综合住院部等科室，总占地面积达到9634平方米，建筑面积4690.5平方米，业务用房面积2048平方米。2000年，新洋卫生院更名为"射阳县盐东镇卫生院"。2004年卫生院在东南村新设一座分院，占地面积3068.2平方米，建筑面积1455.75平方米，业务用房面积1165.5平方米，医院设备齐全。2007年8月1日，"射阳县盐东镇卫生院"更名为"亭湖区盐东镇中心卫生院"（亭湖区盐东镇社区卫生服务中心）。

1986—1989年，新洋公社27个大队，各大队都分别建有卫生所。1990—2001年，大队卫生所改为村卫生室。2001年射阳县调整村卫生室，将盐东镇原有的27个卫生室撤并成16个卫生室、11个卫生服务点。2006年11月又将村16个卫生室更名为社区卫生服务站、11个服务点更名为社区卫生服务点。

至2013年，盐东镇卫生院综合实力在亭湖区各乡镇中处于领先领先地位，全镇14个村（居）卫生服务站全部通过市级验收。

二　医疗设施

盐东镇医疗卫生事业经过多年来的发展，逐步建立起以盐东镇中心卫生院为龙头，以村级社区卫生服务站为网络的、诊疗防为一体的医疗体系。镇中心卫生院的医疗设施水平不断提高，先后引进多种国内国际先进的医疗仪器：如从美国进口的DE900CT；从日本进口的欧林卫斯胃镜、大型电视系统、X光面、心电监护仪、胎儿监护仪、全自动麻醉机、万能手术床、牙科综合治疗机、眼科裂隙灯、显微镜、12孔冷光无影灯、高频电刀、微波治疗仪、乙状结肠镜等。

三　新型农村合作医疗

新型农村合作医疗，简称"新农合"，是指由政府组织、引导、支持，农民自愿参加，个人、集体和政府多方筹资，以大病统筹为主的农民医疗互助共济制度。采取个人缴费、集体扶持和政府资助的方式筹集资金。宣传发动和资金管理是新型农村合作医疗的两个关键环节。盐东镇利用广播、板报、印发材料、标语、入户宣传等方式，卫生院派出合作医疗宣传车，深入村、组间进行宣传，宣传合作医疗工作目的、意义、内容和要求，调动农民参保的积极性。在资金管理方面，镇合作医疗管理办公室加强对农合资金的监督管理。资金实行专人负责、专户储存、专款专用，按年结清账目，定期向社会公布，并接受监察、审计部门的监督。将每笔补偿结报单拉出张贴在各卫生室、点橱窗进行公布，配套各项工作管理制度和运作程序，统一表、卡、簿、册的使用和财务规范与工作月报制度。

从合作医疗的参合情况看，1999 年恢复农村合作医疗以来，当年全镇农业人口 54989，实行的是大病统筹，每人收缴 5 元，全镇共收缴 43200 人，收缴率 78.56%。2000 年实行的是门诊、住院全按比例报销式合作医疗，当年全镇核定农业人口 50641 人，每人年缴 18 元、政府补贴 2 元，共收 34671 人，占农业人口总数的 68.46%。2001 年全镇核定农业人口 48000 人，每人年缴 18 元、政府补贴 2 元，收缴 17171 人，占农业人口总数的 35.77%。2002 年全镇核定农业人口 50000 人，每人年缴 10 元、收缴 25632 人，占农业人口总数的 51.26%。2003 年全镇核定农业人口 50000 人，每人年缴 10 元、收缴 28541 人，占农业人口总数的 57.08%。

2004 年实行新型农村合作医疗制度，全镇核定农业人口 53989 人，收缴 43891 人，占农业人口总数的 81.26%。个人缴 15 元，其余政府补助到 35 元。2005 年核定农业人口 53989 人，收缴 46896 人，占农业人口总数的 86.86%。个人缴 15 元，其余政府补助到 35 元。2006 年核定农业人口 50205 人，收缴 45762 人，占农业人口总数的 91.15%。个人缴 15 元，其余政府补助到 50 元。2007 年核定农业人口 50830 人，收缴 48478 人，占农业人口总数的 95.37%。2008 年全镇参加合作医疗 48976 人，参合率为 96.2%。

截至 2013 年，盐东镇新型农村合作医疗参合率达 99%；有近14000 人参加了新农保，参保率达 80%；有 8000 多 64 岁以上农村老年居民开始领取基本养老金；农村最低生活保障全部到位，全镇纳入最低生活保障 500 余户，1127 人，均实现了应保尽保。

四　疫病防治

预防保健工作是基层卫生工作的重中之重，盐东镇目前已形成了镇、村一体的预防保健组织体系。镇社区卫生服务中心主任既是镇社区卫生服务中心的法定代表人，也是各村社区卫生服务站的负责人。各村也专门成立了以村主任为组长的预防保健组织体系，负责本村的卫生防疫工作。该镇先后投入数万元对镇社区卫生服务中心和各村社区卫生服务站的健康教育宣传阵地进行了统一配制，全镇所有行政村卫生服务站均设有宣传画廊、黑板报和读报栏。在做好硬件设施齐全的同时，盐东镇还根据"亿万农民健康教育促进行动"① 要求，广泛开展健康知识宣传教育活动。利用"3·24"结核病防治日、"4·25"预防接种宣传日和"5·15"碘缺乏病防治日，开展多种形式的预防保健宣传咨询活动。

儿童疫病防治方面，目前盐东镇儿童卡介苗、乙肝疫苗、脊髓灰质炎疫苗、百白破疫苗、麻疹疫苗、乙脑疫苗、流脑疫苗和风疹疫苗的免疫接种率达95%以上。儿童疫病防治更上一个新台阶，全镇已多年无脊髓灰质炎、白喉、百日咳、破伤风、乙脑和流脑的病例发生，儿童乙肝病毒携带率已降到最低点。

五　创建卫生城市

2013 年盐城市委、市政府决定创建国家卫生城市。自市委、市政府召开创建动员大会后，盐东镇党委、政府于同年 5 月组织全镇党员干部专门召开创建卫生城镇大会，学习宣传贯彻落实市会精神。以只争朝夕的精神和志在必得的勇气，全民行动，齐抓共建，打好创建国家卫生城市攻坚战，争取早日创成国家卫生城市，为全

---

① 卫生部、全国爱卫会等九部委联合下发卫妇社发〔2006〕267 号文，推动实施"全国亿万农民健康促进行动规划（2006—2010）"。"规划"旨在进一步普及基本卫生知识，倡导科学文明健康的生产生活方式，提高农村居民的健康素质和生活质量，促进社会主义新农村建设。

镇加快转型发展创造良好环境。

盐东镇作为盐城市唯一的江苏省"强镇扩权"试点镇，是省级文明镇，是创建国家卫生城市的主战场之一。为此盐东镇党委、政府专门召开会议，成立盐东镇创卫领导小组，结合文明城市长效管理工作，制定出台了《盐东镇创建国家卫生城市计划》和《盐东镇创建国家卫生城市宣传工作方案》，主动深入进行宣传发动，并逐项对照创卫标准，逐一明确创卫任务，逐街（居）部署攻坚战役。镇创卫领导小组指导成立了三个督查小组，逐日进行创卫目标进展的考查考评，确保创卫工作得高分、不失分。

盐东镇还大力开展市民健康教育活动，更新一批健康教育专栏和橱窗，上门入户进行健康知识传播，多形式地开展家庭卫生、疾病预防、卫生保健等方面的宣传教育工作，确保居民健康知识知晓率达到80%以上，健康行为的形成率达到70%以上。

专栏 8—3

强势推进创卫工程

2013 年以来，根据盐城市、亭湖区统一部署，盐东镇迅速成立创建省卫生镇指挥部，制定方案，召开大会，落实措施，在全镇上下掀起了创建工作的一轮又一轮热潮，各项工作初见成效，镇村面貌得到明显改观。

以强有力的宣传发动，营造浓厚氛围。长期调用两辆宣传车，每天在集镇和人流量集中地区巡回开展健康文明知识和创卫工作宣传，定期、不定期在集镇、村（居）、学校、企业和单位发放健康文明知识宣传单，开展形式多样的文明卫生知识宣讲，在交通道口悬挂创卫标语，在电视台不间断播放创卫滚动字幕。真正做到让创卫宣传和行动家家知晓，人人皆知。

以高标准的目标定位，实施全面整治。要求指挥部和各单位对照省卫生镇考核标准，梳理好各阶段创建要点，以基础卫生设施建设、污水沟河整洁和"五小"行业达标升级为重点，计划组织十次不同类别的突击活动，疏浚镇村河道 128 条，清除李灶集镇和东南次集镇所有牛皮癣，清运各类裸露的杂物和垃圾，确保创卫"八大工程"全面实施到位，真正做到硬件过硬、软件不软。

以严要求的督查考核，快速高效推进。按照工作任务和时间节点，分工到人，责任到人，考核到人，坚持每天一督查，每周一会办，每月一总结，对重点工程和突击性工作现场会办，及时解决存在问题，使创建工作始终处于高压态势，确保创建工作按照既定的目标快速高效地向前推进。

资料来源：改编自盐东镇党委宣传办稿件（2013 年 6 月）。

第三节　文化、广播、电视

一　文化机构

盐东镇在新中国成立前后没有设专业文化机构，平时也没有什么文化生活，只是在逢年过节时，由民间自发组织一些民间艺人，开展串乡走村的扭秧歌、舞龙、撑旱船之类的文娱活动。1958 年盐东镇在成立人民公社的同时，建立起公社文化站。文化站有站房 4 间，设站长 1 人，工作人员 2 人。文化站定期出刊黑板报，搞图片展览，宣传时事政治；每年春节期间组织各生产大队文娱宣传队进行文娱会演，搞农民画展、公社各条战线先进人物展、计划生育宣传等。1978 年，新洋公社建成 6 间带走廊的活动室，设有展览室、图书室（藏书 6000 多册）、电视室。1982 年公社成立文化管理中心，负责剧场、电影队、文化站、广播站、图书室等单位的业务和财务管理。

2001 年 8 月，新洋文化站和新洋广播电视站合并，成立了盐东镇文广中心。此后，文广中心结合镇情大力发展广播电视事业，服务本地经济建设和社会发展，各项工作均居于全县（区）领先地位，且获得省、市、区的多项奖励。2001 年盐东镇文广中心被射阳县文化广播电视局评为"先进乡镇文广中心"；2002 年被盐城市广播电视局表彰为"先进集体"；2003 年获江苏省广播电视技术

维护"优秀乡镇广播电视站"。2004年、2005年、2006年连续被
盐城市广播电视局表彰为"先进集体"。连续多年被镇党委、政府
表彰为优秀服务单位，获三个文明考核奖等。

二 文化活动

盐东镇的文化宣传活动具有本地特色且较为丰富多彩，通常紧
紧围绕配合镇党委、政府中心工作展开，宣传党在农村的方针政
策，改善农村人文环境，提高乡村社区文明程度，丰富人民群众的
文化生活。通过构建公共文化服务体系，发展现代传播体系，建设
优秀传统文化传承体系，加快城乡文化一体化发展。

2005年在李灶集镇西端新建8000平方米的中心广场，沿街增
设各类广告宣传画30幅，建城镇雕塑4座；2006年至2007年间建
成了镇图书阅览中心、老年活动中心、文化休闲广场、高标准影剧
院等文化基础设施。这些文化基础设施与各村建设的文化站一起，
初步构成公共文化服务网络，让广大农民和农村居民广泛享有免费
或优惠的基本公共文化服务。

2000年以来，盐东镇先后创办了3支不同形式、不同风格的
业余群众文化宣传队伍。第一支是文化教育宣传队，成员为镇域内
各所学校的教师和学生，特别是幼儿教师和幼儿园的小朋友，在
"五四"、"六一"、"十一"等重大节日举行全镇范围的大型会演，
至2010年已达60多场。节日期间观看文化教育宣传队的演出正在
成为盐东居民的一项固定文化活动。第二支是企业文化宣传队，以
大宏和永大两大企业集团为主，小企业为辅。由企业文艺骨干和积
极分子组成的宣传队，主要宣传企业风貌和生产中出现的好人好
事，以及和谐发展的企业精神，用快报、说唱、小品、歌舞、小淮
剧等多种形式，在各厂区车间巡回演出，春节期间还组织走村串巷
演出。第三支是农村文化宣传队，是以农民为主体的宣传队伍，宣
传主要围绕计划生育、农民科技致富、勤劳致富工程、邻里关系、
孝敬父母、社区文明、卫生健康知识等主题，近年来又增加了环境

保护、新农村建设、"中国梦"、社会主义价值观等与形势紧密联系的新主题，常年采用说唱、小淮剧、读书读报辅导等多种方式进行宣传，因形式活泼、贴近生活、贴近人民、随时随地等特色而受到农民兄弟和乡村居民们的普遍欢迎。

三　广播电视

20世纪70年代初，盐东镇建立起广播放大站，喇叭入户率达70%以上。1988年形成了一个以县广播站为中心，乡镇放大站为基础的镇域广播传输系统，每天早、中、晚，镇广播放大站三次传输射阳县广播站的节目。每日单播40分钟，自办文艺节目140分钟，转播中央、省、市台节目135分钟，每周总播出时间为1088分钟。1989年全镇广播入户率、通响率达到92%以上。

盐东镇开办的广播自办节目，紧紧围绕盐东镇的中心工作，利用广播收听范围广、覆盖面积大的优势，与企业、单位、学校等一起搞联办节目，在工业项目推进、计划生育政策、农业科普知识、新技术推广、防病与环境卫生宣传中发挥了重大作用。多年来，盐东镇广播自办节目共播出节目2620档，广播及节目联办创收达6.05万元，走出了以节目养节目的新路子，使得自办节目走上了正常化、规范化的轨道，成为被广大人民群众认同的宣传窗口。2005年以来，盐东镇加大了有线广播的设施投入，达到了村村线路圆杆化，有线广播和有线电视全部实现同网、同杆、同线"双入户"，提高了线路的质量，降低了故障发生率，从而保证了通响率。

盐东镇紧靠市区，由于无线电视频道多、信号强等原因，本地有线电视发展缓慢。1995年开始接通有线电视，转播8个频道，用户700多户。1998年开通线箱光缆，由卫星无线接光缆传输信号。2001年新增用户1600多户。2005年实现有线电视网络村村通，新增用户3015户。2007年完成农村有线广播电视"双入户"工程。全镇有线电视总用户达6000多户，改变了盐东镇有线电视发展速度慢的状况。

第四节　民政

一　拥军优属

新中国成立初期，盐东本地推动对军烈属家庭实行代耕、代种的活动，以解除参军青年的后顾之忧。农业合作化运动后，根据烈军属劳力状况，由生产小队、大队评定误工补贴，年终分配时一次兑现。后来对烈军属经济困难的家庭除误工补贴外，再给予经济补助。在春节期间，镇党政机关干部、各单位负责人、各村负责人组成春节期间拥军优属慰问团（组），分别走访慰问镇域内的烈军属家庭，并对烈军属家庭发放慰问金、慰问品。目前全镇烈军属年发放优抚金 39600 元。

复员退伍军人，依据从哪里来回哪里去的原则，根据复员退伍军人的特长安置就业。对于生产和生活有困难者，该镇采用自力更生、集体帮助、国家补助的办法予以解决。目前盐东全镇有复员退伍军人 191 名，其中带病退伍军人 87 人；1—10 级残疾军人 42 名。按照国家有关政策，对身体有病、生活困难者年发放补助费 214 元，在一定程度上缓解了复员退伍军人生产、生活困难的状况。

二　结婚登记

1951 年起，由新洋人民公社民政办公室办理结婚登记手续，当时要求结婚双方身体健康，男性 20 周岁、女性 18 周岁，准予登记。1964 年，国家提倡晚婚晚育，男女双方要达晚婚年龄，才准予登记。1980 年，新婚姻法颁布，民政部颁发《婚姻登记办法》，婚姻登记工作逐步健全。1981 年新婚姻法实施，男女双方身体健康，男方 22 周岁以上、女方 20 周岁以上，准予登记；新洋乡人民政府鼓励晚婚晚育，提倡男方 25 周岁、女方 23 周岁结婚。从 2003 年开始，结婚登记收归上一级民政局办理。目前，盐东镇居民应到亭湖区民政局办理结婚登记手续。

三　社会救济

盐东镇政府对生活无依无靠的鳏寡孤独、残疾（废）人给予救济，保障他们的基本生活。每年镇民政部门都要组织社会救济小组，到各村（居委会）走访调查，了解困难家庭的生产、生活情况，并根据国家政策和相关标准予以解决，夏天发放蚊帐，冬天发放棉衣、棉被等物。实行家庭联产承包责任制后，新洋乡的经济发展迅速，人民的生活水平大幅度提高，民政部门会同社会力量开展扶贫活动，对孤老残幼、因老病死、特殊遭遇所造成的贫困户给予帮抚。对大多数贫困户，采取子女优先安排进镇办工厂务工，提高家庭收入，改变其贫困状况；对一小部分达不到温饱标准的特残困难户，每季度进行社会周济，年终给予社会救济。对因故造成的特残困难户或居民，则由单位与群众帮助解困。对符合申报低保户的家庭则上报批准进入低保户名单。

目前，盐东全镇低保户共有 565 户。1991 年盐东镇遭百年未遇的特大洪涝灾害，镇人民政府对受灾较重的困难户送去救灾补助款 105600 元；1992 年对 353 人给予救济 75000 元；1995 年给全镇 463 人发放救济款 39530 元；2003 年给 1134 人发放救济款 80270 元；2005 年给 295 人发放救济款 62740 元。（见表8—8）

表 8—8　　　　1986—2007 年盐东镇社会救济情况表

年份	临时困难救济			特困救济			自然灾害救济		
	资金来源	人次	金额（元）	资金来源	人次	金额（元）	资金来源	人次	金额（元）
1986	财政	38	2440	财政	62	3550	财政	12	5000
1987	财政	40	1530				财政	324	15800
1988	财政	32	1850				财政	432	15000
1989	财政	164	6020				财政	21	5000
1990	财政	127	5720				财政	236	14200
1991	财政	63	4400				财政	27	105600

年份	临时困难救济			特困救济			自然灾害救济		
	资金来源	人次	金额(元)	资金来源	人次	金额(元)	资金来源	人次	金额(元)
1992	财政	57	4820				财政	353	75000
1993	财政	92	6370				财政	234	26000
1994	财政	78	5050				财政	188	19000
1995	财政	203	9530				财政	260	30000
1996	财政	68	4390				财政	72	13000
1997	财政	261	19500				财政	140	17000
1998	财政	36	2840	财政	13	2682	财政	76	10000
1999	财政	24	2020	财政	13	2682	县财政	58	9000
2000	财政	25	2640	财政	12	2340	县财政	40	5000
2001	镇财政	6	1058	财政	11	2232	县财政	232	32000
2002	镇财政	28	5350						
2003	镇财政	114	21270				县财政	1020	59000
2004	镇财政	126	15700				县民政局	13	5000
2005	镇财政	196	30740	县民政局	276	20000	县民政局	99	32000
2006	镇财政	116	20260	捐款	65	13400			
2007	镇财政	110	16420						

资料来源：《盐东镇镇志》。

四 社会福利

盐东镇拥有一直注重社会福利事业的传统，20 世纪 90 年代末期成立盐东镇福利基金会，创办社会福利工厂，为有劳动能力的残疾人提供自食其力的条件。1983 年建立了老干部党支部，统一管理离退休干部，按政策为他们提供各类社会福利和生活便利，先后建成老年活动中心和老年活动球场，为老干部提供活动设施（见专栏8—4)。各村对生活无依无靠的鳏寡孤独老人实行"五保"，即"保住、保吃、保穿、保医、保葬"。"五保"经费由镇村在公益金中支出。镇政府还于1991年新建了占地面积达9500平方米的敬老院，为无依无靠的老人提供了一个环境优美、生活舒适的晚年家居（见专栏8—5）。

专栏8—4

盐东镇老干部党支部

老干部党支部成立于1983年9月，至2007年6月已换八届，盐东镇的离退休干部党员除由党支部统一管理外，还设立了退休干部事务所、老区建设开发促进会、扶贫开发分会、关心下一代工作委员会等群众团体。老干部党支部的主要工作职责。①组织离退休老干部定期学习，党员定期过组织生活。②老干部支部委员与所属群众团体共同做好日常事务工作，开展调查研究，扶贫帮困，关心下一代健康成长，协助党委、政府维护社会稳定。③积极配合有关部门协调督促落实老干部有关政治、生活待遇。④组织老干部开展各项健身活动。⑤组织老同志发挥余热，为全镇的经济建设，社会发展做一些力所能及的好事、实事。

老干部支部由于学习认真，思想统一，工作主动，曾先后受市、县、镇表彰奖励十多次。2006年6月被中国老区建设开发促进会表彰为"宣传工作先进集体"，并派代表参加北京会议，关心下一代工作委员会曾受到盐城市委、市政府表彰为先进集体，多次被射阳县委、县政府表彰为先进集体。

资料来源：根据调研相关资料整理。

专栏8—5

盐东镇敬老院

盐东镇敬老院成立于1991年10月，敬老院占地面积9500平方米，院内建筑面积2600平方米，庭院绿化3000平方米，曾先后荣获"盐城市文明敬老院""江苏省文明敬老院"和"盐城市关爱工程先进集体"等荣誉称号，2006年3月成功地为江苏省救灾救济工作会议提供了现场。

近几年来，镇财政先后投资43万元、募集社会捐款18.3万元、向上级政府争取72万元，更新了院民宿舍、添置了生活设施、美化了室内环境，基本实现了"硬件配套标准化、院区环境花园化、卧室设置宾馆化、院务管理制度化、优质服务人性化、老人生活多样化"的敬老院建设预定目标。目前盐东镇共有五保老人127名，入院供养67名，集中供养率达53%；到2010年年底集中供养人数达110名，供养率将达90%。目前院内活动室、阅览室、医务室、接待室、健身房、健身场地等生活娱乐设施应有尽有，且凉亭、花圃、宣传画廊等室外设施配套。院民生活质量与日俱增，一日三餐早晚有粥和面食，中午一荤一素一汤；端午节、重阳节都依据镇风民习，为老人提供粽子等传统风味食品。而且还根据老人文化程度、性格、爱好要求的各不相同，分类组织读报、唱歌、讲故事、竞走及打牌下棋等活动，日复一日地提升老人的精神满足感和身心健康档次。

敬老院还通过有效的制度建设和民主化管理，促进服务人员和院民政治文明程度的提高。制定了院长和工作人员岗位责任制、服务承诺制、院民民主议事制等规章制度18种，成立了有院民参加的院务管理委员会，达到了财务管理规范、收支账目清楚、老人生活费用台账健全的要求。一个人人为着"夕阳红"、事事促进"夕阳红"的盐东镇敬老院，无一不折射着党和政府的关爱和社会主义制度的优越。

资料来源：根据调研相关资料整理。

第五节　精神文明建设

新中国成立初期，新洋地区和全国各地一样，均以爱国主义教育为中心开展反帝、反封建教育，组织各行各业支援前线参加土地改革、镇压反革命、抗美援朝等运动。20世纪50年代后期，阶级斗争教育逐渐成为思想政治教育的中心，并以阶级斗争为纲。1978年，中共十一届三中全会后，通过拨乱反正开展各项思想教育。为了肃清"文化大革命"中"左"的思想观念在道德风尚、社会风气等方面造成的恶劣影响，1980年起新洋全乡开展以"五讲"（讲文明、讲礼貌、讲卫生、讲秩序、讲道德）、"四美"（环境美、语言美、行为美、心灵美）、"三热爱"（热爱社会主义、热爱祖国、热爱共产党）活动为中心的思想政治教育，争创文明单位、文明工厂、做好文明人。在中共十二届六中全会《关于社会主义精神文明建设指导方针的决议》的指导下，1985年新洋乡成立了"五讲四美三热爱"活动小组，坚持"两手抓、两手都要硬"的精神。为了促进全乡6万人民的素质和社会主义文明程度的逐步提高，1988年制定印发了各行各业文明单位的标准，以后每年按射阳县精神文明领导小组的要求，结合镇境内实际提出具体目标和要求，每年年终检查并进行评定，挂牌到部门、单位、各行、各业、户，并形成了制度。社会主义精神文明建设，对提高全镇干部和群众素质起到了重要的作用。

一　爱国主义和革命传统教育

新中国成立初期，思想政治教育均以爱国主义教育为中心，"五爱"① 教育为主要内容。1950年下半年进行抗美援朝保家卫国的爱国主义教育，肃清"亲美、崇美、恐美"思想；开展反对美国侵略朝鲜的和平签名运动。1951年5月射阳县人民代表大会号召开展爱国主义大生产运动，乡境内人民群众除积极响应投入大生产运动外，家家户户订立了《爱国公约》，把省吃俭用下来的钱捐给国家买飞机大炮，支援抗美援朝，乡内的不少热血青年纷纷报名参加中国人民志愿军。全乡学校的学生开展学习志愿军黄继光、邱少云的献身精神和模范遵守纪律的事迹，学习罗盛教舍己救人的国

---

① 即爱祖国、爱人民、爱劳动、爱党、爱护公共财物。

际主义精神。1952 年，新洋地区各互助组开展爱国增产竞赛，境内各学校进行"五爱"公德教育，走出学校搞社会宣传，参加力所能及的生产活动，为多缴爱国粮而出力。1955 年，教育部颁发《小学守则》《中学生守则》后，新洋地区各学校积极贯彻执行。1963 年，全公社响应党中央和毛主席的号召，组织开展学雷锋活动，每年 3 月组织各单位青年和学生走上社会做好事，免费为民服务。

1979 年，教育部重新颁发了《中小学生守则》《中小学生德育大纲》《中小学生日常行为规范》，新洋全公社各学校根据德育大纲，通过各种教育，对学生进行热爱祖国、热爱党、热爱社会主义等教育，让学生了解中华民族的光辉历史和革命传统。李灶中心小学还制定了《校内一日常规》《校外一日常规》。桂英中学制定了《一日常规》共 18 条，并把学生守则、行为规范等 16 种规则、制度印成《常规管理条例》，便于教师、学生对照执行。境内各学校结合团、队活动，组织开展"颂祖国、爱家乡、勤学习、爱我中华"为主题的读书、征文、演讲、歌咏比赛，以及看电影和节日庆祝活动等。桂英中学、南港中学每年举行隆重、严肃的入团仪式，对高初中学生进行党的知识教育，寓爱国主义教育于活动之中。1994 年，全乡境内中小学开展《国旗法》宣传教育，恢复升旗仪式，重大庆祝会议恢复唱国歌，各校坚持周一的升旗仪式，各单位在办公地点挂插国旗。在进行爱国主义教育的同时，各校重视对学生进行革命传统教育。

从 1960 年开始，每逢清明节，各学校都要组织师生到曙阳、南港、兆丰、前进、桂英等十多处烈士墓前进行祭扫活动。1996 年新洋乡党委和离退休老干部共同商讨，在全乡范围内建造烈士纪念塔，作为进行爱国主义和革命传统教育基地。由于地方支持，先后在曙阳、兆丰、前进建起了三座烈士纪念塔。

1990 年年初，新洋乡精神文明活动领导小组还组织开展讲社会公德、职业道德、家庭伦理美德、树新风的教育活动和"四提倡四反对"① 教育活动。

1996 年年初，新洋乡精神文明领导小组根据境内实际情况，制定了《新洋乡公民守则》。在爱国主义革命传统教育中，李灶小学、桂英中学、南港初中在"五讲、四美、三热爱""双学（学雷锋、学赖宁）""日常行为规范"等活动中都获得县、市先进单位称号，南港初中还被省、市授予"模范初中"称号。

二　职业道德教育

党、政、企事业各部门的工作人员都具有职业道德规范，一个地区从业人员的职业道德如何，直接可以看出一个地区的社会文明程度如何，这也是对一个地区社会公德的集中体现。盐东全镇商业单位在精神文明建设中，实行挂工号上岗、商品名码标价，规定商品礼貌用语，并建立了服务承诺制度，向顾客公开热线电话，接受群众监督。学校教师、卫生院医生在上岗前均须经过专业培训。上岗后通过在职学习巩固专业思想，不断提高道德修养的自觉性。桂英中学为帮助职高班学生增强竞争能力，掌握工农业生产的技能技术，在毕业前安排其参观学习，并进行义务劳动。李灶中心小学在镇工会的配合下，先后开展了师德征文演讲比赛，进行教师敬业爱生签名承诺活动，在树立典型表彰先进方面开展了"优秀班主任""文明新风""师德高尚好园丁""又红又专青年教师"等评比交流活动。镇卫生院在抓医德医风建设中，针对本院实际情况制定文明职工基本条例以及各科室的文明规范服务标准，包括行为、语言、操作、仪表、环境五方面的具体规范，全院多次开展安全优质服务教育和竞赛活动。

各行业各部门都把职业道德教育作为向职工进行思想政治教育的一项重要内容，盐东镇先后涌现出一批热爱本职、品德高尚，在

---

① 即提倡科学文明，反对迷信赌博；提倡勤俭节约，反对铺张浪费；提倡敬老爱幼，反对虐待老人；提倡职业道德，反对损人利己。

平凡的岗位上做出了不平凡的成绩的先进集体和先进个人，分别受到省、市、区政府表彰。

三 节日宣传教育

1980 年以来，盐东镇各部门、单位利用节日进行爱党、爱国教育已成为传统。每年全国性节日期间，镇区各主要出入地段的单位在大门口插上彩旗，悬挂大红横幅、红灯笼，各村、厂贴红绿标语，节前各单位齐动手，清扫和重新布置环境，营造烘托节日氛围。1980 年以前，节日庆祝活动由公社举办，以后改为有关部门组织。桂英中学、李灶小学每年元旦、"六一"、国庆节组织全乡各中小学举行文艺会演，国庆节则以校为单位庆祝。乡工会、团委、妇联于"三八"、"五一"、"五四"期间组织以表彰先进为主的庆祝活动。春节活动一般由文化站组织宣传小分队进村、敬老院演出文娱节目，放映电影，开展读书征文活动，举办书画、摄影、工农业建设成果展。自文化站和广播站合并以后，此项活动逐步减少。每逢重大节日，盐东镇党委宣传部门都会会同工、青、妇、文化、教育等部门组织开展系列纪念活动。1990 年鸦片战争 150 周年，1995 年世界反法西斯战争，我国抗日战争胜利 50 周年，镇上都举行了系列纪念活动。

四 企业文明建设

20 世纪 80 年代初，随着乡、村办企业进一步发展，企业精神文明建设也逐渐摆上了议事日程。境内各企业在学习射阳县总工会印发的《职工精神文明守则十条》的基础上，纷纷订立了"文明公约"，争当新时期合格工人，争创文明班组和文明单位。《中共中央关于经济体制改革的决定》公布后，各企业开展"工人在改革中的地位作用大家谈""话说十年改革""振兴中华、建设家乡"等自我教育活动。在庆祝新中国成立 50 周年的活动中，乡精神文明建设领导小组组织以"学、演、展、赛"等形式开展了党的基本路线、国情、形势、社会主义市场经济知识教育，组织了"理想在岗位上闪光""我心目中的乡镇企业家""社会主义在我心中"等演讲、征文活动，进一步激发了广大职工建设社会主义的热情。

在多年的精神文明建设活动实践中，各企业形成了特色鲜明的企业文化。大宏集团以"团结、勤奋、高效、创新"为企业精神，并先后多次荣获"江苏省明星企业"；永大纺织有限公司的企业精神多年来保证了职工常年出勤率和产品合格率保持在 98% 以上。各企业通过组织开展争当"县优秀职工""十佳操作能手"等活动，用同行业中的劳模和本厂先进职工的事迹，激发全厂职工爱厂、护厂和无私奉献的社会主义劳动热情。大宏集团每年组织两次业务竞赛，优秀者上光荣榜，并推荐参加县纺织行业操作比赛。

为了丰富职工业余文化生活，不少企业在厂区内精心设计布置、绿化庭院、建宣传画廊、制作宣传标语牌，各骨干企业还建有图书阅览室、乒乓球室和篮球场等员工活动设施。

2001 年 3 月，盐东镇精神文明建设领导小组根据镇内各企业创建文明班组的情况，提出创建文明班组的要求。各企业结合实际，狠抓贯彻落实，普遍加强了班组长的培训工作。镇、企业、工会还组织企业班组长参加"全国班组长岗位知识培训电视函授"学习。

五 文明单位、"五好"家庭活动

1985 年，新洋乡党委、政府按照射阳县精神文明建设活动委员会（原"五讲四美三热爱"活动委员会）的部署，成立了乡精神文明建设领导小组，制定了精神文明建设"七五""八五"规划，落实到各村和企业，定期检查总结，指导这项工作的开展，全乡涌现了一批文明村、文明单位。

1986 年，乡精神文明建设领导小组和乡妇联共同组织开展创"五好"家庭活动，提出了"适应时代特点，建设新型家庭"的活动目标，年末经各村民小组初评，村汇总后报乡精神文明建设领导小组复查验收，由乡发放"文明单位""五好家庭"光荣牌证。

1987年2月，乡精神文明建设领导小组在调查研究、广泛征询的基础上制订，明确了文明单位、五好家庭条件：①热爱祖国、热爱社会主义、热爱共产党、遵纪守法好；②努力工作，生产、学习、完成任务好；③计划生育、教育子女、勤俭持家好；④移风易俗、文明礼貌、清洁卫生好；⑤尊老爱幼、家庭民主和睦、邻里团结互助好。

在评出的"五好"家庭中，有精神上奋发向上、事业上贡献突出、生活上科学文明的开拓型家庭；有在发展商品生产和家庭副业中提高道德水平和致富能力的勤劳致富家庭；有重视智力投资，教育有方的智力开发型家庭；有敢于破除旧俗的移风易俗型家庭；有生活科学文明、丰富多彩的生活多彩型家庭。村级"五好"家庭由村委会表彰奖励，镇级、县级"五好"家庭，由县人民政府表彰奖励。

专栏8—6

艳阳村开展"作风建设深化月"活动

2013年8月以来，盐东镇党委关于开展"作风建设深化月"动员大会后，艳阳村及时组织全村村干部认真学习开展"作风建设深化月"活动的实施意见，召开民主生活会，参会的同志结合自身的实际，开展批评与自我批评，认真查找和剖析了自身存在的作风问题和工作中的不足，制定切实可行的改进措施。为全面完成镇党委、政府下达的全年目标任务提供了可靠保证。

1. 统一思想认识，扎实开展"作风建设深化月"活动

紧紧围绕全村的各项工作，以加强作风建设为切入点，强化措施，狠抓落实，增强村干部的政治意识、大局意识、责任意识、服务意识和创新意识。切实转变作风，提高行政效能，使工作作风明显改进，办事效率明显提高，服务质量明显提升，发展环境明显优化，群众满意率明显提高。牢固树立学习意识，宗旨意识和发扬艰苦奋斗精神和求真务实精神，坚决克服脱离群众、阳奉阴违、弄虚作假、不求上进、我行我素、不讲诚信等问题，进一步深入群众，

密切联系群众，热心帮助群众解决生产生活中的突出问题和各种矛盾，真正成为群众的忠实朋友，使"作风建设深化月"活动开展得扎扎实实，充满活力。

2. 认真查找自身存在的作风问题

通过集中学习和个人自学，村干部思想认识明显提高，全村10名村干部通过开展批评与自我批评的方式召开了民主生活会，认真查找了全村整体以及个人存在的作风方面的问题。具体表现在：一是开拓创新意识不强，怨天尤人，普遍认为艳阳村地处的位置偏僻，交通闭塞，发展的空间和资源偏少，缺乏广集思源，着眼长远，勇于开拓，锐意创新精神。二是工作得过且过，只求过得去，不求过得硬，不思进取。三是遇到群众提出的尖锐复杂的矛盾，没有方法去钝化，缺乏谋求探讨处理矛盾的方式和办法，束手无策。四是觉得农村干部待遇偏低，工作繁重，面对的矛盾错综复杂，付出与回报不平衡，有消极情绪等。

3. 认真制定行之有效的整改措施

"作风建设深化月"活动开展一个月来，艳阳村干部认真学习各级党委关于作风建设的指示精神，切实排查了自身在作风上存在的问题，思想认识显著提高，特别是通过党员开展"评定升"工作，使每个村干部灵魂上触动很大，一致认为作风建设的提高是开展各项工作取得成效的首要保证，只有端正了作风，各项工作才能有序开展，各种艰难困苦的矛盾都能化解，再复杂尖锐的问题都能找到解决的办法，迎刃而解。通过学习整改，每个村干部都写了1—2篇关于作风建设的心得，使其在今后的工作和生活中作为一面镜子，时刻加以对照，真正树立起全心全意为人民服务的理念，深入群众、了解民意，诚实待人，使艳阳的集体事业迅猛发展，更加兴旺，群众的利益更加保证，艳阳的明天更加和谐。

资料来源：改编自盐东镇党委宣传办稿件（2014年1月）。

六　村规民约

村规民约旧称"公禁",俗称规矩,内容包括生产、生活、人际关系等方面。20 世纪 70 年代后期各生产大队结合"五讲四美三热爱"活动,根据大队的实际,对生产、生活、邻里关系提出了一些具体规定,逐步形成现今的村规民约。具体内容包括生产、生活、文化教育、治安、公共道德、社会义务,礼貌习俗、民间争端的解决、合法权益的保护等。各村的村规民约一般为下列条文:

(1) 坚持四项基本原则,热爱党、热爱祖国、热爱社会主义,按党和国家的方针、政策办事,遵纪守法,依法服兵役,敢于同坏人坏事作斗争。

(2) 勤劳致富,种好责任田,不搞非法经营活动,按期完成国家交办的有关任务。

(3) 爱护国家、集体财产,按规定建房、不破坏良田,不损害公物,不损人利己。

(4) 积极参加学习,关心国家大事,掌握科学知识,关心全村事业,搞好科学种田。

(5) 尊老爱幼,赡养和睦、互敬互爱,照顾好军烈属、"五保"户、困难户。

(6) 移风易俗,喜事新办、丧事从简,坚持自主合法婚姻、晚婚、晚育,搞好计划生育。

(7) 不赌博、酗酒,不耍流氓,不打架斗殴,不搞迷信活动,遵守公共秩序和社会公德。

(8) 开展爱国卫生活动,经常清扫,保持室内外环境卫生,搞好绿化,常清理垃圾、污水、粪便,预防疾病传染。

(9) 人人防火,安全用电;遇有险情及时报告;发生火灾,争先抢救。

(10) 勤俭持家,艰苦奋斗,不讲排场,不搞攀比,节约为荣。

　　各村把遵守村规民约好的户列入年终"五好"家庭评比范围，予以表彰奖励；反之，则给予适当的批评教育。

　　专栏 8—7

东南村村规民约

　　一、勤劳致富好，产业结构要调整好；歪门邪道要反对，团结互助风格高。

　　二、热爱集体好，"三者利益"兼顾到；先公后己顾大局，履行合同要记牢。

　　三、尊老爱幼好，赡养父母理应当；教育子女听党话，奋发向上前程广。

　　四、家庭和睦好，夫妻相敬偕到老；婆媳妯娌心连心，邻居团结乐陶陶。

　　五、移风易俗好，勤俭持家不可少；不搞迷信和浪费，计划生育不动摇。

　　六、文明新风好，待人诚恳有礼貌；不许打人和骂人，五讲四美品德好。

　　七、遵守纪律好，规规矩矩走正道；服从领导听指挥，爱护公物有功劳。

　　八、文化学习好，科学技术要依靠；业务学习要坚持，做到老来学到老。

　　资料来源：根据调研相关资料整理。

第九章

城乡统筹

　　党的十八大提出，"推动城乡发展一体化"，并对此作出了具体的部署，这是工业化、城镇化、信息化和农业现代化"四化同步"协调发展和全面建成小康社会奋斗目标的重要组成部分。从十六大提出"统筹城乡经济社会"，到十八大提出"推动城乡发展一体化"，体现了我国经济社会发展战略的进一步深化。统筹城乡经济社会，就是要打破城乡分割的二元结构，加快推进基础设施、公共服务和社会保障向农村延伸，促进城乡服务均等化，努力提升广大农民的生活水平。加快城乡统筹发展是解决我国"三农"问题的重要举措，也是新农村建设的重要内容。盐东镇是江苏省首批统筹城乡发展试点镇，也是盐城市统筹城乡发展的两个试点镇之一。盐东镇统筹城乡发展的目标在于缩小城乡差距，统筹城乡经济发展，统筹城乡公共事业、社会保障、基础设施，并在集镇建设、农村基础设施建设等方面开展了大量工作。近年来，盐东镇坚持以工兴镇、以工哺农、以工富民，经济的发展推动了农民收入的不断增加，推动农村基础设施建设的不断完善，推动了农民集中居住建设的不断加快，农民的生产环境、生活条件大为改观，在城乡统筹发展中取得了较好的成绩，为下一步推进城乡发展一体化奠定了坚实的基础。

　　本章重点阐述盐东在城乡统筹发展中的一些有益实践，包括城乡统筹发展规划、城乡公共设施统筹发展、城乡产业统筹发展、城乡公共服务统筹发展、创新体制机制推动城乡统筹发展等内容。

第一节　城乡统筹发展规划

2009 年，盐东镇被江苏省确定为统筹城乡发展试点镇。盐东镇紧紧抓住这一契机，于 2010 年在全镇开展"统筹城乡发展年"活动。旨在通过"统筹城乡发展年"活动的开展，实现"十二五"规划提出的城乡统筹发展目标。即全镇 2010 年确保实现地区生产总值 13.25 亿元，力争 13.48 亿元；财政总收入 4650 万元，力争 4890 万元，财政一般预算收入 2025 万元，力争 2150 万元；农业总产值 5.19 亿元，农业增加值 2.85 亿元，新增高效农业面积 0.76 万亩，新增设施农业 0.36 万亩，高效设施农业园区建设面积达 6000 亩，实现农民人均纯收入 11500 元；规模以上工业增加值确保实现 6 亿元，力争实现 6.12 亿元，技改投入确保 5.5 亿元，力争 6 亿元，当年新培植规模以上工业企业 4 家，力争 6 家；工业销售确保实现 31 亿元，力争实现 31.2 亿元；三产服务业实现营业收入 52920 万元，增加值 12740 万元，入库税收 790 万元。

按照"统筹城乡发展年"活动的上述目标，对科学规划提出了三个方面的要求。一是优化城乡空间布局。按照"工业向园区集中、人口向集镇集中、土地向适度规模经营集中"的要求，遵循合理布局、节约土地、集约发展的原则，确立功能分区，统筹安排工业集中区、新型居民小区、高效农业发展区和公共服务区等区域的建设。二是建立镇村建设规划。重点抓好镇区控制性详规编制、城镇"六个一"项目建设、特色主街道建设，集镇绿化、城镇化率的提高，管理机构建立健全等。三是加强城乡规划管理。在制定并推进城乡发展总体规划的同时，带动镇村建设规划、产业发展规划、土地利用规划、基础设施建设规划和社会事业发展规划的实施，充分发挥规划的调控先行作用。

统筹城乡发展需要进行大规模的基础设施建设，空间格局也会作出相应调整，使得科学规划的重要性尤为重要。科学编制城乡统筹发展规划，首先要求地方政府部门在思想意识上重视统筹城乡发展的重要性，明确发展思路。为此，盐东镇组织了50多名镇村各级干部分别赴周边的上冈、八滩、郭猛、环保产业园和大丰港、东台市弶港镇等市内统筹城乡试点镇学习考察，并及时组织开展"盐东镇跨越争先大讨论"，通过学习考察、开展讨论。首先，进一步统一全镇干群跨越争先的思想。增强乘势而上、再攀新高的紧迫意识；增强敢和强者争、敢和勇者比的争先意识；增强要大建设、上大项目、有快速度的跨越发展意识；营造人心思进、人心思干的良好氛围。其次，进一步厘清新的一年工作思路。紧紧咬定"全面建成亿元镇、全力冲刺二十强"奋斗目标，大力实施"产业快提升、项目大会战、镇区展新貌"三大攻坚，强力推进"富民惠民、创新强镇"两大工程，努力促进镇域经济社会发展登上新台阶，实现新跨越。最后，进一步明确工作的五大重点。分别是新镇区建设要拉开框架、特色产业发展要提升质量、重大项目会战要大见成效、农业园区创牌要确保成功、创先争优活动要体现特色。新镇区建设位列五大重点之首。

在新农村建设中，盐东镇因地制宜，大力推行以点带面、整体推进。以规划指导建设，树立规划高于建设的理念，邀请上海同济大学实地勘察，整体规划，重点对东南、李灶进行了详细规划，动员全镇群众到两集镇建设，敞开大门欢迎入住，东南的华西苑，李灶的东康苑、西康苑集中居住农户达到400户以上。

盐东镇原集镇面积不足2平方千米，一条老331省道横贯东西，成为镇区唯一的主干道，远远不适应经济社会发展需要。在修编集镇规划时，将新镇区规模扩大到6平方千米，大体分四大区域：一是老镇区。位于新老331之间，以拉动完善为主，计划用3年时间完成。二是社会事业项目区。在老镇区东南方向，与千鹤湾项目结合进行规划建设，在靠近集镇中心区以新建鹤翔南路为轴线，规划建设千鹤湾项目实施带和农民搬迁安置区，规划安置约2600户。同时规划建设6轨制高中、9年一贯制学校及二甲综合医院。三是"千鹤湾"项目区。实施老年公寓区、老年休闲度假区、老年商贸服务区、现代高效农业区等项目。四是行政中心及辐射区。在老镇区西南方向，以新建富民南路为轴线，规划建设行政中心、文化艺术中心、配套服务中心、市民广场、公园、四星级大酒店及商贸服务区，迅速集聚镇区人气，吸纳项目，推进开发，加快城市化进程。新镇区南部通过新建一条与环保产业园光伏路相应的集镇南环路相配套，形成北至新331省道、东至千鹤湾项目区、西至区级现代农业示范园区的新的集镇主框架。

盐东镇积极争取国土资源部国土整理项目，农业土地资源开发项目。从2008年开始，完成3个农业资源开发项目，总投资1200万元。2013年准备6万亩农业资源开发项目，使得4个村的田容田貌发生改变——路网、排涝设施完善，必须进行农业产业化的项目，即规模农业100亩以上成片，发挥规模效率。

新农村建设尤其是示范点的基础设施配套和环境整治都需要大量的投入，在建设资金保障上，盐东镇把基础设施等建设投入纳入财政预算，加大财政支撑新农村建设的力度，每年从财政预算外资金中安排500万元用于中心村的配套建设，同时坚持向上争取，对内挖潜。2012年盐东镇向上争取资金200多万元，用于农村基础设施配套建设；实行村企结合，以企帮村，企业资助资金100多万元，用于兴建道路和修建桥梁；坚持群众自筹，量力而出。集体种植绿化、清理沟塘，在改厕工程中，群众都自发自愿地出劳出资，全力实施了"三年治水"工程，使全镇农田水系得到了彻底的改造，农业生产得到了保障。

第二节　城乡公共设施统筹发展

2010年，盐东镇开展的"统筹城乡发展年"制定的盐东镇基础设施发展目标包括四个方面的内容。第一，推进集镇功能建设。以"五路二市场"建设为起点，加快镇村基础设施建设，进一步完善功能，提升品位，打造特色。大力实施镇村硬质道路、给水排水、绿化美化和环境配套建设，着力打造农村新型社会，为增强集镇的辐射功能，引导和吸纳人口向镇域集聚提供基础条件。第二，加快交通网络建设。抓住沿海开发战略机遇，积极配合实施沿海高等级公路建设以及 S331、S226 的改扩建工程。全力争取国家、省、市在镇域范围内的交通配套投入。加大农村公路桥梁建设力度，落实好农村公路桥梁管养责任。力争打通入市进区的公交线路，切实保障城乡居民出行便捷安全。第三，完善水利设施建设。积极实施好"三年治水"三期工程，加强骨干河流疏浚和圩区治理，加大农村河道疏浚和村庄河塘整治力度，提高引排标准，切实改善农村生产生活条件和生态环境。第四，启动饮水安全工程。按照"统筹规划、分步实施"的要求，着力推进全镇农村饮用水安全和区域供水建设改造工程，尽快开通市区向盐东镇供水网络，全面解决全镇农村饮用水安全和供水正常问题。

一　集镇与道路交通建设

盐东镇以"生态化、园林化、产业化"三化融合为理念，在搞好规划布局的基础上，快速推进新型社区建设。2010 年，在镇区重点建设了李灶西、李灶东、向阳河南、东南华西苑四个居民集中居住小区，总建筑面积达 10 万平方米，投入资金超过 1 亿元，共落户近 500 户。投资 1100 万元硬化了道路、优化了排水、环卫、绿化、电力、电信等配套基础设施，努力将小区打造成宜居的新型小区。同时，规划了李灶新型社区建设，首批 64 亩房地产开发项目，该社区内的镇综合服务中心、文体活动中心、居民休闲广场等一批项目正在办理报建手续。二期 400 亩房地产开发项目正在运作之中。商贸一条街、农贸市场等 16 类重点项目以及配套基础设施、公共服务设施项目正快速推进。全年投入新型社区建设资金达 1.9

亿元，李灶和东南两个新型社区建设已初具规模。

到 2011 年，形成李灶镇区"六纵四横"、东南次镇区"五纵五横"的循环交通网络，拉开了集镇发展框架。投资 3000 万元、绿化面积 30000 平方米的镇区东、西两个进出口绿化景观带工程已经竣工，新增集镇绿地 6 万平方米。盐东镇以省道 331 扩建，省道 226 改扩建、临海高等级公路新建等省公路干道建设为契机，加大基础设施建设步伐，加快自主"造镇"步伐。目前，李灶集镇 6 平方千米、东南纺织工业园 5 平方千米和新洋港建材工业园 2 平方千米的建设框架全部拉开，投资 1200 万元建成富民路、永大北路、鹤翔北路、热电路、大宏西路等道路，总长度约 4 千米，并进行了排水、绿化、亮化等配套工程。

在市政工程中，331 省道慢车道改扩建是在 2009 年改扩建的基础上实施的市、区重点工程，此项工程是更好策应国家沿海开发，大市区东向入海的主干道，加上盐东镇又是全市 50 强乡镇和全市统筹试点示范镇。在做好宣传发动工作的同时，盐东镇制订了周密的工作计划，在征地、拆迁工作之前，首先抽调了村建、土管、农经等部门的 7 名骨干，组建了丈量、评估班子，实地丈量征用土地，公开评估拆迁房屋。2010 年 7 月，盐东镇党委、政府专门召开了拆迁、征地动员大会，由镇党政领导班子成员带队抽调了机关单位和李灶、兆丰两个村居干部共计 52 人，组建了 7 支征地、拆迁工作队，实行包干工作制，将所需要征地 167.8 亩，涉及 236 户、353 个田块，以及拆迁的 36 户全部落户到工作组，再细化到具体人员。

2007 年，盐东镇农村公路为 40 千米，在当时盐东镇所属的盐城市射阳县排名倒数第一。由于早年投资以工业为主，农业投资严重不足，2002—2003 年新修建的农村沥青公路，到 2007 年已经老化，需要重新改造。盐东镇 2008—2010 年开始大范围改造农村公路，上级政府给予了 80 千米的指标。2010 年，全年新建通村公路 29.364 千米，使得全镇的农村公路里程达到 120 千米，农村公路里程在 2007 年的基础上增加了 2 倍，到 2011 年全镇农村路网硬化率超 50%。同时，盐东镇对区域内的桥梁进行了改造。2008—2010 年，以年均 30 座桥梁的速度，完成约 90 座桥梁的新建和改造，其中 2010 年改扩建桥梁 25 座。在改造资金方面，财政专门设立农村桥梁改造补贴，保证桥梁改造工程的顺利进行。

与此同时，盐东镇投入 4000 万元新增通村公路 25.2 千米，改扩建桥梁 25 座，便捷的镇村交通网络基本形成。

二　"三年治水"工程

盐东镇域地处苏北冲积平原，域内水系复杂多变、河道纵横交错，是水灾频发之地。因此，盐东镇历来对防汛工作十分重视，早在 2007 年区划调整后，针对防汛圩区发生的变化，就当即对全镇的抗洪排涝作出科学的安排，并于 2008 年冬春水利工作开始之前，实施了"三年治水"工程。"三年治水"工程共投入 2000 万元，建成了 4 个围区。工程完成后，有助于当地发展特色农业（如羊角椒种植），确保旱涝保收，降低了种植风险，提高了农民的积极性。省市（如里下河小河流治理专项治理资金）提供了约 60% 的补助资金，农民采用按田亩分摊的方式出资，平均约 100 元/亩，分三年筹资。剩余资金缺口有盐东镇财政出资，集中投入于排水泵站 8 座 30 流量（30 立方米/秒）的建设，另新建挡水闸 30 座。

目前，盐东镇已经建成 14 座防洪闸站，疏浚区级河道 14 条，投入 200 万元的农村垃圾处理设施已投入使用。2009 年盐东镇新建了 3 座排涝站、9 座圩口闸、5 座圩口涵洞，有效增强了抗击涝、旱灾害能力。2011 年，三年治水工程"收官"，投资 800 万元的农业园区和新曙两个圩区 14 座闸站已顺利建成。

三　饮水安全工程和天然气进村入户项目

2010 年 11 月，盐东镇启动饮用水安全工程。此次饮用水安全工程建设，总投资 2000 万元，工程使盐东镇域的饮用水全面接轨盐城大市区,实现镇村全覆盖。工程将社区的自来水通过管道加压送到集镇,再通过集镇分流道村庄,此后继续通达到农户家中。整个工程资金实行上级配套,镇、村和广大居民群众筹集,镇机关、双管单位干部以及驻镇用水的所有单位个人、个体工商户、各企业主等共同捐款的办法。整个资金筹集在12月底前全部结束。盐东镇这次饮用水安全工程建设工期在75天,随着这项工程的开展,标志着全镇实现全天候供水,从而告别以往供水不正常、吃水矛盾多的历史。

盐东镇还落实专人同盐城市自来水公司接洽,将城市自来水引进到全镇,确保全镇24小时供水不断。与此同时,盐东镇还同新奥燃气公司洽谈天然气进村入户项目,使全镇居民尽早用上管道天然气。2011年上半年完成集镇管道铺设,2012年李灶村和东南村实现通气。

第三节　城乡产业统筹发展

经济实力的提升对小城镇建设起着至关重要的作用。近年来,盐东镇利用资源优势,积极进行招商引资和项目推进工作,不断提升产业发展的质量和层次。目前,盐东镇永天纺织、舒适照明等15个工业项目,鹤鸣轩生态农业、园区公共服务平台等6个农业项目正在快速推进。农民收入的增加是推进新农村建设的根本,盐东镇引导农民缩减粮棉,增扩畜禽,加快无公害蛋鸡饲养、猪肉生产、种猪繁育和水禽养殖四大基地建设。全镇家禽饲养总量达300万羽,养猪总量近9万头,畜禽养殖占全区总量的30%以上,初步成为全区畜禽养殖专业镇、全市棚育蔬菜特色镇、全省羊角椒种植第一镇;同时引导和鼓励农民跳出农田,或创办工业项目,或从事三产,或外出打工。全镇民营企业已有160多家,农民经纪人达300人,个体工商户超1500户,累计转移农村劳动力达2万人;盐东镇每年还拿出400万元,全力扶持农民创办工业项目,发展特种特养，年增加专业大户 150 户以上。

统筹城乡年活动也对盐东镇产业发展提出了发展任务。

（1）加快新型工业化步伐。坚持工业化与城镇化双向互动，加快区域产业布局的调整步伐。着力发展纺织服装、机械制造、生物发电三大产业，全方位扶持企业提质增效、争优创牌，多渠道帮助企业加大产品研发和人才引进力度，促进企业做大做强，坚持走新型工业化的道路。

（2）建设现代高效规模农业。积极争取中央、省、市支农扶农资金和区财政支农资金，以区级高效农业示范园区为龙头，激励带动农村土地流转、高效设施农业、农产品专业市场建设等工作，推进传统农业向现代农业转变。

（3）发展现代服务业。大力发展现代服务业，把发展服务业作为优化产业结构、拉动经济增长和融合工农产业、生产消费、就业创业、增加收入的重要手段。重点推进流通、旅游、金融、房地产、物流业五大服务业发展。把农村服务业与工业化、城镇化、农业现代化结合起来，实现农村服务业发展速度、总量、结构与城市发展相统一。

农业上，农业由原料型基础农业向都市农业转变。盐东镇原来是典型的粮食、棉花二元种植传统农业大镇。但农业大镇没有给群众带来大效益，原因很简单，传统农业劳动强度大，效益十分低下，农民一年忙到头，除去化肥、农药等成本，收入便所剩无几，传统农业只能年复一年的解决温饱问题。区划调整后，镇党委、政府引导干群及时转变观念，大力发展都市农业、特色农业、观光农业，实施了品牌高效农业战略，全镇建成了 1.2 万亩设施蔬菜农业示范园区，并形成了 2 万亩羊角椒和 3 万亩西瓜、甜瓜种植基地。先后注册了"盐红"牌羊角椒、"盐甜"牌西瓜、"盐凤"牌鸡蛋三大品牌。2010 年 3 月，在位于盐东镇的亭湖高效农业示范园区的盐城市创美农业有限公司 22 号大棚里，由该公司引进荷兰瑞克斯旺公司的曼迪玉彩椒长势喜人，还未上市，就被上海、苏州等大中城市的大型酒店客户订购一空。群众整体素质的提高是推进农业发展的保证，盐东镇通过典型示范、能人带动、先进促动、激励推动，使广大干群创业光荣、致富光荣的意识不断增强，致富的激情、创业的热情在思想的大解放、观念的大转变中点燃。围绕户户有致富项目、人人有致富技能的目标，盐东镇制订了万名农民培训计划，每年安排50万元专项资金。采取"请进来"与"走出去"相结合、集中培训与送上门相结合、镇村独办与镇村联办相结合等方式，向农民传授种、养、加工、经营等不同层面的知识和技能，让农户在参加培训中增长发展种养业技能，增强创办私营企业本领。近年来，已举办各类学习培训3场，近千人参加了集中培训和参观学习。

2010年，盐东镇重点实施的农业项目有台湾蝴蝶兰、鹤鸣轩生态农业、立体葡萄观光园、竹木四层膜蔬菜大棚、中山杉苗木基地、园区公共服务平台等6个，目前已全部启动，正快速推进。

盐东镇2010年重点实施的工业项目有永天纺织6万纱锭、舒适照明节能灯具、荣立水泥园林景观材料、中瑞航空旅游纺织品、凯能新型建材、吉都商稳碎石材料、恒兴沥青混凝土、磊固新型建材、飞龙新型建材、庞威换热元件、宏铭达后纺加弹、康特玻纤增强材料、富强增压砖、浩源纺织新上电机、荣意来纺机新上牛仔产业新设备15个，且均已开工建设，力争早竣工早达产。2010年1—4月，新开工千万元以上工业项目15个，其中5000万元以上项目6个、亿元以上项目3个。舒适节能照明、齐心建材等5个在建亿元以上项目快速推进。竣工千万元以上项目5个。盐东镇以大规模技术改造提升特色产业，实施宏华纺机扩能、粤宏化纤后纺加弹、荣意来整经技改等技术改造项目30个，完成技改投入3.2亿元，增长76%。20家规模以上纺织企业全部通过技改实现产业链攀升。

在盐东镇统筹城乡产业发展中，尤为强调主攻特色产业。纺织业是盐东的特色产业，盐东镇始终坚信，只有夕阳产品和技术，没有夕阳产业。对此，盐东镇将继续坚定不移、坚韧不拔地推进技术改造和创新载体建设，努力把传统产业打造成优势特色产业。一是上就上创新型项目。抢抓今年纺织行业强劲复苏的现实机遇，大规模实施技术改造，把纺织企业经过金融危机洗礼后的内生动力化为创新动力，全力推动大宏纺织功能性纤维项目、宏华纺机新型整经机项目、永大集团精梳机项目等一批以先进技术和设备为支撑的创新型项目。今年要实施千万元以上技改项目 16 个，完成投资 6 亿元。建成亿元以上项目 3 个。启动建设 10 平方千米盐东科技工业园。二是就上引领型项目。利用大宏、荣意来、宏华等企业的合资合作关系，大力引进后整理、品牌成衣等高端环节的纺织服装领军企业。利用宏铭达等一批出口企业在日韩、欧美、西亚等国外市场的优势，大力引进世界纺织巨头。同时，积极承接发达地区高端纺织转移。三是上就上平台类项目。把创牌、招才、建平台作为重中之重，全力支持大宏集团申报国家级技术研发中心，开工建设永大集团纺织研发中心。新建校企联盟 5 家、特色产业共性技术平台 5 家。申报成功国家级品牌 1 个，省级品牌 2 个，市级品牌 4 个以上。引进纺织类创新创业人才 10 名以上。

在新兴产业方面，目前盐东镇为应对国家级江苏沿海开发，策应国家重点环保产业，盐城环保产业园，规划建设面积 10 平方千米的盐东科技工业园。一期开发 2.8 平方千米，重点招引一批中、小型环保机械和设备制造项目入户，主动为环保产业园提供配套服务，以实现错位发展，打造盐东工业新的经济增长极。

在循环经济方面，盐东镇积极发展秸秆综合利用，将秸秆禁烧和综合利用工作与城乡环境综合整治、城乡统筹发展工作紧密结合，统筹安排。以往群众为省事，均是将秸秆一烧了事，不仅浪费资源、污染环境，而且给交通安全带来严重威胁。2010 年，盐东镇出台制定了村（居）同驻镇的江苏国信盐城生物质发电厂共同做好秸秆发电利用的文件，引进了江苏国信集团，投资 2.8 亿元，建设了垃圾、秸秆发电厂（东南热点发电公司，国新集团和大宏集团分别持股 60% 和 40%），消化当地的秸秆资源，产棉大区棉花秸秆收购、粉碎发电。同时，建设垃圾中转站，改变了以往处处倒、块块埋的状况。而秸秆让盐东镇引进的生物质发电厂最佳的发电源料，由村同生物质发电厂做好秸秆综合利用，不仅解决了生物质发电厂的原料供应问题，而且群众还用秸秆利用增加额外收入，这样便会变害为宝，国家、集体、农民都得到。目前，该生物质电厂不仅有效回收了当地的秸秆，还扩展至 50 千米范围，较好地发挥了企业和社会效应及环境效应。当其年发电量 3 万千瓦时，可创造工作岗位 100 多个。目前，盐东镇 12 个村（居）已经组织秸秆的组织、收购和运输等项工作。当地还成立了李灶草业专业合作社。该合作社于 2010 年 5 月共同出资 115 万元发起成立，主要从事农作物秸秆收购、加工、销售，年可加工、销售 1.5 万吨秸秆。

第四节　城乡公共服务统筹发展

按照盐东镇"统筹城乡发展年"活动的安排，盐东镇的公共服务发展包括基层组织社区组织建设、教育、城乡医疗卫生体系、文化事业建设和城乡环境建设等方面。

在基层阵地建设方面，盐东镇积极争取上级优势资源要素，加强农村基层组织阵地建设，2010 年建成 2500 平方米的李灶综合服务中心，逐步使所有行政村（居）建成融行政公开、信息咨询、科技服务、文体活动、党群议事等诸多功能于一体的党群综合服务中心，确保面积达 200 平方米以上。投入 260 万元新建了曙阳、新建、中东三个村的新型综合服务中心，改善村级公共服务阵地条件。

在优先发展教育事业方面，近三年来，盐东镇为繁荣农村文化生活，镇投入资金建设的文化艺术中心已经启动，农家书屋 12 个村全覆盖。读报栏遍及所有村民小组，农民健康乐园、农村专业文化户发展到 51 家。全镇广播有线电视双入户率达 100%，实现了有线电视万户镇目标。镇党委还联合盐阜大众报业集团,向农村党员全员免费赠阅 2011 年度《盐阜大众报》《亭湖报》等党报。同时,还加大教育投入、优化办学条件,桂英中学完成省级达标中学验收,三所小学完成市级达标验收;中心、小太阳、小天使、永星等幼儿园获评省优质园。全镇中小学推进"爱心营养工程",每周为住宿生提供 3 次营养餐。盐东镇还进一步落实教育优先发展地位,高标准、高质量实施义务教育和学前教育,推进教育均衡发展和教育现代化,加快发展社区教育和职教教育,提高整体教育质量和发展水平。

在完善城乡医疗卫生体系方面,盐东镇逐步扩大覆盖面,增加社会保障参与面。2008 年启动村组干部全部参加"新农保",退职干部补助增加。2009 年镇办人员全部纳入"新农保",2010 年准备将联防队员和城管队员全部纳入"新农保"。2010 年启动全镇"新农保"扩展工程。今后逐渐往社保对接。加快社区卫生服务中心建设,提高医疗水平和服务水平,尽快完成卫生服务站网络验收,方便农民医药报销,新型农村合作医疗参合率达 99% 以上。加快了社区卫生服务中心建设,提高医疗水平和服务水平。农民合作医疗参合率达到 99% 以上,实现了农民小病不出村、大病不出镇,农村因病返贫现象已不复存在。由于医保和农保工作的有效推广,盐东镇的计划生育工作进展得也更为顺利。

在推进文化事业建设方面,建立城乡全覆盖的通信网络,增加有线数字电视入户率和宽带入户率。2010 年年初,盐东镇政府发布盐政发〔2010〕8 号文件,提出具体目标和工作措施,推动年内建成广播有线电视"万户镇"(见专栏 9—1)。新建 3000 平方米的文化活动中心,实现行政村"农家书屋"全覆盖,基本实现城乡公共文化服务均等化。2010 年 10 月,盐东镇无线广播用户已经超过 10000 户,不仅丰富了居民的文化生活,而且还可通过无线广播向农民推广农业技术,发布宣传广告。

在加快城乡环境建设方面,加大对城乡环境整治的投入。严格控制工业污染、农业面源污染，强化农村"三清一绿"建设，广泛开展清洁水源、清洁田园、清洁家园活动，大力开展绿化造林，使全镇的森林覆盖率提升了3个百分点以上。

在统筹城乡民生保障方面，除了医疗保险外，盐东镇还建立城乡就业培训体系，计划加强农村各类人才培训，开展农业实用技术培训3000人次，劳动力转移培训2000人次，培养村级农民技术员达50人以上。实施脱贫攻坚工程，继续对美满等经济薄弱村进行帮扶，采取多种形式加大对经济薄弱村和贫困户的帮扶力度，整体加快全面小康建设进程。

专栏 9—1

关于实施广播有线电视"万户镇"工程的通知

盐城市亭湖区盐东镇人民政府盐政发〔2010〕8号文件

各村（居）党委、总支，各村（居）民委员会，各单位：

为贯彻落实盐城市委、市政府对统筹城乡发展试点示范镇的总体要求，根据国务院有关广播电视"户户通"工程文件精神，结合我镇发展实际，镇党委、政府研究决定，2010年全镇实施广播电视"万户镇"工程，现将有关事项通知如下：

1. 统一思想，提高实施"万户镇"工程的认识

实施广播电视"双入户"工程既是统筹城乡发展的迫切需要，也是镇党委、政府加强农村三个文明建设的有效措施，更是群众通过广播、电视了解党的路线、方针、政策，掌握科技知识和农产品信息的重要途径。广播电视"双入户"工程不但社会效益可期，经济效益也很可观。广播、有线电视实行共缆传输后，村级广播由镇文广中心负责维护，村（居）不再需要投入资金，无须再设村级广播维护人员，一次性投入，永久性使用，从根本上减少村（居）集体支出，减轻农民负担。2009年，在镇村两级的共同努力下，我镇"双入户"工作推进顺利，当年入户2000户，全镇累计入户6000余户，入户率达50%。成绩虽然显著，但与统筹城乡发展广播电视示范镇的要求相比，差距仍然很大。部分村（居）广

播线路老化严重，个别村（居）不能正常收听广播，群众意见很大；有线电视发展也极不平衡，群众要求接线入户的愿望十分强烈。为此，我镇把实施广播电视"万户镇"工程作为今年统筹城乡发展的首要工作，大力推进广播电视进村入户，尽快满足群众的文化需求。全镇上下要统一思想认识，加大宣传力度，造浓宣传氛围，使广播电视"双入户"工程的好处家喻户晓、人人皆知，促进"双入户"工程顺利推进，确保全镇有线电视用户突破10000户，入户率超过80%，达到省有线电视示范镇标准。

2. 突出重点，硬化"万户镇"工作的具体措施

一是明确责任。镇文广中心负责全镇广播电视"万户镇"工程设计、预算编制、器材组织、施工技术指导和用户安装。各村（居）要根据实际细化任务，抽调专门力量协调矛盾、清除障碍，各相关部门要全力支持、密切配合，确保"万户镇"工程推进顺利。

二是严格考核。镇党委、政府把此项工作作为干部年终考核和"三个文明"建设考核的重要内容，对入户不足80%的村（居）实行"一票否决"，取消其年度综合奖的参评资格，其主要负责人不受表彰奖励。

三是实施奖励。对按时序标准完成任务的村（居）实施奖励，对达到80%的村居奖20元/户；达80%以上的超出部分奖100元/户。"双入户"已发展的村（居）今年要提高入户率，以80%为基数，超出的部分享受新发展村的同等奖励。具体评奖由镇宣传办牵头组织实施，镇文广中心负责兑现奖励承诺。

3. 强化领导，保证"万户镇"任务的圆满完成

为加强广播电视"万户镇"工程的组织领导，镇成立"万户镇"工程领导小组，郁荣同志任组长，陈昌刚、崔双全同志任副组长，胡军、徐海华、刘娟、赵伟、王海江为组员。同时，成立"万户镇"工程办公室，赵伟同志任办公室主任，办公室设在镇文广中心。各村（居）也要成立相应组织，各党组织书记为"万户

镇"工程的第一责任人，各村（居）主任具体负责此项工作。各村（居）、各单位要强化领导、科学组织，从学习实践科学发展观的高度，以统筹城乡发展的标准，把"万户镇"工作作为加强基层党建的大事要事，作为精神文明建设的惠民实事抓紧抓好，确保我镇广播电视"万户镇"任务的圆满完成。

　　附：2010 年广播有线电视"万户镇"任务分解表。

村别	总人口（人）	门槛户（户）	已装户（户）	门槛入户率（%）	目标数（户）	还需发展任务数（户）
中东	3222	848	625	74	678	53
东南	5075	1557	1422	91	1246	—
桂英	3047	802	658	82	642	—
艳阳	4168	1097	0	0	877	877
李灶	13358	3515	1356	38	2812	1456
正洋	1910	503	0	0	402	402
坞港	2917	768	0	0	614	614
美满	3081	811	482	59	649	167
曙阳	2622	690	520	75	552	32
兆丰	2510	661	342	51	529	187
新建	2950	776	580	74	621	41
生建	3480	916	21	2	733	712
合计	48340	12944	6006	46	10355	4541

第五节　创新体制机制推动城乡统筹发展

　　2010 年以来，盐东镇以提升服务功能，创新体制机制，推动城乡统筹发展作为实现新一轮科学发展的关键举措之一，坚持以规划为引领，大力推进"五个一体化"，以产业强镇、镇村建设和民生幸福"三新"工程为抓手，以项目建设为主线，瞄准一体化发力，多项措施谋求统筹城乡发展新突破。

首先是坚持市场运作合力推进城乡统筹，镇区环境明显改善，集镇品位不断提升。近年来，盐东镇围绕"镇村推动、市场运作、群众主体"的总体思路，合力推进统筹城乡项目建设。坚持镇村负责制定规划，承担征地拆迁和矛盾调处，明确项目建设时间节点要求，牢牢把握项目建设主动权。为突破资金瓶颈制约，盐东镇建立社会化多元投资机制，按照"谁投资、谁经营、谁受益"的原则，进一步规范运作流程，无缝对接各类投融资平台，为项目启动提供强有力的资金支持。充分发挥盐东新城乡投资发展有限公司作用，累计投入资金 2.5 亿元，集镇基础配套明显改观。盐东镇在统筹城乡发展工作中还始终坚持以农民群众为主体，彰显地方特色和农村特点，用严格的制度确保农民群众始终是统筹城乡发展最大的受益者，是推进试点镇村建设的主力军。

其次是以"统筹城乡发展试点示范"为契机，全面改进工作作风，以责任确保统筹城乡发展项目的落实。盐东镇围绕城乡统筹，促进在全镇形成新的发展格局和工作风貌。一是严明推进责任。全面推进机关作风建设，坚持把统筹城乡发展工作作为必成目标和硬性任务，明确班子成员挂钩到项目，分线分块包干负责，靠前指挥，驻点督战、全程跟踪，集中精力抓推进保进度。二是倒逼推进序时。坚持工作项目化、项目节点化、节点责任化，将重点工作细化列表，挂图作战，倒逼推进，确保全年各项目标任务按时保质完成。三是加大推进力度。大力弘扬"干不到一流就是失职，争不到一流就是落后"的理念，心无旁骛抓项目，扑下身子抓落实，在项目一线掌握情况、解决问题，形成上下联动、整体推进的工作格局。四是考核促动，确保目标责任全实现。以强化形势分析为抓手，每五天一大会，每三天一次会办，每日一通报，做到及时分析形势，认真总结经验教训，要求全镇各层各级、各部门各单位对照时序任务，认认真真、仔仔细细对重点工作、重点指标、重点项目逐一过堂"把脉"，纵看横比找差距，深入剖析究原因，深思熟虑定措施，全力以赴迎头赶。围绕重点目标任务，完善出台考核奖惩办法，坚持"以实绩论英雄不动摇"，坚决做到将任务完成情况、目标达成情况与评优表彰、提拔重用、工资报酬"三挂钩"，保证奖得心动，罚得心痛。以动真碰硬的考核奖惩推进责任落实、压力传递，形成一级抓一级，一级带一级，层层抓落实的紧张快干的浓烈氛围。五是强化组织领导。对已经确定的重点任务和查摆的弱项工作，实行镇主要领导靠前指挥、亲自过问、亲自研究，集中精兵强将抓重点、攻难点、赶进度。硬化督查考核。

最后是借力"强镇扩权"推动改革创新，形成新的体制机制，有效助推城乡统筹发展。自 2010 年 10 月被确定为省"强镇扩权"试点镇后，盐东镇积极探索建立简政放权、提速增效的管理体制，试行行政事业机构整合设置、人员编制精干、管理扁平高效、运行机制灵活的"一办六局一中心"的新型基层政府架构，探索建立"一站式"便民服务新机制，让本地居民在家门口就能办理大部分民生事项，享受"市民"待遇。另外承接下放权力，研究细化"一办六局一中心"的工作职责，学习借鉴外省、市试点镇权限下放的成功经验，结合盐东镇情实际，梳理全镇在发展中确实急需和目前可以承接的事权，主动对接市、区相关部门，承接好产业发展、项目投资、安全生产、环境保护、市场监管、社会管理、民生事业等方面的下放权力，为有效推进城乡统筹发展提供体制机制保障。新架构下的政府及行政事业单位面向城乡统筹大局，实行股级以下人员双向选岗，35 名公务员和事业单位人员通过选岗找到了适合自己的工作岗位。同时实施"三个十"人才工程，即选调 10 名实绩突出的基层干部、考录 10 名优秀公务员、招聘 10 名事业单位专业人才。此外，建立查处违章建筑和整改安全隐患、保护生态环境等综合执法新格局。

专栏 9—2

重点重抓深化城乡统筹

2013 年 9 月以来，位于盐东镇的千鹤湾国际养生社区工地上塔吊林立，机器轰鸣，施工人员在紧张有序地忙碌着，这幅热火朝天的建设场景标志着千鹤湾一期工程全面启动，同时也是盐东镇全面深化统筹城乡发展的一个缩影。

盐东镇大力狠抓当前，坚持重点重抓，加速推进城乡统筹发展。首先，镇区面貌抓出新。快速启动总投资 6 亿元的黄海国际大酒店综合体项目，占地 35 亩的李家灶居民广场已建成并对外开放，新落成的便民服务中心于 9 月 8 日正式投入启用。完成千鹤湾养老社区景观和人工湖驳岸等配套设施的扫尾工作，开工建设占地 200 亩、总建筑面积 12 万平方米的老年公寓，力争年内具备老人入住养老条件。其次，载体发展抓提升。重抓园区建设，大力实施载体提升工程，加快对东南纺织产业园和新洋港新型建材产业园进行改造升级，改造出新荣意来路和齐齐哈尔路，确保规模再扩大、产业再提升。省级现代农业产业园突出发展重点，加快品牌化、规模化步伐，提升发展水平。最后，社区建设抓人气。富民新苑社区进入工程扫尾；鹤翔花园社区一期已全面竣工，首批住户已拿到钥匙；东城名居和金裕花园等一批商业住宅项目已开工建设。随着新型城镇化的进一步实施，将吸引更多居民入住和商户进驻，确保集镇聚人气、有旺气。

盐东镇进一步夯实措施，以项目引领统筹城乡发展。一是奋力打造新型城镇化示范镇。以新园区建设为重点，按照精心、精细、精致、精品的要求，快速启动建设盐东科技产业园。招引 3 个新特产业重大项目落户园区，建成标准厂房 50000 平方米以上，确保年内园区有配套、有项目、有形象，努力把盐东打造成为全区乃至全市新型城镇化特色镇、示范镇。二是全力实施"万顷良田"·建设工程。2013 年选出了产业强镇类、镇村建设类、民生幸福类、生态优美类、改革创新类五大类 20 个项目，而"万顷良田"建设工程是 20 个项目实施的重要保证。为此，将全力启动"万顷良田"建设工程，以整合盐东土地资源，拓展空间，增添活力，确保年内完成首期 800 户房屋征收工作，同时在新镇区开工建设 10 万平方米安置房。三是全力推进生态文明建设。以国家级生态镇创建为契机，重抓生态文明建设，建立长效管护机制，巩固提升以绿色生态走廊、农村环境综合整治和农村生活污水处理等工程形成的建设成果。建成"H"形、总长 24 千米、总占地 1 万亩的三条绿色生态走廊，实现农村垃圾无害化处理全覆盖，健全生活污水处理体系。以东南村建成的三星级"康居示范村"为样板，再打造 2 个三星级"康居示范村"、3 个二星级"康居示范村"。

资料来源：改编自盐东镇党委宣传办稿件（2013 年 9 月、10 月）。

专栏 9—3

构筑"保姆式"便民服务新平台

为策应经济发达镇行政体制改革要求，进一步推进依法行政，规范行政行为，简化行政程序，提高行政效率，盐东镇在全镇各村（居）便民服务室全覆盖的基础上，继续深化政务公开，用足用活"强镇扩权"政策，重新整合组建了占地 1 万平方米的镇便民服务中心。该中心于 2013 年 9 月初正式启用，以"便民惠企"为目标，积度极探索建立"一站式"便民服务新机制，集中办理涉及经济、社会事业发展和服务于广大群众的审批、许可、确认等事项，提高行政效能和服务质量，最大限度地方便群众，让本地居民在家门口就能办理大部分民生事项，享受"市民"待遇；并为创业客商提供资金支持、法律援助、税务代理等各类服务，提高办事效率，优化服务环境，受到了客商和群众的普遍称赞。

村级综合服务中心升级工程是 2013 年盐东镇统筹城乡发展工作中的一个重点项目。"过去，村里连个像样的办事地点都没有，现在专门配置了和城里差不多的服务中心，增加了党员活动室、治安调解室、新农民学校、农家书屋等场所，这在以前想都不敢想。"前来桂英村党群服务中心办事的村民喜笑颜开。截至 2013 年年底，桂英等村居服务中心已建成，新冲、新建等村居服务中心正在加快建设，李灶、中东、美满、正洋等村居服务中心规划选址和设计已完成，即将开工建设。"现在城里人享受的低保，我们有了；城里人看病报账，我们也享受了；城里人有大广场，我们也有小广场；城里人用的自来水、天然气、网络、数字电视等，在这里都实现了。"盐东镇东南村村民谈起该村的变化时满脸喜悦。一盏盏高标准的声控式路灯，一条条宽阔的柏油路，一幢幢崭新的小康屋……随着盐东镇各重点项目的快速推进，越来越多的群众享受到了统筹城乡发展的成果。

资料来源：改编自盐东镇党委宣传办稿件（2013 年 7 月、11 月）。

第十章

基层党政机构

在我国当前的政治架构和政权组织架构下，乡镇是党政机构最基层的一级，包括乡镇中国共产党委员会、乡镇人大机关、乡镇人民政府、乡镇各权力机关，以及各级党政机关派出机构、直属事业单位及工会、共青团、妇联等人民团体。2004 年以来，为配合农村税费改革和农村综合改革、加快推进城乡经济社会发展一体化进程，中央启动实施了新一轮乡镇机构改革。推进乡镇机构改革关系到党的路线方针政策在农村的贯彻实施，关系到党和人民群众的血肉联系，关系到全面建设小康社会目标的顺利实现，关系到深化行政管理体制改革的整体进程。必须切实增强责任感和紧迫感，深入推进乡镇机构改革。2010 年 10 月，盐东镇被确定为江苏省"强镇扩权"试点镇，进一步激发了盐东通过乡镇机构改革和行政管理体制改革，推动新农村建设、加快城乡发展一体化进程的热情。盐东镇各基层党政机构按照统一部署和要求，积极试点，大胆创新，取得了明显成效，积累了宝贵经验。

本章阐述了盐东镇党的基层组织的情况、基层政权机构的情况，重点是镇人民代表大会和镇政府，其他机构和人民团体将在下一章"乡镇治理"中作进一步讲述。此外，本章还针对"强镇扩权"试点情况进行阐述。

第一节 党的基层组织

乡镇党委是贯彻落实党的路线方针政策的基层组织，是党在农村的政治核心和领导核心。随着盐东镇从一个传统的农业、农村乡镇向城乡经济社会发展一体化的新型城镇转变，盐东镇党委的领导方式和工作重心也在相应发生变化。

一 党的基层组织建设及机构沿革

抗日战争时期，作为新四军军部所在地以及重要的华东抗日根据地，盐城地区的中共基层党组织发展较早，而且随着革命形势向有利于我方的变化而得到迅猛扩张。盐东地区中共地方组织成立于1941年，按照刘少奇、陈毅同志的指示精神，由党开办的抗日军政大学盐城五分校的学生组成民运工作队，进入盐东地区开展中国共产党的宣传、发展和组织工作。工作进展很快，于当年就在南灶、大佑两乡成立了党支部。同年9月，盐东县委、县抗日政府成立，加强了对盐东地区党的工作的领导。到1945年6月，盐东地区的中共党员发展到270多人，分布在若干个基层党支部。这些基层组织和党员贯彻党的方针、执行党的指示，活跃在村镇一线，积极组织和发动群众，宣传中国共产党的纲领和政策，并把有活动能力、思想进步的先进分子吸收到党内来，不断壮大地方党组织的力量，增强地方党组织的战斗力，在抗日战争和解放战争中发挥了不可或缺的重要作用，是党开展基层对敌斗争最为重要的基础力量。到新中国成立前夕，盐东地区已经发展党员589人（见表10—1）。

伴随着中共地方组织的发展壮大，以及地方区划的变动，党的基层机构设置也经历了一系列的变革。新中国成立后，1949年10月，盐东县并入射阳县，全县17个区，其中新洋区辖中东、东南、桂英、新冲、新建、生建、新丰、坞港、南港9个乡；1956年2月，射阳县并区并乡，新洋区原9个乡合并为东南、新建、新冲、

表 10—1　新中国成立前和 1949 年 10 月—2009 年盐东镇历年发展党员人数

年度	发展党员人数	年度	发展党员人数	年度	发展党员人数	年度	发展党员人数	年度	发展党员人数
新中国成立前	598	1962	39	1975	33	1988	35	2001	29
1950 年（含 1949 年 10 月后）	46	1963	42	1976	30	1989	18	2002	27
1951	35	1964	55	1977	34	1990	19	2003	32
1952	32	1965	18	1978	35	1991	35	2004	49
1953	39	1966	28	1979	35	1992	28	2005	52
1954	38	1967		1980	34	1993	32	2006	28
1955	37	1968		1981	33	1994	40	2007	43
1956	35	1969		1982	39	1995	34	2008	21
1957	11	1970		1983	32	1996	42	2009	44
1958	34	1971	29	1984	34	1997	34		
1959	37	1972	30	1985	38	1998	29		
1960	39	1973	32	1986	24	1999	48		
1961	38	1974	35	1987	22	2000	25		

资料来源:《盐东镇镇志》。

桂英、南港、坞港 6 个乡。1957 年 8 月,射阳县撤销新洋区建制,将原新洋区和特庸区合并,新建黄尖区,同时又将本地境内小乡合并为大乡,东南、桂英合并为桂英乡,新建、南港合并为南港乡,这时区下辖乡党总支委员会,设书记、副书记和委员。大队成立总支委员会,中队设支部委员会。

1958 年 9 月,成立了新洋飞跃人民公社,下辖 5 个大队 27 个中队,以中队建立党支部。1959 年 1 月,撤销中队建制,部分中队升级为大队。1959 年 3 月,新洋飞跃人民公社改为新洋人民公社,下辖 20 个大队党支部和 3 个社直机关党支部。1960 年,部分大队重新划分,划分后,全公社共 26 个大队,以大队建立党支部。"文化大革命"期间,新洋人民公社成立"文化大革命"领导小组，各大队也相继成立了"文革"小组。新洋公社"大联委"于1966年6月夺了公社党委的权，公社党委随之瘫痪；与此同时，基层党建工作也实际上处于停滞状态，连各个党小组的组织生活都停止了。1967年3月，新洋公社人民武装部奉命组建了生产办公室，实行"武装抓总"，各大队也相继成立以"民兵营抓总"的生产指挥组。1968年6月，新洋公社革命委员会成立，各大队也相继成立了革命领导小组。直到1970年，新洋人民公社才重新恢复党的组织活动，各大队先后恢复了党的组织生活，建立了25个大队党支部以及7个社直机关党支部。1978年3月，新洋公社党委进行机构调整，撤销了生产组、政工组，改设了组织、纪检、宣传和生产委员会。

党的十一届三中全会决定实行改革开放后的1983年3月，农村治理体制改革，公社普遍改为乡（镇），大队相继改为村，分别设立乡党委会和村党支部，共设27个村党支部以及30个乡直机关党支部。2007年8月，在盐城市新一轮区划变革中，射阳县新洋乡改为亭湖区盐东镇，设盐东镇党委，下辖26个村党支部以及37个镇直机关党支部。盐东镇基层党建工作由此进入一个新的阶段。

2008年以来，盐东镇党建工作不断推陈出新。镇党委高度重视党代表监督工作，先后转发和下发了《关于开展和充分发挥党代表监督作用的实施意见》以及《关于成立党代表监督工作领导小组的通知》等文件；专门印制了《盐东镇党代表监督手册》，明确了监督内容、方式和权限；分别就党务政务讨论、财务公开、基础建设、群众维权、社会稳定和案件审理等多个领域开展活动。与此同时，代表们积极履行工作职责，充分发挥监督作用，为全镇各项工作提出合理化建议，促使"三年治水工程""财务源头防腐""合作医疗""农业保险"和"最低生活保障"等中心工作和群众关心的热点问题得以高效开展和解决，增进了党群关系，提高了工作效率，节约了行政成本，取得了很好的社会效益。

2011年，为加强基层党组织建设，充分发挥党组织战斗堡垒作用，进一步调动党员干部工作积极性，对李灶居委会党组织设置进行了调整，设置李灶居委会二级党委，下设李灶、新冲和农业园三个片区党支部；为配强管理队伍，上半年采用公开招录的方式，面向全市公开选聘镇村建中心主任和农业园区管理人员；为教育培训镇村干部，年初组织镇三套班子成员、机关中层干部、各中心主要负责人、村（居）党组织书记赴八滩等六个市重点镇参观学习，组织有协护税任务的人员分两个批次外出考察学习，通过看找差距、通过学挖潜力、通过论树信心，进一步增强跨越发展、进位争先意识；为提高农村党员致富本领。

在此基础上，盐东镇利用班子例会、机关中层干部会议、"5·10"作风自警日，宣传党风廉政建设的各项规定和勤政廉政先进典型，通过参加反腐倡廉警示教育，通过参观农场监狱等活动加大教育力度、增强廉政意识；通过制定和完善镇党委班子成员反腐倡廉工作制度、政府采购制度、重大事项报告制度、"述廉、评廉、考廉"办法等，健全和完善了拒腐防变长效机制；通过党委书记与党委政府班子成员、各村（居）、单位党组织书记签订廉政建设书的方式，增强党员领导干部的廉洁意识，确保做到行为约束，洁身自好，为全镇党员做榜样；通过查办案件，推动反腐倡廉制度的落实。

专栏 10—1

盐东镇村（居）党组织集中换届工作全面启动

2013 年 8 月 6 日上午，盐东镇召开村（居）党组织集中换届工作大会，全面部署村（居）党组织换届选举工作。镇全体班子成员、各村（居）"两委"干部、各部门全体人员等 100 多人参与。会议由镇党委副书记、镇长郁荣同志主持，镇党委组织委员符翔宇同志详细解读了《关于认真做好村（居）党组织集中换届工作的实施意见》，镇党委书记李新仁同志作了重要讲话。

镇党委组织委员符翔宇同志在时间节点安排，选人用人原则，选举程序步骤，选举纪律监督等方面对这次村（居）党组织换届选举工作作了全面部署。他强调，这次村（居）党组织集中换届工作要以建设"双强"型村（居）党组织书记为目标，按照提高素质、改善结构、增强活力、强化功能的要求，进一步拓宽选人渠道、选优配好村（居）党组织书记和领导班子，为"全面建成高水平小康社会，奋力实现科学发展新跨越"提供坚强的组织保证。

镇党委书记李新仁同志作了重要讲话。他指出，首先要统一思想，提高认识。要把村（居）党组织集中换届工作当成一政治任务来抓，要充分认识到具有强大凝聚力和战斗力的村（居）党组织不仅是贯彻执行好镇党委、政府的各项政策措施，圆满完成全年目标任务的重要力量，而且是带领群众勤劳致富、创造幸福和睦生活的直接力量。其次要坚守原则，严格监督。坚持党管干部的原则，确定好村（居）党组织班子候选人，特别是村（居）党组织书记候选人；坚持民主、公开、竞争、择优的原则，把这一原则要贯穿到换届选举的全过程，选准配强能够带领群众致富，热心服务群众，维护社会稳定的村（居）党组织班子；坚持严格依法办事的原则，做到法定程序不变通，规定步骤不减少，严格把好选举关；坚持群众公认的原则，精心挑选合适人选，不断提高"双强"层次和水平；坚持优化结构的原则，合理搭配不同年龄、性别、文化程度人员在村级党组织中的构成比例。最后要加强组织领导，严明换届纪律。建立领导工作责任制，明确村（居）党组织换届工作的第一责任人、直接责任人和具体责任人。实行领导干部分片联系包干制度，对各村（居）党组织换届工作提前介入、驻点指导，主动与有关部门加强协调配合，通盘考虑村（居）"两委"班子配备等工作。在村（居）党组织换届工作中，要严格执行中央和省委关于严肃换届纪律的相关规定，规范竞职人员的竞争行为，确保风清气正。认真做好换届期间信访稳定工作，妥善答复党员群众反映的问题，坚决纠正和查处拉票贿选等违法违纪行为。建立健全重大问题、重要信息报送制度和情况通报制度，及时掌握选举动态、消除隐患和解决苗头性问题，加强对突发事件的防范和处置，确保换届选举工作平稳顺利进行、和谐圆满完成。

资料来源：改编自盐东镇党委宣传办稿件（2013 年 8 月 7日）。

二　基层党员教育

盐东镇党委及各级基层组织始终紧紧围绕党的基本路线、方针、政策，结合各个时期党的中心工作开展党员教育。

抗日战争时期，盐东中共地方组织对党员的教育重点，是要求党员认清当时抗日救国的形势和任务，坚持抗日统一战线，在大生产运动中带头当模范、在反扫荡中带头当英雄，调动各阶层人士的抗日救国运动积极性。解放战争时期，紧紧围绕推翻国民党反动统治、解放全中国、夺取政权的中心任务，着重针对在当地开展的除奸反霸、土地改革、减租减息等运动，通过整风学习、识字班、乘凉晚会、座谈会、时事报告会等活动，以及传达人民解放军在全国各个战场上取得的辉煌胜利，坚定每个共产党员的必胜信心和决心，使每个党员能够坚持原地斗争，保田保家乡，保证本地区武装斗争、土地改革、参军参战、支前后勤等各项工作任务的胜利完成。

新中国成立后，紧紧围绕党的中心工作，建立健全党员的思想教育网络。1950 年年底，主要对党员进行了抗美援朝、保家卫国的爱国主义和国际主义教育，形成了家家谈抗美、户户话援朝的活动。对党员的政治思想教育在"大跃进"和"文化大革命"中也走了一段弯路。1958 年"大跃进"中对党员进行了"鼓足干劲、力争上游、多快好省地建设社会主义总路线"教育，由于宣传部门在宣传导向上出了格，为在"大跃进"中所出现的"共产风、浮夸风、强迫命令风、生产瞎指挥风"等起了推波助澜的作用。1966 年到 1976 年，十年"文化大革命"以阶级斗争为纲的严重浩劫，挫伤了相当一部分党员、干部和群众的积极性，盐东基层党组织也一样，一度处于瘫痪和半瘫痪状态。

1978 年党的十一届三中全会后，逐步把党员的思想转移到经济建设中来，同时开展了群众性的关于真理标准的讨论。1980 年，中共中央关于进一步完善农业生产责任制的文件，推行家庭联产承包责任制，揭开农村经济体制改革的序幕。1984 年，贯彻城市经济体制改革"对内搞活，对外开放"的精神，对党员进行了思想大解放的教育。1985 年、1986 年着重对党员的思想作风，组织纪律、形势、民主与法制的教育。乡党委下达《端正党风七条规定》，进一步健全了"三会一课""四簿一册"①制度，每年组织检查，使各党支部的活动和党员的教育正常化、制度化、规范化。

　　1987 年到 1989 年，乡党委有步骤地以支部为单位对党员进行了"一个中心""两个基本点"的教育，针对新时期经济、社会发展的特点，教育党员坚持"四项基本原则"，反对资产阶级自由化，提倡艰苦奋斗、艰苦创业、勤俭办一切事业。由于工作突出，1989 年中共新洋乡党委被评为全国"先进基层党组织"，东南村党支部被江苏省委评为省级"先进党组织"。1990 年到 1992 年三年间，乡党委以党校为阵地，对党员进行马克思主义理论、党的基本路线、党的基本知识再教育。1993 年到 1995 年期间，党员学习和教育放在学习中国共产党第十四届全国代表大会精神和邓小平"关于建设有中国特色社会主义理论及南方讲话"，提倡"解放思想、改革创新、尊重科学、尊重知识、真抓实干、顾全大局、团结协作、谦虚谨慎、学习先进、无私奉献"的精神，开展"我为新洋增光彩"和"三杯"②竞赛活动。从 1996 年到 1998 年，乡党委把党员的学习和教育放在稳定农村联产承包责任制上，乡党校先后举办了《中共中央、国务院关于延长农村土地经营承包 30 年不变的通知》精神培训班，通过政策培训，使广大党员进一步了解党的农村政策，对于发展全乡农业生产，促进农民致富起到了积极作用。

---

　　① "三会一课"即定期召开支部党员大会、支部委员会、党小组会，按时上好党课；"四簿一册"即党员活动出席簿、党费缴纳记录簿、党的组织生活会记录簿、党员好人好事记载簿和党员花名册。
　　② "三杯"即先进杯、堡垒杯、公仆杯。

1999 年到 2001 年撤乡建镇，中共盐东镇党委，把党员的培训教育重点放在江泽民总书记提出的"三个代表"重要思想上，对全镇党员进行了"三个代表"重要思想的教育，教育党员深刻领会"三个代表"重要思想的深刻内涵，以党和人民利益为重，永远发扬艰苦奋斗，无私奉献精神当为表率，自觉践行"三个代表"。从 2004 年至 2007 年，着重对党员进行了践行"三个代表"、实现"两个率先"和全面贯彻"科学发展观"的教育，坚持率先发展、科学发展、和谐发展之路，扎实推进"小康社会"进程，全面建设社会主义新农村。2004 年根据上级党组织的部署，对全镇党员开展了"保持共产党员先进性"教育活动，永葆共产党员先进性。2006 年进行了"树立社会主义荣辱观，争当社会主义思想道德建设表率"教育，引导党员树立社会主义荣辱观，努力构建和谐社会，不断激发崇高的精神追求，全面加快小康社会的建设步伐，不断开创社会主义三个文明建设的新局面。

2008 年至 2010 年，对全镇党员进一步深化"科学发展观"和学习实践活动的教育，在国际金融危机中，按照中共中央和国务院关于扩大内需的精神，坚持城乡统筹，进一步科学地调整产业结构，提升产业质量，加大出口贸易总量，扩大内需，保持全镇经济持续平稳地向前发展。在不断深入的基层党员教育过程中，在上级党组织的指导下，盐东镇党委逐步形成了每年进行一次党员干部冬训的制度。

专栏 10—2

盐东镇党委狠抓"四个结合"搞冬训

2014 年 1 月 16 日上午，盐东镇党委隆重召开 2013—2014 年度党员干部冬训动员大会。会上强调，冬训工作要真正达到武装头脑、指导实践、推动工作、促进发展的效果，就必须要狠抓"四个结合"。

一是把冬训与学习贯彻党的十八届三中全会精神结合起来。真正把学习贯彻习近平总书记系列重要讲话精神和全会精神的过程转变为统一思想、凝心聚力的过程，转变为厘清思路、谋划发展的过程，转变为加大改革力度的过程，努力在学习实践中使思想有新提高、作风有新境界、工作有新促进。

二是把冬训与党员干部转变工作作风结合起来。要对照中央、省、市、区委关于"改进工作作风、密切联系群众"的各项规定，找出不足，分析原因，重点从自身思想观念和工作作风方面找原因，力求把冬训变成党员干部转变观念、改进作风、提升自我的良好机遇，为扎实开展新年各项工作奠定良好的基础。

三是把冬训与做好当前工作紧密结合起来。现在距离春节仅十多天时间，各项工作任务繁重，要把冬训同抓好当前的各项工作结合起来，同及早谋划新年工作结合起来。通过冬训，引导广大党员干部比成绩、比贡献，排差距、找不足，使冬训成为加油鼓劲、提高效能、提振精神、促进全年目标任务完成的过程。

四是把冬训与解决群众生产生活的困难结合起来。临近春节，一定要把冬训与解决群众生产生活的实际困难结合起来，通过基层走访、召开座谈等形式，全面掌握群众生产生活上的困难，千方百计解决困难群众特别是弱势群体生产生活上的问题，让广大群众切实感受党和政府的温暖和关怀，从而进一步密切党群、干群关系。

资料来源：改编自盐东镇党委宣传办稿件（2014年1月17日）。

与此同时，盐东镇坚持学习制度，每周二晚为雷打不动的党委中心组和各单位、各村（居）党组织集中学习时间，以学习党的十七届五中全会、六中全会精神为重点，以推进学习型党组织建设为有效载体，强化学习意识，开阔视野，提升理论水平和工作能力；坚持雷打不动的周会办制度，每周五晚为项目推进集中会办时间，每周六下午为新镇区建设会办时间，及时研究解决存在的问题，破解推进过程中遇到的困难，确保项目按时序进度稳步推进；坚持雷打不动的住镇值班制度，围绕提高镇干部事业心和责任感，制定和完善了《盐东镇住镇制度》《盐东镇值班制度》《盐东镇请销假制度》《关于强化费用管理的若干规定》，加强了督查和通报，改进了工作作风，严格了工作纪律，规范了机关管理，提高了管理效能。

2011年12月，镇党委联合盐阜大众报业集团，向农村党员全员免费赠阅《盐阜大众报》《盐城晚报》等党报660份，在广大农村党员中掀起看党报、用党报的高潮。

2012年盐东镇党委、政府按照区委要求，结合镇情实际，在全镇各级党组织和党员队伍中开展"迎接十八大、保持纯洁性、激情争跨越"教育实践活动。要求全镇广大党员、干部坚持以邓小平理论和"三个代表"重要思想为指导，深入贯彻落实科学发展观，强化党纪作风、群众观念和社会责任感。镇党委、政府将"迎接十八大、保持纯洁性、激情争跨越"教育实践活动作为贯穿全年的目标任务，并将学习进程细分成学习教育、剖析评议、整改落实、总结提高四个阶段，提高学习的成效。对广大党员、干部提出了五点目标要求：强化思想建设，着力在坚定理想信念上取得实效；强化责任意识，着力在构建和谐环境上取得实效；强化执政为民，着力在密切群众关系上取得实效；强化基层基础，着力在提供坚强保障上取得实效；强化争先创优，着力在推进快增快转上取得实效。为进一步加强对开展这项教育实践活动的指导，专门成立了由党委书记任组长的盐东镇教育实践活动领导小组，并设立了五个派驻督查指导小组。以便及时地了解、掌握和督促检查教育实践活动的进展情况，总结推广教育实践活动的经验，并及时向区委、区政府反映情况，提出意见和建议。

盐东镇党委以"迎接十八大、保持纯洁性、激情争跨越"主题教育实践活动为契机，创新党员教育方式，通过"请进来""走出去"等模式，积极探索"以教带学、以教促用"的新路子，使千余名党员受到教育。在继续坚持和完善"三会一课"、民主生活会等培训制度和方式的基础上，盐东镇充分发挥科技示范培训基地的作用，把课堂搬到实验田、示范基地里，先后邀请近10名专家教授前来举办讲座，向党员干部传授农业实用技术，并把各村的"土专家""田秀才"请进课堂，传授致富经验和技术。同时，为拓宽农村党员干部的发展思路，盐东镇根据各村的发展特色，制订不同的外出参观和学习计划，提升他们驾驭全局的水平和能力。此外，盐东镇还借助农村党员现代远程教育网络，对辖区党员定期和不定期地开展辅导，并积极举办农村党员干部现代远程教育学用知识竞赛等活动，同时在主题教育实践活动中，结合评定升活动，调动党员参与学习的积极性，发挥党员的先锋模范作用。

党的十八大以来，盐东镇党委以党建为龙头，努力建设学习型、服务型、创新型基层学组织，进一步激发广大党员干事创业热情。镇党委大力弘扬"干不到一流就是失职，争不到一流就是落后"的理念，坚持完善党委中心组学习、党员活动日等制度，引导党员干部全面学习十八大精神和岗位业务知识，深学政治理论、精学本职业务，不断提升知识水平和领导能力。强化立说立行的工作作风，要求机关干部少说多做，心无旁骛抓发展，扑下身子抓落实，在村居、企业、项目一线掌握情况，解决问题。进一步增强公信力，教育引导各层各级时刻保持如履薄冰、如临深渊的心态，保持和坚持思想纯洁、作风纯正、品行端正，干事干净。严格兑现对群众的各项承诺，以实实在在的工作业绩树立党员干部的良好形象。

此外，盐东镇党委还着力打造"凝聚"工程。以学习贯彻落实党的十八大精神为主题，统一发展思想，凝聚发展共识，凝聚全镇力量，突出党建引领，塑造"三宽四有"①型党员干部队伍，为镇域城乡统筹发展提供强有力的组织保障。

2014年3月，根据中共湖亭区委的统一部署，盐东镇各级党组织和全体党员全部参加第二批群众路线教育实践活动。为此，镇

---

① "三宽四有"即眼界宽、思路宽、胸襟宽，有信念、有本领、有担当、有正气。

党委成立了群众路线教育实践活动领导小组，并召开专门会议，全面部署和交流学教活动及宣传工作。当月 13 日，中共盐东镇委员会发出《关于深入开展党的群众路线教育实践活动的实施意见》（盐委发〔2014〕4 号），强调要充分认识开展该项活动的重大意义，对镇属各级党组织和全体党员参加群众路线教育实践活动提出具体目标和要求，全面指导活动的顺利开展。20 日，举行全镇党的群众路线教育实践活动动员会。会上镇党委书记作动员部署，提出主要任务是认真学习贯彻习近平总书记系列重要讲话精神，要求每一位党员都要充分认识开展教育实践活动的重大意义，切实增强思想自觉和行动自觉，指出要深入开展"四查四治"①，着力解决"四风"② 问题，并且要准确把握方法步骤，切实抓好教育实践活动的各个环节，最后强调切实加强组织领导，确保教育实践活动取得实实在在的效果。区委督导组领导在会上针对盐东开展教育实践活动提出了要求，区委相关领导也作了重要讲话，对具体工作进行指导。然后进行了民主评议。

自从党的群众路线教育实践活动开展以来，盐东镇各级党组织充分利用盐东有线广播电视、盐东政府网站、过街横幅、黑板报、张贴宣传标语等多种形式，深入开展群众教育实践活动宣传工作，积极营造学教活动浓厚氛围，力争做到家家知晓，人人皆知。

与此同时，盐东镇还采用座谈讨论、开设专栏、巡回宣讲等多种形式大力宣传党的群众路线。在此基础上，盐东镇还加强宣传报道，强化教育实践活动的报道力度。在盐东有线电视、盐东政府网站开设专题专栏，以及向上级新闻媒体及时做好宣传报道工作，做到主动与各类新闻媒体协调联系，形成互动，全面、准确报道盐东

---

① 江苏省委在开展群众路线教育实践活动中结合江苏实际提出的针对性要求。即一查宗旨意识牢不牢，治脱离实际、脱离群众之病，进一步密切党同人民群众的血肉联系；二查工作作风实不实，治急功近利、不负责任之病，大兴求真务实之风；三查精神状态振不振，治懒满散、贪图享乐之病，大力弘扬"三创三先"新时期江苏精神；四查廉洁自律严不严，治挥霍奢靡、铺张浪费之病，发扬艰苦奋斗优良传统。

② "四风"即形式主义、官僚主义、享受主义和奢靡之风。

重大活动的动态。加大力度深入报道教育实践活动中好做法、好措施、好经验，努力营造良好的宣传舆论氛围，进而使学教活动开展得有声有色。

专栏 10—3

扎实推进"双边双改"活动

2014 年 4 月 14 日，盐东镇召开推进"双边双改"活动会议，研究部署落实市、区委提出"教育实践活动要坚持边学边改、边查边改"的要求。会上，盐东镇结合镇情特点和群众诉求，重点排查出两项群众反映强烈的"四风"问题和民生问题，同时公布整改方案，快速推动落实。

针对机关单位自查中发现的"四风"问题。盐东镇及时出台《盐东镇关于进一步加强机关作风建设的实施意见》，开展"机关作风提升年"特色活动，以加强学习教育；印发《盐城市亭湖区盐东镇机关内部管理制度汇编》，以形成制度体系；开展集中整治，把集中整治与政务公开有效结合起来，抓住突出问题，落实镇纪检办等部门专项负责制度落实的督查工作。

针对群众反映的违章建设、违法用地等情况。盐东镇加强建设规划管理工作，出台《盐东镇村镇建设管理工作意见》，明确村镇建设规划流程详规、办理时限、受理单位和责任权限。落实党员干部违章管控责任，出台《盐东镇违法用地违法建设管理责任追究办法》，严格追究违章事件责任人的责任。

资料来源：改编自盐东镇党委宣传办稿件（2014 年 4 月 21 日）。

第二节　基层政权机构

按照《中华人民共和国宪法》规定，我国行政区划的层级为省—县—乡三级。乡级单位包括民族乡和镇，是我国的基层政权机构。

一 镇人民代表大会①

目前，盐东镇人民代表大会进行至第十六届，其任期为 2012年至 2017 年。盐东镇第十六届人大第一次会议于 2012 年 3 月 23日自 3 月 24 日召开，大会审议并通过了盐东镇政府工作报告、人大工作报告和财政预决算报告。大会通过选举产生了盐东镇第十六届人民代表大会主席团主席、副主席，以及盐东镇新一届政府镇长、副镇长。陈为民同志当选盐东镇人大主席，刘珂同志当选盐东镇人大副主席，郁荣同志当选盐东镇人民政府镇长，吕晓俊、李翠凤、崔双全、朱永军、季国璋和肖玉亮六名同志当选盐东镇人民政府副镇长。

从第十五届开始，盐东镇人大主席团就开始在镇党委的领导下，在区人大常委会的指导下，进行一些基层人大工作的新尝试。尤其是自镇十六届人大二次会议以来，在全体人大代表积极努力和配合支持下，镇人大主席团高举中国特色社会主义伟大旗帜，以"三个代表"重要思想和科学发展观为指导，认真贯彻落实党的十八大及十八届二中、三中全会精神，始终坚持党的领导、人民当家做主和依法治国的有机统一，始终把保障和促进全镇经济社会科学发展、统筹发展、和谐发展作为首要任务，紧紧围绕全镇的工作中心，认真履行宪法和法律法规赋予镇人大的各项职权职责，不断加强自身建设，健全制度，强化工作监督和法律监督，密切联系代表及广大选民，努力为代表营造一个良好的履职环境，有力地推动了全镇经济和各项社会事业科学发展、和谐发展、跨越发展。

（一）加大履职力度，增强监督实效

盐东镇人大主席团认真履行宪法和法律赋予的职权，坚持在监督中参与、在参与中监督的原则，紧紧围绕全镇的工作中心，坚持

① 本小节内容主要改编自盐东镇党委宣传办文章:《用实绩诠释职责》，载盐城市政府网（2014 年 3 月 20 日）。

全面、协调、可持续的发展观，以实现人民群众的根本利益为出发点和归宿，采用视察、检查、专题调查等形式，监督各项工作任务和措施的落实。为增强监督实效，主席团研究下发了 2013 年工作要点及代表议案、建议的交办函，加大跟踪办理力度。

认真组织人大代表开展视察、述职、评议等专项活动，听取镇经发局关于全镇重大项目建设情况的汇报；听取镇社事局关于全镇各类社会事业及重点民生工程项目建设情况的汇报；听取镇集管中心关于农村垃圾无害化处理及农村环境综合整治工作情况汇报。认真组织人大代表视察活动，组织部分代表对千鹤湾国际老年养生社区、便民中心服务大厅、改水工程等民生工程进行了视察；组织部分代表对宏铭达织造、蝴蝶兰高档花卉、科行Ⅰ级粉煤灰等项目建设情况进行了视察；组织部分代表对垃圾中转站运行情况、东南村微动力污水处理设施及新建村农村环境综合整治情况等进行了视察。认真组织测评活动。组织人大代表对镇直属局、中心及双管单位进行满意度测评，对测评结果进行了分类处理，既向其上级主管部门进行通报，同时对测评位次靠后的单位主要负责人进行提醒谈话，对个别单位主要负责人还提请镇党委主要负责人对其进行谈话。上年度测评最末位的两个单位，排名情况有了改观，少数排名中上游单位，这次排名明显前移，测评活动推动了部门、双管单位服务工作再上新水平。同时，积极参加上级人大组织的视察、检查、评议活动，扎实完成镇党委和上级人大交办的其他工作。

（二）严格办理建议意见，重视来信来访

盐东镇十六届人大二次会议期间人大代表共提出的议案、建议、批评和意见 11 件，人大办公室逐条梳理，落实专人进行登记，并分门别类转交相关分管领导和部门落实办理。同时，镇人大邀请相关分管领导和部门负责人以及提出议案、建议的有关人大代表，专门召开了代表议案、建议督办会议，会上，对各条建议分别进行了办理情况说明，对下一步工作提出了可行性方案，明确要求相关职能单位和部门逐条抓紧落实。

接待群众来信来访是基层人大的一项经常性工作。一年来，主席团成员共接待群众来访近 180 起约 260 人次，人大办公室接待群众来访 7 起 22 人次，受理来信 8 件，对来信来访所反映的情况，均及时进行了办理。通过对群众来信来访工作的办理，既化解了矛盾，又解决了问题。

（三）做好代表工作，提高履职水平

代表是人民代表大会的主体，做好代表工作是代表依法行使职权、履行代表职务、发挥代表作用的保证。一是听取和收集代表在闭会期间的意见和建议，及时转交镇人民政府办理。二是通过召开代表小组座谈会或个别走访代表的形式向代表通报全镇经济社会发展情况。三是组织代表培训工作。组织全体人大代表参加十八大精神专题辅导学习。全年印发各类学习资料 6 期，为"代表之家"赠订《中国人大》《人民与权力》等杂志，拓宽代表视野，提高参政议事水平。四是各代表队充分发挥"代表之家"阵地作用，积极开展学习交流、述职评议、走访选民、接待来访、民主议事、办理建议等活动，内容丰富多彩，形式不拘一格，效果实实在在。

（四）加强自身建设，提升履职能力

加强自身建设，不断提高主席团全体成员的思想业务水平，不断提升议事水平和履职能力。一是抓自学，不断提高主席团成员的政治思想业务素质；二是在召开主席团会议时，有针对地学习有关法律和政策，使全体成员的法律法规意识不断增强；三是认真开展各项活动，结合区、镇人大代表的工作视察，正常开展主席团的视察活动。

二　政府机构

盐东地区是革命老区之一，共产党领导下的基层民主政权组织机构建立较早。在抗日战争最为艰苦的 1940 年，当时新四军主要领导人之一的陈毅带领新四军一、二支队与八路军五纵队在苏北会师，随即就在苏北地区开辟革命根据地，建立了盐阜抗日民主政权，设立了东乡办事处和南洋办事处，组织和领导人民群众开展对敌斗争。1941年9月，中共华东局决定，将盐城县划为盐城、建阳、盐东3个县。1941年11月7日，在柏家墩（今丰富镇境内）正式成立中共盐东县委员会和盐东县抗日民主政府。全县划分为6个区，现盐东地区隶属第一区和第三区。

抗日战争胜利以后，盐东县民主政府为适应新形势的需要，将行政区域进行了调整。恢复了区、乡制，南洋区下辖本地新建、新丰、信港、坞港5个乡；新洋区下辖本地中东、东南、新冲、桂英4个乡。

1949年10月，进行了新的行政区划调整，盐东县并入射阳县。新洋区区境未变，辖有中东、东南、桂英、新冲、新建、新丰、坞港、南港等9个乡，区政府设在大佑三区。1956年和1957年先后经过两次并区并乡，新阳区由9个乡合并成两个乡，其中桂英乡辖8个高级农业合作社，南港乡辖13个高级农业合作社。1958年11月，建立新洋飞跃人民公社，公社机关驻李家灶，下辖5个大队，27个中队。1957年1月，撤销中队编制，分别建立大队，新洋飞跃人民公社下辖20个大队。1960年有部分大队重新划分，后为26个大队。"文化大革命"期间，新洋人民公社武装部牵头组建生产办公室，实行"武装抓总"。各大队相继成立以"民兵营抓总"的生产指挥组。在党组织活动停止的情况下，新洋公社生产办公室总揽原党委会和管理委员会的工作，下属26个大队由大队民兵营主持日常工作，时称"民兵一条线抓总"。1981年5月，撤销公社革命委员会，成立公社管理委员会，全社共辖27个大队。1983年8月实行乡村制，新洋人民管理委员会改为新洋乡人民政府，下辖各大队均改为村，建立村民委员会。

2000年1月25日，经江苏省、盐城市、射阳县各级政府批准，撤乡设镇，原新洋乡更名为盐东镇。2007年8月1日，盐东镇从射阳县划归盐城市亭湖区，镇政府为副处级政府行政管理机构。至2013年12月止，盐东镇政府下辖12个行政村和2个居民委员会。

专栏 10—4

盐东镇领导干部接访工作制度

一、接访领导：镇领导班子全体成员。

二、接访时间：党委、政府主要领导每月 2 次，其余领导每周 1 人负责接访，接访领导要按时到位，如有事外出或其他原因不能接待，应提前和其他领导协商，保证至少要有一位镇领导负责接待群众来访。

三、接访地点：镇信访办。

四、接访原则：按照"属地管理、分级负责""谁主管、谁负责"和"一岗双责"的原则，坚持有访必接、有接必果的要求，通过领导干部接访活动，使来访群众人人受到领导接待，来访事项件件得到依法处理，努力推进问题解决。

五、接访办理：

（1）接访事项由承办部门按照接访领导的批示或会议讨论的决定负责办理，镇信访办负责跟踪督办，有关承办部门、单位应在 30 日内办结并书面答复来访人；情况复杂的，应在 60 日内办结并书面答复来访人。办理结果的报告应由承办部门领导审签后报镇信访办备案。

（2）对属于本分管职责范围的问题，接访领导能够当场答复，应给予解答或提出处理意见；对需进一步调查了解，研究处理的问题，接访领导可提出具体意见；对情况复杂、涉及面广、影响较大的重大疑难接访问题，接访领导可提出处理原则与思路，并交镇长办公会议或党委会议讨论解决。

（3）对不属本分管职责范围的问题或咨询性质的来访者，当日接访领导要认真做好政策法规的宣传解答工作，动员疏导来访者到有关部门或单位反映问题，并主动与有关部门或单位协调落实到位。

（4）对来访者反映的干部重大违纪、突出问题或重要的批评建议，由接访领导及时向党委汇报，并做好办理情况反馈工作。对涉及举报、控告类问题，有关人员不得将情况透露给被举报、控告的单位或个人。

（5）对涉及面广、影响较大、有关承办部门和单位难以处理的重大信访事项，应立即向镇主要负责人报告，由镇党委、政府集体研究处理。

（6）对已经或者应当通过法律诉讼、行政复议、仲裁处理或已有明确处理答复意见的，接访领导责成有关部门、单位或指导信访人依照法律、法规的规定处理。

（7）负责信访接待的领导或者具体承办部门或单位的主要负责人在办理信访事项时，应当恪守尽职、秉公办事，查明事实、分清责任、宣传法制、教育疏导，及时妥善处理，不得推诿、敷衍、拖延。

六、来访者的要求：

（1）集体访要选派 5 人以下的群众代表，按接访顺序安排接访，不得干扰镇机关正常的工作秩序。

（2）举止文明，就事论事，不准借题发挥。

（3）上级部门转交其他部门办理的事项。

（4）不能强行要求领导接访，更不能聚众闹事。

七、督办反馈：

（1）责任部门单位应将办理结果及时答复来访人员，并反馈给镇信访办，不能按期办理的，应向镇信访办说明办理进展情况及下一步工作意见。

（2）镇信访办负责接访活动的督办和办理情况以及反馈工作。收到责任部门的办理结果报告后，要认真审核，符合办结归档标准的，报接访领导审阅后归档，不符合办结标准的退回责任部门、单位重新办理。

本制度自发文之日起执行。

2001 年 1 月 20 日

专栏 10—5

扎实开展"作风建设深化月"主题教育活动

2013 年 8 月盐东镇政府出台《盐东镇关于"作风建设深化月"活动实施意见》，开展"作风建设深化月"主题教育活动。活动旨在严格执行中央、省、市、区关于改进工作作风、密切联系群众的各项规定，认真贯彻落实盐城市委六届三次全会和亭湖区委七届三次全会精神，牢固树立六种意识，大力弘扬六种作风，切实解决六个方面突出问题，营造"重执行、抓落实、讲效率、干事业"的浓厚氛围。

一是牢固树立宗旨意识，大力弘扬心系群众、服务人民的作风，切实解决宗旨意识不强、群众观念淡薄、脱离群众、漠视群众、主动服务群众意识差的问题。

二是固树立拼抢意识，大力弘扬抢抓机遇、奋发有为的作风，切实解决责任心和执行力不强、不求上进、不思进取、得过且过、办事拖拉、推诿扯皮、工作效率不高的问题。

三是牢固树立全局意识，大力弘扬顾全大局、令行禁止的作风，切实解决本位主义严重、阳奉阴违、我行我素、不讲诚信的问题。

四是牢固树立务实意识，大力弘扬真抓实干、务求实效的作风，切实解决脱离实际、急功近利、不察实情、不讲实话、不办实事、不求实效，弄虚作假、形式主义严重的问题。

五是牢固树立终身学习意识，大力弘扬勤奋好学、学以致用的作风，切实解决缺乏干事激情、精神状态不佳、改革创新意识不强、因循守旧、墨守成规以及不学习、不钻研和学风不浓、玩风较盛的问题。

六是牢固树立艰苦奋斗意识，大力弘扬吃苦耐劳、廉洁从政的作风，切实解决干工作怕吃苦、怕受累、享乐主义较重的问题。

盐东镇开展的"作风建设深化月"主题教育活动共分四阶段进行，着力解决四个方面的问题。一是作风建设再深化。8 月，全镇通过"四个一"活动加强全镇党员干部作风建设。"四个一"活动即群发一次"廉政短信",提醒党员干部学廉思廉;上好一堂专题党课,由镇党委邀请市、区纪检部门同志为镇机关、村(居)及部门党员干部上一堂作风建设专题党课;观看一部勤廉电教片;组织一次勤政谈心,由镇三套班子成员对分管挂钩的村(居)、部门和单位的党员干部特别是重点中层岗位负责人进行一次勤政谈话。二是固本强基再深化。结合"评定升"工作,组织基层党组织、书记、党员开展"升级、升星、升格"目标承诺公示活动,制定整改提高工作方案,实施挂图作战,同时开展评定升专题知识测试,对无职党员设岗定责,引导广大党员牢固树立进位争先意识。在即将进行的村党组织换届工作中,严格执行相关程序和规定,严查违法违规行为,确保换届环境风清气正。三是便民服务再深化。盐东镇的便民服务中心8月正式投入使用,一站式集中办理涉及经济、社会事业发展和服务于广大群众的审批、许可、确认等事项,各进驻部门和单位要切实提高行政效能和服务质量,最大程度地方便人民群众,使便民服务中心成为依法行政和为民服务的载体,成为展示政府形象的窗口。中心坚持"廉洁、勤政、高效、便民"原则,以"便民惠企"为目标,秉承"小窗口大服务"的理念,确保服务渠道畅通,办事快捷高效,全力打造阳光型、亲民型便民服务平台。四是构建和谐再深化。结合8月全镇领导干部下访"金桥行动",各级干部认真贯彻落实中央、省、市、区关于信访稳定工作的决策部署,以维护社会稳定为第一责任,以化解信访积案为重点,扎扎实实地组织好领导下访活动,深入矛盾多、问题多的村(居),了解民情民意、破解发展难题、化解社会矛盾,促进干群关系融洽、促进基层发展稳定、促进干部作风转变,努力实现全年进京及省上访总量、集访量同比下降30%以上,进京非正常上访初始登记同比下降50%以上,努力实现进京非正常上访、集体上访"零通报",为全镇经济社会发展营造和谐稳定的社会环境。

　　资料来源:改编自盐东镇党委宣传办稿件(2013年8月)。

第三节 "强镇扩权"试点

2010 年 8 月，江苏省开展"强镇扩权"改革试点，试点镇被赋予县级经济社会管理权限。试点的主要目标是，通过两年左右努力，推动一批有条件的经济发达镇逐步发展成为人口集聚、产业集群、结构合理、体制创新、环境友好、社会和谐的现代新型小城市，与现有大中小城市形成分工有序、优势互补的空间格局（见专栏 10—6）。10 月，盐东镇被江苏省委、省政府确定为"强镇扩权"试点镇。2011 年 4 月，亭湖区委、区政府专门成立试点工作领导小组，并于 2012 年提出《关于推进盐东镇行政管理体制改革试点工作的实施意见》，明确要求用三年时间，将盐东建成规划布局合理、产业特色明显、经济实力雄厚、基础设施完善、生态环境优美、社会和谐发展的知名小城镇的目标定位，为改革试点工作指明方向。

改革试点以来，盐东镇党委和政府抢抓"强镇扩权"机遇，以"创新管理体制、扩大管理权限、强化公共服务、增强发展活力"为主要内容，坚持"放好权，接好权，用好权，管好权"，扎实有序推进各项试点工作，成功解决长期以来权利与责任不对等矛盾，从以前的"小马拉大车"到现在"为大车配大马"，使得盐东镇在全区乃至全市经济社会发展中的辐射引领作用得到进一步增强。

在试点过程中，盐东镇以"强镇扩权"为最大政策，结合镇情实际，积极探索建立简政放权、提速增效的管理体制，试行行政事业机构整合设置、人员编制精干、管理扁平高效、运行机制灵活的"一办六局一中心"的新型基层政府架构。即成立党政办公室，组建组织人事和社会保障局、经济发展和改革局、财政和资产管理局、建设和环境保护局、社会事业局、综合执法局，设立便民服务中心，并且通过扩权改革举措，赋予这些机构以部分县（区）级经济社会管理权限，以此承载部分区级经济社会管理内容。

改革过程中，盐东镇不断优化行政效能管理，及时出台《盐东镇行政管理体制改革试点方案》，通过学习借鉴外省、市试点镇权限下放的成功经验，结合镇情实际，主动对接市、区相关部门，承接下放的权限。只有"扩权"才能"强镇"。按照权责一致、能放即放的原则，亭湖区编办会同区法制办及相关部门进行专题研究，依法赋予盐东镇部分县级经济社会管理权限，梳理出第一批可下放的区级权限437项，其中包括56项行政审批事项和381项行政执法类事项，重点涉及产业发展、规划建设、项目投资、环境保护、市场监管、安全生产、社会管理和民生事业等17个方面，以期实现"区里事情镇里办"，增强盐东作为试点镇发展的内生动力。

由此一来，盐东镇镇一级的人事管理权、财政管理权、项目管理权、审批权和执法权等权限都得到扩大，地方政府有了充分的话语权，获得更大的驾驭空间。盐东镇的"强镇扩权"还得到亭湖区委、区政府的高度重视和大力支持：第一时间出台政策，每年安排发展专项资金1500万元；以2010年为基数，新增财力中地方部分全部归镇所有，五年不变……在项目安排和政策扶持方面予以倾斜，缓解了重点项目建设的资金、土地要素压力，有效解决了财政留成少、人手紧缺、事权不足等多方面的限制，给盐东的发展注入新的活力。

按照体制改革试点方案，盐东镇在盐城全市首家推行双向选岗，打破编制及身份限制，经志愿填报、双向选择等程序，走上新的工作岗位，极大地调动了干部职工的工作积极性，提高了行政效率。

通过前期的充分准备，2013年3月16日，盐东镇举行了"一办六局一中心"股级以下人员双向选岗。这次选岗分为三轮次进行，参加选岗人员根据自身专业类别及岗位要求，进行自报选岗。"一办六局一中心"领导班子根据职能需要选择工作人员，选岗结果和落选人员名单现场公布。在当天的活动中，共有35名公务员和事业单位人员通过选岗找到了适合自己的工作岗位。

成功选到 4 名工作人员的镇建设和环境保护局局长李楠说："这样的活动给了我们用人单位很大的自主权，我们根据部门的主要职能和岗位设置，从原镇农技服务中心等单位选到自己想要的人。通过双向选择，职能部门可以找到更加适合本部门工作需要的人员，所有参加双向选择的人员也可以找到更加适合自己业务特长的岗位，一举两得。"

"我的岗位我做主！今天我真的很激动，通过双向选岗，我正式成为镇党政办公室的一名工作人员。过去调整岗位，都是镇党委、政府说了算，这次是我自己选的。党政办的工作适合我个人发展，我一定会珍惜这个岗位，加强学习、熟悉业务，以饱满的热情投身到盐东小康社会建设中。"原社会事业办公室工作人员姜惠妍高兴地说。

"这次双向选岗活动之所以取得成功，一方面，镇党委、政府高度重视，未雨绸缪，深入调查研究，广泛征求意见，使这项工作得到全镇干群的认可，有了广泛的群众基础；另一方面，无论是'一办六局一中心'的班子成员，还是每位参加选岗人员，事前都进行了充分沟通和广泛互动，特别对平时工作能力一般、表现平平的同志更是极大的触动。有些同志主动向所选单位负责人作出承诺，表示在新的岗位上改进作风，加倍努力工作。通过这次活动，使我们增强了用人的透明度与广泛的参与度，激发了大家干事创业的激情，实现物尽其用，人尽其才。"时任盐东镇党委书记李新仁表示。

为确保双向选岗公开、公平、公正，活动邀请了区委组织部、区人社局、区编委办、区政府法制办等相关单位负责人监督。据全程参与监督的亭湖区委组织部相关人员介绍："双向选岗"能做到资源最优化配置，能力最大化发挥，经验值得总结与推广。

"在新的岗位工作一年来，我感觉镇里的财力有了大幅增加，财政管理权有所增大，也带来了民生大投入、基础设施大改善，盐东发展的后劲更足了。"2013 年 3 月 31 日，盐东镇财政和资产管理局副局长刘娟兴奋地说。刘娟原是镇农村经济经营管理服务中心主任，2012 年 3 月，通过公推公选，担任现职务。

随着这些经济社会管理权限的下放，进一步增强了镇一级的服务功能和发展活力，实现从"脚大鞋小"到"量体裁衣"的转变，做起事情来不像原先那样需要漫长的审批过程，办事效率自然比以前提高不少。

这么多审批权限如何"放得下、接得住、用得好"？盐东镇进行前期探索，建起"一次性告之、一条龙服务，一站式办结、一次性收费"的镇便民服务中心，该中心于 2013 年 9 月正式启用，集中办理审批、许可、确认等事项，让本地居民享受市民待遇；并为创业客商提供资金支持、法律援助、税务代理等各类服务，受到了客商和群众的普遍称赞。随着业务量的增大，在现有 16 个服务窗口基础上，2014 年再增设 6 个便民服务窗口，并启用盐东镇人民政府行政审批专用章，从根本上提升审批效能，同时主动承接好第二批下放权限，确保权限平稳承接和有序运作。

原来，镇上没有行政执法权，发现村民违规建房、安全生产事故、食品卫生不达标、破坏环境等问题没法及时处理，只能上报上一级主管部门，事情常常被延误。现在，区里下放了很多管理权限，盐东镇专门组建了执法队伍，初步建立了综合执法体系。

在第一批下放的 437 项区级权限里，属于行政执法类事项就有 381 项，占八成多，面广量大。按照"限定区域、扩大领域、相对集中、统筹管理、权责统一"的原则，盐东镇合并集镇管理中心等部门，组建盐东综合执法局，下移执法权限，整合执法力量，开展区域性综合执法试点，着力提高政府公共服务和公共管理的能力。

为了确保行政权力运行的规范化、制度化、程序化，盐东综合执法局自正式运转以来，对首批下放权力的执法依据、执法程序和法律文书等进行了全面细致的学习，并赴昆山张浦镇、义乌佛堂镇等地考察学习，探索建立综合行政执法模式，2013 年以来共查处违章建筑 40 多处，对 10 多处违建进行了处罚，收取违章拆除保证金 70000 多元。同时，配合国家级生态镇创建，全力整治集镇环境，共拆除广告牌 420 块，整治出店经营 46 起，对菜市场进行了全面整治，使集镇面貌和环境有了较大改善。

随着权力下放陆续对接到位，综合执法局执法领域逐步扩大，执法工作从城镇管理和违章违建处罚领域逐步向安全、农业、水利、社会保障等领域延伸。当然在实际执法过程中，也会遇到不少现实问题（如专业人才少等）。例如，劳动监察工作人员必须是专职的，需要取得相关资格证书。综合执法局分期安排人员外出培训，不定期邀请专家授课，加强常用法律法规研究学习，迅速提高执法人员素质，为盐东经济社会全面、持续发展保驾护航。

"扩权"为了"强镇"，"扩权"必须"强镇"。随着一系列举措的实施，盐东镇发展环境不断优化、经济社会发展活力明显增强：科技产业园、现代农业园、东南纺织工业集中区、新洋港新型建材园四大园区生机勃发；近三年落户 5000 万元以上项目 30 多个；"三新工程"亮点纷呈，统筹城乡快速推进……盐东正向"全区乡镇争第一、全市排名再进位"的目标阔步前进。

专栏 10—6
江苏省"强镇扩权"试点的主要内容

试点内容主要包括以下四个方面。

一是创新管理体制。探索机构设置综合、管理扁平高效、人员编制精干、运行机制灵活的基层政府新型管理架构。试点镇按照副县（处）级管理，镇以下不设派出机构。

二是扩大管理权限。按照权责一致、能放即放的原则，赋予试点镇县级经济社会管理权限。下放、委托给试点镇的行政许可、行政审批和公共服务事项，原则上进入镇便民服务中心，实行"一站式"服务。试点镇成立综合行政执法机构，实行综合行政执法。县（市）以上职能部门派驻乡镇的机构，原则上由试点镇管理。

三是强化公共服务。明晰县镇事权划分，坚持财力与事权相匹配，进一步完善财政管理体制。省市县各级要加大对试点镇投入，在一般预算收入分成比例、财政收入超收返还、规费和土地出让金留成等方面向试点镇倾斜，增强试点镇社会管理和公共服务能力。充分发挥省级财政现有专项资金的作用，加大对试点镇的支持。

四是增强发展活力。按照统筹城乡发展和建设现代新型小城市的目标要求，加强对试点镇规划的指导，提高试点镇规划水平；深化户籍管理制度改革，放宽经济发达镇落户条件，让有条件的农民有序地转为市民，制定农业转移人口在试点镇就业、社会保障等配套政策，逐步使农业转移人口享受与城镇居民相同的待遇；在新一轮土地利用总体规划修编中，充分考虑试点镇发展需要，合理布局，统筹安排；支持鼓励试点镇开展农村土地综合整治、城乡用地增减挂钩试点工作，稳妥进行土地整理、荒地和废弃地开发利用，有序推进产业、人口、居住"三集中"；引导农民以集体资产所有权、土地承包权、宅基地及住房置换股份合作社股权、城镇社会保障和城镇住房产权等。

资料来源：摘自"江苏试点'强镇扩权'20个镇将被赋予县级管理权"，《新华日报》2010年8月7日。

第十一章

乡镇治理

　　乡镇是国家最基层的一级政权，乡镇治理无疑是国家治理的基层环节和基础。因此，乡镇治理体系和乡镇治理能力在相当程度上体现着国家治理体系和国家治理能力。盐东镇现行乡镇治理体制是按照 1982 年宪法构建起来的。通过镇党委、村党支部、镇人民代表大会、镇政府、村民委员会以及司法、工商、群众组织和民间团体组成了较为完整的乡镇治理体系，为盐东镇域政治、经济和社会长期稳定发展奠定了基础。2007 年区划调整，盐东镇的发展被进一步纳入到盐城市推进大市区建设的战略之中，盐东的乡镇治理也随之进入了新的发展阶段。2009 年，盐东镇被确定为盐城市统筹城乡发展试点示范镇，2010 年，被确定为江苏省"强镇扩权"试点镇。由此，盐东围绕城乡统筹、抓住改革重点、破解改革难题，积极探索统筹城乡行政管理体制改革的新途径、新思路，着力转变政府职能、优化政务环境、完善乡镇治理体制，与城乡一体化建设相适应的乡镇管理体制和运行机制正在形成，乡镇治理能力也在相应提高。

　　本章承接上一章的内容，重点阐述在盐东镇党委、政府领导下的盐东乡镇治理体系，包括司法行政与社会治安、工商行政、群众团体和民间组织、地方武装等内容。

第一节 司法行政与社会治安

一 司法行政机构

盐东地区最早成立的独立司法行政机构是司法办公室，成立于1982年，各村（居）均建立基层调解委员会，司法办公室设立专门的司法助理员，指导、参与基层调解委员会工作。1986年新洋乡成立法律服务所，与司法办合署办公，负责指导管理法律服务工作。2000年撤乡建镇后，司法办公室更名为司法所，设立司法助理。至2009年，全镇有调解委员会15个，调解员21名，主要工作是调解民事纠纷、普法宣传、刑释解教人员的安置和帮教等。这些基层司法机构在协调民事纠纷中发挥着很大作用。多年来，经司法调解的民事纠纷案有近千件，调解成功率达97%，纠纷案中，邻里纠纷率为65%。

司法所除负责调解各类民事纠纷、协助政府处理社会矛盾外，还配合新法律法规的实施做经常性的普法宣传工作，每年对基层调解员进行1—2次的业务培训；司法所还参与社会治安综合治理，完成上级司法行政机关和镇党委、政府交办的维护社会稳定工作，组织开展基层依法治理工作，为基层行政执法单位依法行政、依法治理提供法律意见和建议。在协助有关部门和单位对刑释解教人员的安置、帮教人员的安置工作中，截至2009年，全镇共接管期内安置帮教两劳释解人员36人，其中重新犯罪率为零。司法所的另一项工作是推进社区矫正对象的矫正与管理，2005年5月开始接收第一批16名矫正对象，截至2007年10月，全镇共有在册社区矫正人员30名，已顺利解矫对象24名。

盐东镇安置帮教工作，紧紧围绕"进位争先、争创一流"的工作目标，在建设"平安盐东"中发挥了重要作用，筑牢维护社会稳定的"第一道防线"，有效地促进了全镇经济健康、稳步、快速发展。先后被省、市、区表彰为司法安置帮教工作先进乡镇。

　　盐东镇发挥镇、村、组三级调解机构职能，建立了"三调联动"调解机制。并坚持以村支两委为核心，精心挑选一批懂法律、文化素质高、工作能力强、群众信得过的人组建了调解员队伍，形成了镇、村（居）、组三级调解网络，使人民调解工作走向了规范化。2011年，共发生矛盾纠纷案件188起，成功调处了175起，成功率达93%。

　　在"强镇扩权"试点工作中，按照"限定区域、扩大领域、相对集中、统筹管理、权责统一"的原则，盐东镇2013年合并集镇管理中心等部门，组建盐东综合执法局，下移执法权限，整合执法力量，开展区域性综合执法试点，着力提高政府公共服务和公共管理的能力。随着权力下放陆续对接到位，综合执法局执法领域逐步扩大，执法工作从城镇管理和违章违建处罚领域逐步向安全、农业、水利、社会保障等领域延伸。

　　盐东镇的司法行政工作取得了较好的成绩，2009年，艳阳村、东南村、中东村3个村分别被省、市评为民主法治示范村。

二　社会治安工作

　　盐东镇的社会治安工作围绕维护社会稳定，保障人民生命财产安全，推进平安创建活动，全面启动"平安盐东"创建工作，有力地维护了社会大局的稳定，为全镇三个文明建设做出了积极的贡献。围绕创建"平安盐东"的工作目标，盐东镇首先加强了组织建设，完善治安网点。镇、村分别成立了领导班子，为预防外来流窜作案犯，在庆丰、洋桥、干校设立了3个治安卡口点，全镇共组建了7个警务值班室，招录了47人从事保安、联防工作。在注重人防队伍建设外，同时投入13万元，在集镇要道处安装了4个探头，在银行、公司、企业、商店等要害处安装了150余只电子狗报警器。东南、庆丰两个工业园区消防设施进一步完善，学校周边环境得到有效整治，"四防"①工作得到加强。加强特种行业的管理，

---

　　① "四防"即防火、防偷、防治安要害事故、防特。

利用各村警务值班室、工商管理，对特种行业的摊点，尤其是对烟花爆竹、液化气零售点加强管理，保障群众生产、生活安全。

社会治安整治中，盐东镇广泛开展了平安村（居）、平安单位、平安企业、平安学校、平安工地、平安家庭等多项的专题创建活动，并分门别类地制定创建达标标准。在开展严打整治斗争中，结合上级政法机关的部署，积极开展严打整治斗争，从1992年以来，全镇刑事案件发生344起，治安案件发生880起，刑事案件侦破256件，侦破率达88.6%；治安案件查处862件，查处率98%。与此同时，还加强对外来人员、流动人员的管理，认真进行青少年普法宣传，减少了青少年违法犯罪。

赌博是败坏社会风气，它会破坏和谐社会建设，是危害家庭的祸根。为了从根本上铲除地下"六合彩""扳砣子""电游赌博机"等赌博活动，遏制赌博违法犯罪。2011年，盐东镇多次联合公安干警、国家干部、村级治保主任开展专项整治活动，对赌博窝点进行了捣毁查处，通过查处、打击行动，极大地震慑了违法犯罪人员，效果十分明显。

盐东镇地处三县交界处，社情民意复杂，毒品犯罪、流窜犯罪等问题相当严重。在诸多特殊性问题中，涉毒犯罪是最棘手的问题。对此，镇党委、政府下猛药、动真格，禁毒宣传铺天盖地，打击处理坚强有力。多次组织对盐酸羟亚胺生产人员进行拉网式大排查，全面摸底，出头就打，露面就抓。涉毒案件侦破率处于全市先进行列，狠狠打击了涉毒犯罪的猖獗势头。

着力强化安全管理，尽量减少交通、火灾以及危险品引发的重大事故的发生，有效地保障人民群众生命财产安全。2011年盐东镇加大路检路查力度，加强通乡村公路的安全管理，重点整治了农用车、拖拉机违章载人，摩托车无证无牌驾驶，使违章行为基本得到了抑制。2011年共开展大型安全专项整治活动10多次，共检查各类违章事例100余次，查处违章车辆300辆次，行政拘留2人。

2011年，盐东镇加强了法制宣传，以出动法制宣传车、制作宣传栏、刷写永久性标语、印发各种禁毒、禁赌、反邪教宣传资料,通过组织法律知识考试、党政主要负责人亲自下到村组召开形势报告会等形式加大法制宣传力度。开展以"崇尚科学、珍惜生命、拒绝邪教、关爱家庭"的宣传活动。组织观看《反对邪教幸福安康》教育片。还在全镇范围内开展"关注安全、平安是福"为主题的安全生产宣传活动,发放安全公开信、安全生产小常识、安全生产警句等安全生产宣传资料20000多份。在全镇中小学师生中开展了为期一天的安全集中警示教育,各校配备一名法制副校长,专为学生讲解法制教育,受教育面达到100%。通过坚持法制宣传与法制实践相结合,结合实际案例现场说法,使人民群众懂法、用法、守法意识明显提高,有力促进依法治镇进程。

三 创建优秀司法所

盐东镇于2007年8月从射阳县划归亭湖区的农业乡镇后,与盐城大市区战略更加紧密联系。随着镇域经济、社会事业的快速发展,面临着矛盾多、情况复杂、处理难度大的实际,镇党委、政府对司法所的工作倍加重视,确定以创建优秀司法所为目标,推动新形势下的司法行政与社会治安工作。为此,在人、财、物等方面为创建优秀司法所提供坚实保障,帮助解决创建过程中遇到的各种困难和问题,大到办公室的安排、办公用品的添置,小到各类标牌、规章制度的制作悬挂等,镇领导亲自督查及时指导,引导司法所为科学创建奠定坚实基础。

工作做到"三配"。一是配全人员。盐东镇党委对照江苏省创建优秀司法所标准,对本镇司法所人员进行了充实调整,明确了2名行政编制和2名镇办人员作为镇司法所专职工作人员。二是配齐办公用房。盐东镇司法所原有办公用房只有2间共50平方米,为达到省创建的要求,镇党委又安排增加了3间,使该所的办公用房达到了5间共130平方米,并投入15000多元对所有办公用房,进行了装潢,添置了冬天取暖器、计算机、打印机、档案橱等办公用品,不仅满足了办公场所需要,还极大地改善了办公条件。三是投足办公经费。2011 年年初,盐东镇财政对司法行政办公费用纳入财政预算,按月发放工作人员工资,按需报支各种费用。

2011 年以来,盐东镇司法所以创建活动为载体,全力服务该镇党委、政府中心工作,主动参加重大疑难纠纷的调解,以化解社会矛盾纠纷为主线,扎实推进法制宣传、人民调解、法援法服、矫正帮教"四大实战平台"。

——**法制宣传,教育引导功能不断强化**。2011 年年初,盐东镇司法所认真筹划,促成镇党委印发《2011 年全镇法律宣传教育工作实施意见》,为全年工作的顺利开展赢得了主动;以法制赶大集和送法进村组、进农户、进企业、进学校等活动,让更多的群众享受法制阳光;全年,组织开展普法咨询活动 6 次,累发法制宣传资料 6000 余份,张贴宣传标语 200 多条,受教育人数达 7000 多人次,给 4 所中小学校 4000 多名学生分别上法制教育课 4 次,出刊法制宣传栏 4 期;"民主法治(示范)村"创建工作不断深入,2011 年申报的兆丰村已被市级民主法治示范村,生建村、美满村为区级民主法治示范村。

——**人民调解,化瘀防范功能不断强化**。盐东镇"大调解"整合力量、形成一体;与村(居)和相关部门协调、协同、联手、指派、分流,多调对接实现联动;"两节""两会""民调月""中庆大阅兵"等敏感时期矛盾纠纷专项排查调处有序进行;"送训下村组",登门授课、指导调解,有效提高基层调委会人员的综合素质,深受群众欢迎;2011 年,镇村共排查矛盾纠纷 246 件,调委会矛盾受理 181 件,指派、分流村(居)和单位调解的 160 件,镇矛调中心直接处理 21 件,调解成功 172 件,处理成功率达95.02%,有力地维护了盐东镇社会大局的稳定。

——**法援法服,维权保障功能不断强化**。组建了以法律服务所为主要业务骨干,各村(居)民调主任为法援工作信息员;各村(居)在要道口、村庄集中区设立了"有理无钱打官司、法律援助不收费"等公示墙；利用广播自办节目等载体，广泛宣传"江苏省法律援助工作条例"；组织法律工作者积极参与政府信访、大调解、法律援助等工作，更多地劝导当事人通过调解、和解等非诉讼方式解决纷争；年内深入企业排查矛盾纠纷4件，防止群体事件3起，挽回企业经济损失达30多万元。

——矫正帮教，改造挽救功能不断强化。32名社区矫正志愿者队伍，成为社区矫正工作的一支重要力量；以"帮教、帮技、帮困"为主要内容的"连心牵手春风行"活动，以"防脱和、防漏管，打击重新违法犯罪"为重点的"两防一打"活动，对社区矫正对象做到一人一档、周汇报、月小结、公益劳动、年度评审、手机定位、风险评估运行规范。司法所建立了学习教育、公益劳动、临时安置"三大基地"，已成为教育改造41名社区矫正对象、26名刑释解教人员的重要抓手，"两类"特殊群体脱管、漏管现象得到有效遏制。

在此基础上，盐东镇司法所还提前介入镇重点工程项目之中，启动维稳防控预案，把不稳定因素化解在萌芽状态。2011年3月以来，S331省道绿色景观建设工程开始施工，在盐东镇境内涉及186户土地流转，镇党委、政府开展青苗、花草树木补偿费的评估、流转土地丈量、与群众签订协议等，需司法部门予以配合。镇司法所派出2名同志起早带晚、加班加点，参加工程建设矛盾化解工作。近一个月时间的劝解，使得被土地流转户心服口服，全镇未发生一例因在承包地里栽植绿化而越级上访，得到区领导和镇党委、政府的充分肯定。同时，镇司法所还参与镇政府起草的信访事项答复意见等规范性文件6份，为地方工作振兴发挥了积极作用。

专栏11—1

筑牢防线得太平

2013年以来，亭湖区盐东镇党委、政府认真贯彻党的十八大会议精神，落实科学发展观，高度重视综治维稳工作，依靠普法，树立"稳定压倒一切"的思想，积极开展法制宣传，加大法治力度，围绕打、防、控一体化建设，扎实开展治安防范建设，为盐东镇经济社会的健康发展和人民群众的安居乐业创造了良好的社会环境，连续多次被评为市、区文明镇和法治工作先进集体。

1. 维稳责任大落实

盐东镇始终把综治工作作为"一把手工程"来抓，以制度建设促进综治维稳工作规范化，形成齐抓共管的工作格局。

盐东镇专门下发文件明确规定综治维稳工作实行目标管理，对干部实行量化考核，对村（居）委会、部门单位实行责任制；成立了强有力的综治维稳工作领导小组，在党政联席会上专题研究稳定工作每月不少于两次。与 14 个村（居）委会、30 个部门单位负责人签订了综治目标管理责任书，明确了领导责任，实行一票否决制度。同时，对于各项热点难点问题，镇党委、政府坚持做到"四个一"，即一个问题、一套班子、一个方案、第一时间解决。对重管对象实行监控。此外，组建常年治安巡逻队，配齐专业巡逻队员，坚持在全镇各村街开展夜间巡逻，全年安排专项经费 10 多万元。

2. 纠纷矛盾大化解

盐东镇人口基数大，社情民意复杂，特别是 2012 年以来，随着重点工程建设越来越多，涉及群众利益的热点、难点问题也日益突出。为确保工程的顺利施工和社会大局稳定，盐东镇高度重视纠纷矛盾化解工作。

镇党委、政府要求所有镇村干部进行民情大走访活动，做到下村入户了解基本群情，听取群众呼声。2012 年，村干部均走访占所在村人口 95% 以上的群众，做到社情民意把握透彻、热点难点心中有底。在此基础上，以打造"和谐盐东"为目标，坚持预防为主、重点整治、综合治理的方针，高度重视信访工作。将每周二作为班子成员的信访接待日，2011 年，受理群众来电、来信、来人反映情况 76 人次，当场解决问题 69 个，不能立即解决的问题也及时指派具体负责干部耐心做好政策宣传、解释说服工作，消除群众误会，解答政策疑点，劝导偏激行为，使来访群众带着疑虑来，带着满意走。

3. 平安创建大参与

以人为本，依法治镇是"法制盐东"建设的基本要求。盐东镇坚决贯彻"打防结合、预防为主"的工作方针和"属地管理""谁主管，谁负责"的工作原则，成立了以党政主要负责人为组长的领导小组，大力开展"平安单位""平安村（居）""平安校园"等创建和考核评议工作，严格实行领导责任制和"一票否决权"制，把创建活动的实际效果作为对单位和个人考核、评比、奖惩的一项内容，结合创建平安单位活动，动员全社会广泛参与。同时，运用各种宣传手段积极开展宣传活动，不断提高群众的法制意识和参与创建的自觉性、积极性，使平安创建活动逐步形成科学、完善的良性循环长效工作机制。

盐东镇还特别重视社区矫正和流动人口管理工作，对全镇40多名矫正对象采取多种措施进行重点监管，并计划组织3次全面清查摸底，对全部外来人口的租住地、租住人口具体信息、数量进行了收集归档，并办理了居住证，在加强监管的同时提升了服务。

资料来源：摘编自盐东镇党委宣传办相关稿件（2013年4月）。

第二节 工商行政

盐东镇工商业的行政管理机构盐东镇工商所始建于1976年，原名新洋工商所，后几经撤并，于1996年重新恢复。2002年8月机构改革，成立射阳县工商局盐东分局，此后改为盐东镇工商所。受亭湖区工商局委托，工商所管理的主要内容是办理辖区内个体工商户开业、变更、歇业登记和验照贴花；负责辖区内企业年度检验；管理辖区内的集贸市场，监督集市贸易经营活动，依法对辖区内无照经营行为进行查处；负责辖区内市场主体的检查，依法对辖区内的个体工商业和集市贸易中经营者的违法行为实施吊销营业执照，责令停业，扣缴或收缴营业执照以外的行政处罚；并处理区局授权范围内的消费者申诉案件；宣传工商行政管理法律、法规和有关政策。

工商所现有在编人员 7 人，其中本科学历 3 人，专科学历 4 人，平均年龄 44 岁。自 1985 年以来，工商所根据市场发展的需要，逐步建立了一支素质较高的协管员队伍，加强了市场的法制、法规宣传，使盐东镇的市场逐步走上制度化、规范化的轨道。与此同时，定期或不定期地开展商业检查，20 多年来累计查处各类违法违章案件 622 起，涉案金额 2000 多万元，达到了强化市场管理、保护消费者权益的目的。

盐东工商所从建所以来，大力培养市场体系，加大监督力度，文明管理、依法行政。紧紧围绕"服务型、监管型、法治型"三型工商建设的目标，坚持做到"监管与发展、监管与服务、监管与维权、监管与执法"的统一。大力发展个体私营经济，努力维护市场经济秩序。各项工作取得了较好的成绩，先后被省、市局评为文明工商所，被市县文明委、县优化办评为文明单位和红旗窗口，多次被上级局评为先进集体和先进单位，连续多年被地方党委、政府评为服务经济工作先进单位和优秀党支部。

第三节　群众团体和民间组织

盐东镇在多年的经济、文化和社会发展中，建立了覆盖面广、体系完整的群众团体和民间组织，包括工人团体、农民团体、青少年团体和妇女团体等。这些群众团体和民间组织对盐东镇经济发展和社会稳定发挥了积极作用。

一　工人团体

盐东地区工会组织成立于 1988 年，当时称为新洋乡工委委员会，下设经费审查委员会、女职工委员会、劳动保护安全监督委员会和劳动调解委员会，包括 3 个工会联合会以及 22 个基层工会委员会，会员 3126 人。2009 年盐东镇召开了首届职工代表大会。大会选举产生盐东镇工会暨纺织行业工会，下设 3 个委员会，选举产生工会主席 1 人，副主席 1 人，成员 5 人，随后成立了庆丰工业集中区联合工会。盐东镇工会成立后，努力抓好新形势下工会建设工作，运用从全面覆盖"建起来"，到规范建设"转起来"，再到真正发挥作用"活起来"的"三步走"工作法，启动工会工作的新引擎，工会工作彰显新活力。到 2010 年 6 月，全镇共建立基层工会 37 个，实现基层工会工作全覆盖，盐东镇职工入会率达 95% 以上（见专栏 11—2）。

　　盐东镇工会制定了一整套严格的规章制度，坚持尊重职工的主体地位，保证职工民主政治权利，内容包括会员的义务、会员权利、工会活动制度、对工会干部的四项要求和各专门委员会的工作职责以及工会誓词等。建立工会组织的企事业单位都建立了职代会制度，积极推行以职工代表大会为基本形式的民主管理制度，让职工群众参与企业管理，使工会的各项工作在合法、规范的轨道上运行。

　　盐东镇工会的日常工作主要有三个方面的内容：维护职工的合法权益、对职工进行政治思想教育以及职业技能培训。

　　在维护职工合法权益方面，盐东镇工会全面落实职工群众的知情权、参与权、表达权、监督权、以服务职工为本职，全面推行集体协商，规范集体合同签订程序，全镇集体合同签订率实现全覆盖。女职工特殊保护专项协议落实率达 100%，规模企业集体合同、专项协议建制度、签约率达 100%。全镇 90% 以上的企业近三年职工工资年均增幅达到 10% 以上。在开展劳动保护、女职工特殊权益维护、职业病预防工作中，依据相关政策法规，严格把关，有效地保障了企业生产安全和职工身体健康。督促用人单位为职工缴纳各项社会保险。开展"金秋助学"等扶贫帮困活动，把温暖送到每个贫困职工的心上。让每个职工都能共享社会发展的成果。

　　在职工政治思想教育方面，全镇 37 个基层工会定期（每月 1 次）组织职工进行政治学习，学习邓小平理论、"三个代表"重要思想、科学发展观，引导广大职工弘扬劳模精神，提高自身素质，积极投身经济建设主战场，各工会组织广泛开展建功立业活动，广大职工的主人翁意识、大局意识、责任意识不断增强，据 37 个基层工会统计，共组织职工观看专题影像 368 场次；基层工会自设"职工之家"，正常向职工开放；自建宣传栏 58 座，每 20 天更刊 1 次。镇工会委员会还在全镇组织了树立"三观念"，即树立为企业科学发展的观念、树立商品经济观念、树立改革创新意识的宣传教育活动，收到了较好的效果。

镇工会委员会和基层工会注重职工技术培训工作，针对职工的岗位操作要求，开展了专业技术培训。2001 年以来，各厂企聘请专业技术专家到厂进行专业技术培训讲座 320 期次受培 4200 人次，举办各种短期培训班 68 个，学员 2720 人、基层工会还组织举办职工劳动竞赛、职工技能大练兵、技术革新、技术协作等活动，提高了职工的综合技能素质，提高了厂企的经济效益。

专栏 11—2

"三步走"推进基层工会全覆盖

盐东镇工会努力抓好新形势下工会建设工作，运用从全面覆盖"建起来"，到规范建设"转起来"，再到真正发挥作用"活起来"的"三步走"工作法，启动工会工作的新引擎，工会工作彰显新活力，到 2010 年 6 月，盐东镇已实现基层工会工作全覆盖。

1. 抓组建，实现全面覆盖"有"工会

近年来，随着区划调整以及工业化、城镇化、城乡一体化的快速发展，盐东镇经济社会形态发生了巨大变化。如何适应这一新形势，把一大批新经济体的职工群体组织到工会中来，实现工会工作观念、思路、方法的全方位转变，使工会工作提高到一个新的水平，是盐东镇工会首先要思考和解决的一个突出问题。

面对大大小小的城镇、农村新经济体，组建工作从何入手？镇工会把工作重点选在两个关键点上：一是突破重点企业，在全镇率先建好 15 家重点定报企业工会，并以大宏、永大等重点骨干企业工会为示范，全面推进基层工会组建工作，仅 2010 年 5 月就集中组建金舟纺织、查尔斯机电等 25 人以上企业和新经济组织工会 13 家。二是依靠行业工会和联合工会，根据全镇纺织产业突出和企业相对集中的现状，首先建好纺织行业工会以及园区联合工会，以行业工会、联合工会为依托，全面覆盖职工 25 人以下中小企业、个体户、合作社等经济组织。截至目前，全镇共有实名登记工会 58 家，实名登记会员 8000 多名，覆盖率接近 100%，初步打开了全镇工会工作的新局面。

2. 抓规范，着力夯实基础"转"起来

大量的基层工会建立起来后，普遍存在缺阵地、少组织、职责不清、定位不明，部分基层工会干部工作热情不高，队伍松散，年龄老化等一些现象，严重影响了工会的正常工作和作用发挥。

对此，镇工会对基层工会进行充分调研，逐一进行甄别，对症下药。首先是配齐、配硬、配实工会主要领导，在 2009 年年底镇工会召开了全镇一次职工（会员）代表大会，充实镇级工会组织网络，以保证工会工作的上下贯通，得到党政支持，在基层工会则大力推进公推直选工作，让那些政治素质好、热心为职工服务的人走上工会岗位。对于阵地建设，镇工会要求各基层工会做到有独立的办公地点，配齐办公设施，保证通信通畅。每年要有工作计划，适时开展工会活动，年底上报工作总结。要求定期或不定期地对基层工会工作进行抽查，及时进行总结，年终考核，并建立实施了百名乡镇干部联系百家基层工会的工作制度。通过一系列的工作，工会进一步增强了工会的凝聚力和向心力，工会的地位高了，影响强了，作用大了。在 2009 年严峻的经济形势下，镇工会开展"共同约定"行动，与全镇 50 多家企业签订了共同约定协议和集体合同书。各家企业承诺并兑现了稳定工作岗位，不把职工推向社会，不把困难留给职工，不给政府和社会增加压力，不减薪，不裁员，努力维护了企业和职工关系的稳定。

3. 抓创新，善于打造特色"活"起来

工会工作重在基层，重在实效，难在创新。如何进一步创新基层工会工作，激发各级基层工会和工会干部的内在动力，大幅提升工会各项工作，镇工会一直在思考、在努力、在实践。

如何让工会工作"活"起来，镇工会重点选择了几个突破口。一是帮扶，对于在册的困难职工家庭，镇工会进行定时、定点、定对象的帮扶。每逢春节中秋，由工委牵头，镇班子领导深入困难职工家庭慰问。对于在特殊场合执行急难险重任务的职工，采取现场慰问、现场帮扶，收到很好的社会效果。二是服务，近年来，经济逐渐回暖，各地出现了"民工荒"，盐东也受到了一定冲击，特别是纺织和服装等劳动密集型企业，镇工会在了解情况后，主动对接，积极服务，请各村（居）和相关部门帮助招工，还联合人力中心等部门举办缝纫工专题培训，仅今年上半年就培训熟练缝纫工100多人，有效地解决了企业用工难的问题，得到了企业的高度评价。三是共建。镇工会利用资源、人才共享的优势，注重党建带工建，双联系双促进，基层工会干部，表现好的优先作为建党对象，双联系、双促进。同时还与青年、妇联等组织积极配合，各项工作协调并进，2010年5月，与共青团和妇联合办的"爱国杯"青年职工歌手大赛，共有青年职工20多人参加，不仅丰富了企业职工业余生活，还营造了健康向上的企业文化氛围。

资料来源：改编自盐东镇党委宣传办稿件（2010年6月）。

二 农民团体

盐东镇农民组织历史悠久。1941年，盐东境内成立了盐东县农民抗日救国会，随后，南灶乡、大佑乡、华团乡农救会也相继成立，共同协助中国共产党减租减息、除奸反霸，大力支持中国共产党领导的武装斗争。

1945年，盐东县成立农民联合会，全县各区、乡也相应建立了农会组织，原来的各级农会组织自行解体。在1946年（民国三

十五年）秋后的土地改革期间，农民联合会发挥了很大的作用，其时农会组织代行乡村行政的职能（一切权力归农会）。土改结束后，乡村农会不再行使行政权，1950 年 2 月，该会撤销。1965 年 4 月，建立新洋人民公社贫下中农协会。1966 年"文化大革命"开始，协会被迫停止工作，由群众组织的"三代会"① 所取代，1974 年 2 月。又重新成立贫下中农协会，1984 年 1 月撤销。

目前，盐东镇的农民组织主要是在农业产业化过程中出现的各种形式的农村经济合作组织，包括农民专业合作社、土地股份合作社、资金互助社三大合作组织，这些农民专业合作组织对推进农业产业化和现代化、促进农民增收起到了重要作用。

农民专业合作社是以"公司 + 专业合作组织 + 农户"的经营模式为基础的农民经济合作组织，按照龙头企业的要求，安排农户生产，建设标准化种植基地、养殖小区，代表农户与企业签订合同，把分散经营的农户组织起来，既降低了龙头企业与千家万户打交道的高额成本以及合同不能兑现的风险，又有效提高了农民的市场谈判地位，保护了农民的利益，是引导农民走向市场、促进传统农业向市场化农业转变的有效组织形式。盐东镇目前已成立专业合作社 42 家，羊角椒、蔬菜、棉花和西、甜瓜等特色主导产业都拥有农民专业合作组织。其中，羊角椒专业合作社发展较快，运作成熟，覆盖面广，正着手组建盐城市富民羊角椒专业合作社联合社。各个合作社都实行了"五个统一"的标准化农业生产：统一购种、统一种植、统一技术服务、统一包装、统一销售。盐东镇专业合作组织的发展，不仅在农田与市场之间搭起了桥梁，而且促成了一批特色农产品品牌的诞生，"盐红"牌羊角椒、"盐凤"牌鸡蛋、"盐蜜"牌西（甜）瓜、"盐淮"牌生猪都是在农业专业合作社带动下形成的特色农产品品牌。

为适应农业产业化发展，盐东镇制定了农业规模经营发展规

---

① "三代会"即工人代表大会、贫下中农代表大会和红卫兵代表大会。

划，大力发展专业户、专业村，逐步形成一村连多村、多村成基地的专业化生产格局。为解决农业规模化中凸显的土地问题，盐东镇在稳定和完善农村土地承包经营制度的基础上，依法规范土地流转行为，鼓励多种形式进行、多种主体参与的农村土地承包经营权流转新机制。截至 2010 年，全镇共成立土地股份合作社 8 家，实际流转土地 1.6 万亩，占耕地总面积的 17%。通过土地流转，各村（居）相继发展了各自的优势、主导产业，引导农民发展规模化种养业、优化区域布局，调整产业结构。形成了中东的高品质棉花种植、东南的百万只蛋鸡、李灶的万亩西、甜瓜以及桂英的生猪、艳阳的家禽、生建的水禽、曙阳村的羊角椒、正洋村的蔬菜等"一村一品"发展特色。

三　青少年团体

盐东镇的青少年团体主要有两种：共产主义青年团和少年先锋队。1949 年 11 月，射阳县新洋区新民主主义青年团委员会成立。1957 年 5 月，"中国新民主主义青年团新洋区委员会"更名为"中国共产主义青年团新洋区委员会"。1958 年 10 月，中国共产主义青年团射阳县新洋飞跃人民公社委员会建立。1959 年 3 月，新洋飞跃人民公社改为新洋人民公社，原共青团新洋飞跃人民公社委员会改为共青团新洋人民公社委员会。1983 年 8 月，农村体制改革，公社改乡（镇），大队改村，原共青团新洋人民公社委员会改为共青团新洋乡委员会。2000 年 1 月撤乡设镇，原共青团新洋乡委员会改为共青团盐东镇委员会。1985 年 7 月、1987 年 6 月、1995 年 4 月先后召开了共青团新洋乡第七次、第八次、第十一次代表大会，选举产生了新的共青团新洋乡委员会。盐东镇团委会设书记 1 名，委员 8 名。团委会下设 15 个团支部，分别是：桂英中学团支部、东南村团支部、中东村团支部、艳阳村团支部、桂英村团支部、李灶居委会团支部、正洋村团支部、新民村团支部、坞港村团支部、美满村团支部、曙阳村团支部、兆丰村团支部、庆丰村团支部、新建村团支部、生建村团支部。

共青团组织从建立之日起，就围绕各个时期党的中心工作，结合青年特点开展各种活动。1957年团委组织青年在生产建设中推广示范田、试验田，参加抗灾救灾，植树造林，除"四害"① 以及扫除文盲活动。1966年"文化大革命"开始，共青团暂停活动，1973年6月恢复活动。1977年以后，团组织活动趋于正常。1980年开展"学雷锋、树新风"和"五讲四美""三热爱"以及"争当社会 主义精神文明建设先锋"等活动。1988年，开展"争当科技兴农带头人""农村实用技术培训""青年技术比武""双增双节""科技赶集"等活动，为促进地方经济做出极大贡献。

近年来，共青团各支部定期组织全体团员学习邓小平理论和"三个代表"的重要思想，鼓励青年团员争当"三好青年"，成立读书小组、业余文艺宣传队、青年突击队。开展争创先进团组织，争当优秀团干部、优秀团员活动。在"3·5"志愿者服务日期间，组织全镇青年志愿者为群众服务。"五四"青年节组织青年团员代表座谈、联欢。清明节期间，组织全镇青少年祭扫烈士墓，对他们进行革命传统教育。中秋节、春节等传统佳节期间，组织青年慰问团（队），对烈军属、"五保"老人进行慰问。1998年2月新洋乡团委被共青团江苏省委表彰为"农村基层团组织建设先进乡"。1999年5月共青团新洋乡团委被共青团江苏省组织部批准为1999—2001年度全省五四红旗团委创建单位。1999年8月新洋乡团委获射阳县"中天"杯现代农业教育知识竞赛优秀组织奖。2000年2月盐东镇团委被共青团射阳县委员会表彰为"红旗团委"。2006年获"江苏省五四红旗团委标兵单位"称号。

少年先锋队是中国共产党创立并委托共青团领导的少年儿童的群众组织。在抗日战争和解放战争时期，盐东地区普遍建立了儿童团组织，校内以校组团、校外以乡建团、区里建立儿童总团。组织

---

① "四害"即老鼠、麻雀、苍蝇、蚊子。

中的少年儿童在党的领导下，开展站岗放哨、宣传抗日救国道理、参加拥军优属等活动。

1953 年，盐东地区在校学生成立"中国少年先锋队"，学校设少先队大队部，大队部设辅导员 1 名（由教师兼任），下设中、小队配中队辅导员。"文化大革命"期间，"少年先锋队"被"红小兵"组织取代。1971 年起恢复少先队名称，正常开展活动。主要是进行革命传统和革命理想教育，开展"学雷锋做好事"和"五讲四美""三热爱"活动，使儿童在党的阳光沐浴下健康地成长。20 世纪 90 年代，盐东镇共 27 所小学，有少先队队员 5800 多名，设少先队大队部 26 个，中队 127 个，小队 368 个，大中队辅导员 153 名，大、中、小队长 521 名。2000 年后，盐东镇学校布局调整，将 27 所小学合并为 3 所（李灶小学、南港小学、东南小学），共有少先队队员 2392 名，镇政府设少先队总部，各学校分别设少先队大队部 1 个，全镇中队部 48 个，小队 192 个，51 名教师分别兼任大、中队辅导员。

少年儿童是祖国的未来，是民族的希望，他们正处在思想道德品质形成的关键时期，处在长身体、长知识以及世界观、人生观、价值观逐渐形成的特殊阶段，学校通过组织开展丰富多彩的少先队活动，分层次、有步骤地对在校学生进行正面引导，增强少年儿童的爱国情感，使其树立远大志向，养成规范的行为习惯，提高其基本素质，促使他们健康成长，全面发展。在班队活动中，举行"祖国在我心中""孝敬父母""从我做起，从小事做起""做合格小公民""珍惜时间"等主题队会 500 多次；利用"元旦""春节""清明节""五一"劳动节、"八一"建军节、教师节、国庆节等节日、纪念日，对学生进行传统教育和爱国主义教育；学校通过组织兴趣社团活动，成立文化、艺术、科技、体育等方面的兴趣社团，丰富队员课余生活，陶冶其情操，开发其智力；学校利用红领巾广播站、墙报、画廊、图书角等对队员进行宣传教育，养成他们文明礼貌、团结互助、诚实守信、遵纪守法、珍惜劳动成果的品质，提高用自己的双手创造美好生活的本领，争做合格公民。

四 妇女团体

1941年9月，盐东镇妇女救国会成立，各区乡均相应成立了妇女抗日救国联合会，两级妇救会积极发动广大妇女参加抗日救国活动，在生产自救、反"扫荡"和支援前线等方面做出了积极贡献。新中国成立后，1949年11月，盐东地区成立了射阳县新洋区妇女联合会，各村也分别成立了妇联组织。后来随着行政区划的变迁，该地区妇联的名称也历经多次变化。2007年1月随着射阳县新洋乡更名为亭湖区盐东镇，原"新洋乡妇女联合会"也更名为"盐东镇妇女联合会"。

盐东地区妇联在社会主义革命和建设的各个时期，发挥了广大妇女"半边天"的作用。妇救会成立以后，积极动员广大妇女，配合乡村农会进行土地改革，组织妇女纠察队站岗放哨，盘查坏人，动员亲人参军参战，涌现了许多送子送夫参军的动人事迹。新中国成立以后，妇联积极宣传女平等基本国策，配合司法部门积极宣传《婚姻法》，启发广大青年男女恋爱自由、婚姻自主。在开展计划生育工作以来，妇联承担了思想发动和组织工作，使计划生育工作得以顺利和持久的进行；组织妇女学政治、学文化，提高妇女的思想道德和科学文化素质，培养妇女自尊、自信、自立、自强的精神，组织妇女投身到改革开放和社会主义现代化建设中；开展"双学双比""巾帼建功"和家庭文化建设活动。推进思想教育、文化建设、维权和服务进村居，发挥妇女在两个文明建设中的积极作用；维护妇女儿童的合法权益，向社会各界宣传妇女，反映妇女的意见和要求，代表妇女参与民主管理、民主监督；参与有关妇女儿童法律、法规的制定，协调和推动社会各界为妇女儿童办实事，推荐和发展女党员，为妇女儿童服务。在镇、村两级妇联的努力下，全镇形成了妇女、儿童教育服务网络，女职工劳动保障得到加强，妇女就业权利得到保护，妇女参与决策管理不断加强，妇女生活保健水平得到提高；在儿童规划实施中，3—6岁儿童全部接受学前教育。全面实施素质教育；认真实施妇幼卫生现代化工程，儿童健康水平，受教育程度不断提高。积极实施"希望工程"，资助贫困学生入学，妇女儿童的合法权益得到实实在在的维护，妇联工作多次受到上级党委、政府的表彰、奖励。

专栏 11—3

当前农村妇女儿童发展存在的问题

盐东镇是统筹城乡发展试点示范镇之一，产业发展优势明显、特色鲜明、民富镇强、社会和谐。东南村以工兴镇，产业结构的调整带来了殷实的经济基础，成为盐东镇发展经济的一方乐土。但镇村经济发展不平衡性依然存在。

1. 农村女性创业资金需求迫切

创业女性一致反映企业发展需要资金支持。一方面是贷款总量与女性的资金需求有差距。整个亭湖区妇联去年小额担保贷款总数为1368万元，其中小企业950万元，农村妇女135万，女大学生120万元。小贷总数数量少，对扶持农村妇女创业力度尚显不够。另一方面是贷款抵押难。女性在创办农业项目过程中，普遍存在缺少抵押资产或找不到联保、贷不到款的情况。妇女小额担保贴息贷款基数小、贷款门槛高、普惠率低、贷需矛盾突出依然存在。

2. 留守妇女发展环境有待优化

首先是留守妇女是家庭生产生活中的顶梁柱和主要劳动力。留守家庭中男性外出务工后，她们上有老下有小，还要担负起家中农活。其次是留守妇女发展能力亟待提高。由于文化程度偏低，留守妇女不能有效地掌握现代农业技能，对新品种、新技术接受能力不够强。最后是留守妇女维权意识有待提高。部分留守妇女对于国家保障妇女权益的法律法规政策了解不多，一些妇女在权益受到侵害时，不知道如何有效维权。

3. 留守儿童家庭教育亟待加强

首先是存在一定数量的留守儿童。据盐东镇李灶小学统计，在校学生1196人，留守儿童102人，其中父母双方均在外务工的留守儿童80多人。其次是留守儿童隔代照顾多。农村的留守儿童多数由爷爷奶奶照顾，他们只能管好孩子吃、住问题，对于学习上的问题无能为力、无法辅导。最后是留守儿童亲情缺失多。留守儿童和有父母在身边的孩子不一样，心理关爱少，存在孤独、内向等倾向。家庭教育缺失比较普遍，留守儿童身心健康急需社会各界关心和帮助。

4. 村妇代会主任待遇有待进一步提高

在岗村妇代会主任部分未享受副村级待遇。盐东镇村妇代会主任85.7％年收入在10000元左右，占村支书收入的比例为70%—80%，达到《中共江苏省委关于深入贯彻男女平等基本国策加快推进妇女事业发展的意见》中的"村（居）妇代会主任的报酬应不低于村（居）委员会副主任的待遇"的规定。另外，街道社区和城市村的离任村妇代会主任基本都有一定的补助和养老金，而乡镇离任、退休的村妇代会主任没有退休补助较为普遍。

建议与思考如下。

1. 加大对农村的扶持力度

贯彻落实全省苏北工作暨扶贫开发工作会议和妇女工作会议精神，今后妇联系统内的各方面资源要向苏北倾斜、向基层倾斜，在资金倾斜、政策倾斜、活动推进、强化指导等方面加大对苏北的扶持力度。在资金倾斜上，包括来料加工资金、阵地建设资金、种养加资金，都要和项目配套，更多放到苏北来；在政策倾斜上，主要是小额担保贷款、培训券更多向苏北发放；在活动推进上，各个部门的活动要与苏北对接；在强化工作指导上，改变部署多、指导少的现象，着力培植推广苏北的先进典型，把培训、服务工作更多地放到苏北基层来。

2. 切实推动党委政府把妇女工作摆上重要位置

重视给基层妇联组织开展工作营造更加宽松的工作环境，各级妇联组织要抓住创新社会管理的契机，切实推动党委政府要把妇女工作摆上更加重要的位置。要把妇女工作作为重点工作来统筹安排，在全局工作明确给妇联组织分工，特别在引进项目、小额贷款、留守妇女就业创业、留守儿童家庭教育、和谐文明家庭创建等方面，充分发挥妇联组织的作用；争取妇女工作经费、活动经费达到人均一元钱的标准，解决基层妇联组织有钱办事的问题；采取有效措施提高基层妇联干部待遇，切实执行《意见》提出的标准，保证文件执行到位；对退休的妇代会主任待遇问题，由财政拨出专款对在妇联工作 20 年以上的村妇联干部以年终慰问的方式给予补助，解决她们的生活困难；加强基层培养选拔女干部、发展女党员工作，在农村留守妇女特别是种养殖女能手中培养骨干发展女党员；解决妇联干部兼职多、分工多、专职不专用的问题，如系兼职主席，应配一名专职妇联干事。

3. 大力发展来料加工

发展来料加工，是近年来各级妇联组织推进妇女就业创业方面的重点工作。来料加工非常适合苏北农村妇女就业，需要加大力度推广。要专门为苏北地区举办来料加工专场培训；要加快女性领头人的培养，组织苏北当地女能人、女大学生村官、妇代会主任到义乌培训；要加快示范基地建设，通过专项扶持资金、地方配套资金，建设一批加工基地，发挥基地的带动作用；要进一步帮助苏北地区寻找合适的项目，开展万名妇女来料加工项目评选推介，组织女科技人员、女企业家苏北行，有针对性的多找一些劳动密集型企业向苏北转移，并让其在当地落根。

4. 用好妇女创业小额担保贷款

近年来，各级妇联组织大力推动落实小额担保贷款财政贴息政策，助推女性创业，全省累计发放小额担保贷款几亿元之多。这一工作要在以下三方面加大力度：用好财政贴息政策，惠及创业女性；执行省里文件标准，落实贷款额度；放宽担保抵押或联保条件，简化手续降低门槛，提高申请效率。

5. 做好留守儿童家庭教育工作

各级妇联组织主动承担起牵头家庭教育工作的职能，推动家庭教育持续有效地开展。充分发挥好各级各类家长学校，面向农村家长普及科学育儿知识；要积极推动外出务工人员返乡就业创业工作，引导留守儿童父母就近就便在家门口就业；充分利用建成的妇女儿童之家等阵地，组织"五老"人员，发动志愿者，在节假日开展一对一或形式多样的结对帮扶留守儿童活动；继续开展社会妈妈关爱留守儿童的蒲公英行动，让留守儿童在社会妈妈的关爱下健康成长；积极探索留守儿童关爱服务体系建设，推动社会各界更多关爱留守儿童。

6. 继续深入开展"五好"文明家庭评选表彰活动

"五好"文明家庭活动是妇联传统的三大主体活动之一，要通过开展"五好"文明家庭评选表彰活动，继续发挥好这一活动在倡导社会文明、引领社会风尚、促进社会和谐方面的作用。要面向千家万户开展活动，深入到农村的每一个家庭进行评选，让评选过程成为社会文明风尚的宣传倡扬过程；要持续开展活动，每年或隔年评选一次，确保活动经常化常态化；要大力树立典型，对于评选活动中涌现的重大典型，通过事迹演讲、典型推介等方式，教育更多的人，放大典型的引领效应。

资料来源：选编自《省妇联调研二组赴亭湖区盐东镇东南村、曙阳村"三解三促"调研报告》（2013 年 7 月）。

第四节 地方武装

盐东镇的地方武装主要以武装民兵为主，民兵的主要职责是维护地方社会治安和劳武结合发展生产。1958 年，以公社组建民兵团，公社党委书记兼任民兵团政委、管委会主任，人武部长任团长、副团长，下辖 28 个民兵营，267 个民兵排，801 个民兵班。当时，本地兵团在武器装备上是全县最精良的民兵团之一。中东、东南、潮墩、桂英、花园、指南、兆丰等 12 个大队的基干排都配备了武器。

在新的历史时期，精干的常备军与强大的后备力量相结合，是建设现代国防的必由之路。民兵是作为国防力量的组成部分，将在未来我国可能面临的高新技术局部战争中发挥重大作用。民兵平时在各自的生产和工作岗位上，一边工作、一边学习军事技术，熟练地掌握手中武器，配合人民解放军、人民武装警察守卫边疆海防，维护社会治安，发挥人民民主专政工具的作用，战时不仅能配合主力部队作战或单独作战，坚持就地斗争，保卫生产，保护人民的生命安全，而且还能担负战场勤务、支援前线、补充部队兵员等任务，既为能打赢高技术条件下人民战争奠定坚实基础，又能为保卫国家安全和稳定社会中发挥重要作用。

在民兵教育方面，盐东镇紧紧围绕党的基本路线、方针、政策，对民兵进行了爱国主义、革命英雄主义、革命传统和革命人生观、价值观的教育，同时进行民兵性质、形势战备和国防安全教育，加大军事斗争准备的含量。每月20日举行各村（居）民兵营长例会，基干民兵是政治教育的重点对象，每年集中学习和教育时间不少于14课时，民兵干部、专业技术分队训练期间，政治学习每月不少于1次。组织民兵每年听一次形势报告，使广大民兵关心时事政治，了解天下大事，强化战备观念

盐东镇在民兵训练中按照"训练一致、突出重点、分类实施、注重质量"的原则改革训练内容，改进训练方法，改善训练条件，不断加强训练的针对性、科学性和有效性。镇人民武装部根据《民兵军事训练大纲》规定，组织民兵学习军事知识，掌握基本军事技能、培养顽强的战斗意志和优良的战斗作风，适应现代条件下战时参战和平时战备执勤的需要。在训练对象上，突出地抓了民兵干部和以防空分队、对口专业技术分队及民兵应急分队，突出班、排、营的战斗训练，增加反恐怖和抢险救灾技能训练，20世纪70年代初到80年代末，曾组织全镇民兵进行夜间巡逻、拉练、打靶训练、维护地方社会治安，提高民兵的实践能力。

1991年15号台风、2004年的洪涝灾害中，全镇85%的民兵都参加了抢险救灾工作（除在外打工的民兵），为抢救和抗洪排涝

作出了很大的贡献。在训练方法上，坚持了科学兴训，充分地利用了地方的科学优势、改进了训练方法和手段，走基地化、专业化、模拟化的训练路子。切实地加强了对训练的监督、考核、确保了训练任务的落实，防空分队和专业技术分队突出了新"三打三防"①为重要的协调训练，同时还抓了"对口"和"补差"训练。盐东镇地方武装工作曾多次受到江苏省军区以及市、县政府和人民武装部的表彰奖励。江苏省军区于 2006 年 7 月在盐东镇召开了基层人武部、民兵营规范化训练建设的现场会，2007 年 1 月省军区又在盐东镇召开了"双带双扶"②工作现场会。

专栏 11—4

扎实推进征兵工作

自夏季征兵工作启动以来，盐东镇认真贯彻市、区征兵工作会议精神，围绕完成征兵工作任务目标，通过广泛深入的宣传教育、耐心细致的解释说明，积极引导和鼓励优秀适龄青年踊跃应征，力争圆满完成今夏征兵任务。

为加强征兵工作的组织实施效果，盐东镇紧扣区征兵工作领导小组规定的时间节点，有计划地推进征兵工作。一是从早从紧，积极行动。盐东镇于 7 月 2 日成立征兵工作领导小组，7 月 3 日召开各村（居）民兵营长会议，7 月 6 日召开全镇征兵工作会议，明确任务，落实责任。二是紧张快干，大力宣传。通过张贴标语、悬挂横幅、电视讲话、广播宣传等方式让今年的征兵政策家喻户晓。三是扎实推进，快出成效。督促各村（居）对适龄青年逐一走访一遍，有重点地做好了预征对象的思想教育工作，加强管理和考察，特别是对被确定为预征对象的高中以上文化程度的青年，重点加强

---

① "三打三防"是人民解放军于 20 世纪六七十年代开展的以"打坦克、打飞机、打空降，防原子、防化学、防生物武器"为内容的军事训练课目。新"三打三防"则是人民解放军于 90 年代末开展的以"打隐形飞机、打巡航导弹、打武装直升机；防精确打击、防电子干扰、防侦察监视"为内容的军事训练课目。

② 江苏省军区于 2003 年开始开展的活动，即"组织民兵和预备役人员带头创业致富、带动共同致富，扶助贫困村和贫困户、扶助贫困小学和特困学生"。

跟踪、管理，建立请销假制度，掌握他们的去向。截至 7 月 25 日，盐东镇已有 87 名适龄青年报名入伍，以超过 4∶1 的比例落实应征对象，接受祖国的挑选。

资料来源：改编自盐东镇党委宣传办稿件（2013 年 7 月）。

第十二章

东 南 村

  改革开放以后，盐东镇东南村深刻领会党的工作重点由阶级斗争转向经济建设的关键抉择，抓住经济体制改革、发展社会主义商品经济和市场经济的重大历史机遇，挑战传统农业经济形态和乡村建设格局，一如既往地以工业强村、以工业促农的思路大力发展农村经济。经过30多年的努力奋斗和顽强拼搏，东南村从一个以传统棉花种植为主业的偏僻农村，发展成为一个产业项目聚集的纺织产业村，形成了纺机制造、胶辊、热电、轧花、棉纺、浆纱、织造、化纤、服装一条龙的龙型经济格局，并以工业反哺农业，带动现代农业的发展，以工业扶持集体经济，促进村庄建设，在农村经济社会发生深刻变革的过程中展翅腾飞，取得了突出的成绩，成为盐东镇以及盐城市发展农村经济的排头兵，成为苏北欠发达地区农村变革的象征。近年来，在党和政府关于建设社会主义新农村的方针政策指引下，在各项惠农利民措施的帮助下，东南人瞄准建设"苏北华西"的目标，紧密结合自身村情民情企情，全面践行科学发展观，新农村建设如火如荼，到处呈现出一派盎然生机。东南村在村庄级层面上开展的城乡统筹发展乃至城乡发展一体化初步实践，是紧密结合村情民情勇于探索的结果，具有一定的典型特征和示范意义。

本章重点叙述东南村建设社会主义新农村、促进城乡统筹发展的初步实践，呈现其在盐东镇乃至盐城市、苏北地区推动城乡经济社会发展一体化过程中所起到的带头作用和示范作用，全面总结东南村发展农村经济的基本经验，力图从一个侧面展示具有中国特色的现代化农村的崭新面貌。

第一节 基本情况

东南村位于亭湖区盐东镇东首，南与大丰市隔河相望，东邻国家级丹顶鹤自然保护区，省道226、331公路纵横贯穿。全村下属9个村民小组，占地面积为10平方千米，现有耕地9000亩，工业园区用地3000亩。截至2013年，东南村共有1600多户居民，常住人口5700人，外来人口4300人。

在盐东镇2013年编制的《盐东镇统筹城乡发展总体规划》和修编的《盐东镇总体规划》中，均将东南村作为盐东镇的中心城镇（镇区）的一部分，称为东南片区，与盐东中心镇区一并进行了规划编制，村人口规模从13000人增加到18000人。此前的2011年10月，亭湖区委、区政府将东南村列为盐城市统筹城乡发展试点村后，村委会立即按照试点要求着手编制了《东南村村庄规划》。《东南村村庄规划》于2011年12月30日通过盐城市规划局组织的专家评审，并报市规划委员会审查批准。村庄规划总用地面积为21.43公顷，总建筑面积为90770平方米。

东南村与盐东镇其他乡村一样，原来是一个自然条件差、资源贫乏、依靠传统农业为生的穷乡僻壤。而且相比较而言，东南村更显人多地少，农业结构单一，一直是以棉花种植为主业。改革开放前，基础弱、产量低、效益差、农家穷是东南村的真实写照，人地矛盾和农作物结构矛盾十分突出，农村经济和社会发展水平极其低下。实行改革开放后，淳朴务实、勤劳智慧的东南人穷则思变，他们敏锐地抓住发展商品经济的历史机遇，敢于率先尝试摆脱传统农业生产形态的束缚，把发展农村经济作为首要任务，率先致富作为核心目标，尤其是 20 世纪 90 年代中期以来，"求发展，促改变"成为东南村党支部和村委一班人的不懈追求，他们紧密结合本村实际，从破解"三农"问题入手认真谋划发展大局，审时度势、因地制宜，充分利用长期种植棉花所形成的生产关系、产业关联、知识积累、技术溢出和人力资源，积极动员、精心组织棉农、村民参与农业产业关系的调整，从零起步摸索前行，执着地致力发展乡村纺织工业，初步打造出一个纺织产业村，使一个植棉大村变成了织棉大村，棉花的资源优势转变成产业优势，从而在农村社会变革和建设社会主义市场经济大潮中腾飞而起，逐步跃进到盐城地区乡村发展的前列。进入 21 世纪后，东南村进一步以开展"双学"活动①为抓手，大力培育"双强"②党员干部队伍，坚持以工兴村、依工强农不动摇，不失时机地集聚产业资源，千方百计地完善产业链条，不拘一格地发展农村经济，务求实效地全面推进新农村建设，不断取得显著成绩，被誉为苏北地区加快新农村建设的一个缩影。为此，东南村先后被评为"江苏省文明村""江苏省生态示范村""江苏省先进基层党组织""江苏省乡镇企业示范小区""盐城市先进基层党组织"。2010 年东南村被列为江苏省第一批"社会主义新农村建设示范村"，2011 年被命名为"国家级生态村"。2003 年 5 月和 2005 年 3 月，时任江苏省委书记李源潮曾两次亲临视察，提出了把东南村建设成为"苏北华西"的殷切期望。

目前，在东南村 10 平方千米的大地上，统筹发展村庄规划有

---

① 2006 年年初，江苏省委下发《中共江苏省委关于深入开展"乡村学华西、农村干部学吴仁宝"活动推动新农村建设的意见》，要求农村各级党组织和广大党员干部结合实际深入开展"双学"活动，把握华西经验的精神实质，争当吴仁宝式的农村领头人。

② "双强"工程，是江苏盐城市委在全面建设小康社会、加快实现"两个率先"的新形势下，于 2003 年推出的一项村党支部（总支）书记队伍建设工程。其做法是将"自己创业致富能力强、带民创业致富能力强"的农村党员中的优秀分子，通过公推公选等形式推上村党组织书记岗位，从而帮助群众脱贫致富、巩固党在农村基层的执政基础。

序实施，工业经济、特色农业、第三产业齐头并进，新农村建设不断迈上新的台阶。特色纺织产业集群平地而起，外资项目、民资项目竞相涌入，重大项目纷纷落地建设或建成投产，东南纺织工业集中区活力再现；百万羽蛋鸡基地、千亩银杏基地、苗木花卉基地争奇斗艳，特色农业、设施农业、观光农业和都市农业等现代高效农业别开生面，传统种植的棉花因技术进步和引入"订单农业"的生产方式而重获新生；整齐的街道、成片的农民居住楼和别墅、配套的公共基础设施、功能齐全的村级服务中心、内容丰富的文化娱乐设施、卫生而优美的环境，农民居住、商铺经营、生态旅游三位一体、协同推进的村庄新形态，以及初具规模的现代乡村服务业，共同烘托出村强民富、社会稳定、环境宜人、安居乐业的勃勃生机。盐东镇推动城乡经济社会发展一体化的实践在东南村得到了全面的体现和阐释，社会主义新农村建设强大的示范效应正在东南村显现。

2013 年，预计东南村全村经济总量达到 40 亿元，实现工业销售额 25 亿元，入库税收 4000 万元，人均纯收入突破 12000 元。东南村以一个独具中国特色的现代化农村风貌，傲然屹立在世人面前。

专栏 12—1

腾飞的东南
（东南村史陈列馆解说词摘编）

成就展示厅

首先映入我们眼帘的是一句东南村男女老少都记得的话，它是时任中共江苏省委书记李源潮于 2003 年 5 月 16 日第一次视察这里时提出的。2005 年 4 月 1 日，他又一次来到东南，再次嘱咐："要把东南村建设成为苏北的华西。"

熟悉东南村的人都知道，这个村地处射阳、大丰、亭湖三县区交界，隶属亭湖区盐东镇，村域面积 10 平方千米，总人口 11400 人。长期以来，尤其是改革开放以来，东南村的发展得到了各级领导的关心和支持，从"郑氏兄弟"办起的第一个企业，到如今拥有 60 多个企业群体的工业集中区，从当年的村落到现在初具规模的集镇，每一步的前进，每一处的变化，都凝聚着各级领导关注的目光、关心的足迹、关爱的深情。

领导的关怀，政策的激励，为东南村提供了永续动力，注入了新鲜活力，也快速提升了全村的综合实力。从图表中我们看到，2008 年全村三业总值实现了 15 亿元，8 年翻三番，农民人均纯收入达 10271 元，三业比重顺序由一、二、三优化为二、一、三，形成了新型工业、传统商贸与现代三产竞相发展的新格局，全面实现了小康指标。

东南村坚定不移地走"以工兴村"之路，大力度优化环境，高起点招商选资。在工业集中区内，目前入园企业 68 家，其中亿元项目 6 个，千万元以上项目 2 个，2008 年工业利税实现 1.1 亿元。既有花、纱、布、衣一条龙的产业集群，又有机电、热电、汽配等行业主体。

东南村工业企业的特点有四：一是大。如大宏集团，它是省级民企，国家级农业产业化重点龙头企业。集团 2008 年实现销售 8.5 亿元，利税达 9000 万元。二是新。如热电公司，它是可再生新型能源综合利用项目。三是高。科技含量高。如宏华纺织机械有限公司，它是国家高新技术企业，主产品既有自主知识产权，又获得省级名牌称号。四是广。市场覆盖面广，从原料基地到终端产品，具有很强的市场竞争力。

东南村注重用现代工业理念引导农业，用现代经营理念谋划农业，用现代科学技术改造农业，让土中生金，圈内产银。已建成高品质棉、特种苗木花卉、盐红羊角椒、盐凤牌鸡蛋、生态猪养殖五大基地。

常言道："无工不富，无商不发。"项目的集中、集镇的兴旺、人气的集聚，为服务业的发展提供了新的契机。人流、物流、资金流、信息流汇聚成全民创业流，使一部分农民离开了劳作的田园，进入了操作的商场，开辟了另一种更为广阔的致富空间。

东南村不仅注重物质生活的富足，而且注重精神生活的富有。

在经济快速发展的同时，他们把目光转向了社会事业的投入、宜居环境的建设，促进了全民幸福指数的提升。

这些图片反映的，是优先发展的教育事业，丰富多彩的文化生活，全民参与的健身活动，健全周到的卫生设施，优质文明的计生服务，日臻完善的社会保障，新颖别致的康居新村，风景怡人的生态乐园，群众满意的平安建设，都让人感到这里的文明、富裕与和谐。如果是月白风清的晚上，那广场上数百人载歌载舞的画面，悠扬动听的乐曲，将给人一种城乡浑然难分的境地。

说起这些变化，人们自然会想起这个村的"火车头"，这些变化的"动力源"。正是东南村党委，在新的历史时期，始终把党建工作放在首位，开展"双学"活动，坚持"双强双带"，创新工作机制，使党建工作焕发出新的生机和活力。

东南村于2003年成立村级党委，下设4个支部、174名党员，11个村组干部交叉兼职。多年的实践证明，他们是名副其实的"双强型"领导集体。这里，多次获得省市授予的文明村称号；这里，诞生了全省第一个"双强型村干部"；这里，举办过盐城市第二届双强村官双学论坛……

东南村坚持把党支部建立在产业链上，把党小组落实在致富项目上，把党员的示范作用发挥在创业岗位上。有了这一好机制，才使党的建设枝繁叶茂，花香果丰。

一个支部一个堡垒，一名党员一面旗帜。党委的带领、干部的带头、党员的带动，使全村涌现了一大批创业明星、致富能手、文明标兵等先进典型。群星灿烂，为东南的腾飞映射出夺目的光芒。

产品展览厅

东南村的产品结构，开始以棉纺起家，因为这里的棉花不仅种植面积大、单位产量高，而且纤维品质优。所以建成了省级纺织产业园区，主要从事棉花深加工。后来随着市场需求的变化，产品开发的更新，产业结构的升级，园区功能的拓展，逐年形成了目前棉纺、机械、织造三大类的产品结构。

这是江苏大宏纺织集团生产的棉纺、织造类系列产品。它已形成花、纱、布、浆、染、衣一条龙产品线和产业链。

这是盐城市宏华纺织机械有限公司。主产品有"大运"牌浆纱机、高速剑杆织机等。产品不仅畅销全国，而且远销海外多个国家和地区。

这是盐城宏铭达纺织有限公司。主产品有精品毛毯，共4大系列120余个品种。

这是上海兰邦工业纤维有限公司。这一公司的最大特色就是公司的所有产品都是自主研发，拥有自主知识产权。企业的有关项目获得上海市政府创新基金的支持。

这是盐城查尔斯机电设备有限公司。主产品是系列发电机组，共有119个品种，产品全部销往国外。具有很大的市场占有率和很强的市场竞争力。

东南村工业的产品有四个特点：一是产业链长；二是附加值高；三是技术含量新；四是自主研发能力强。

昔日展现厅

面对今天的辉煌，我们忘不了走过的历程，更忘不了昨日的苦难。

19世纪的东南村不过是一片荒凉、荒野、荒僻的海滩头。

这几个老地名都是一本书，翻开它便是一部血泪史。

在那个难忘的年代，有一个难忘的人，那就是名满中外的张謇。是他为了发展棉纺民族工业，组织了以启海人为主体的10万大军，在苏北沿海滩涂先后兴办起40多个垦植公司。大佑垦植公司便是其中之一，驻地在第三区，因南北有两个三区，故此地称南三区。现在的东南村村部就是原大佑公司旧址。

解放前的东南村只有百余户人家，几乎集盐民、渔民、农民于一身，生活十分艰辛。尤其是历史上的两次特大洪水，给人们带来了巨大的灾难。

东南村有着光荣的革命传统，在这方热土下，长眠着为人民解放事业献身的 10 位烈士。

解放前夕，位于盐城东直至海边，成立了一个盐东县，当时的东南乡即为今天的东南村。

人们过去使用的生产、生活用具，既是东南人艰苦生活的见证，又是东南人勤劳精神的反映。

解放了，东南村那时叫东南乡，后来改为光辉大队。1959 年改为东南大队，1983 年又改为东南村，自此一直沿用至今。

让我们牢牢记住这段历史。因为只有通过今昔鲜明的对比，我们才会更加坚定地大步走向未来。

未来展望厅

未来展望分为两部分，一是东南村核心区主体规划模型，逼真地展现了明天的美景；二是未来 10 年，即 2020 年的奋斗目标，具体地描绘了 10 年后的蓝图。

这是一个振奋人心的口号：学习华西争一流，打造苏北第一村；这是一组令人鼓舞的数字：12345。它标志着东南人的新的跨越和执着追求。

这是东南村未来 10 年 6 平方千米的规划区，分为一镇五区，即以小集镇为中心，建成规模项目集中区、村民住宅集中区、商贸购物服务区、文化娱乐休闲区、高效农业示范区。

规模项目集中区，也称"双学"工业园。目前入园企业 68 家，至 2020 年超过 100 家，职工总数超万人，实现销售 60 亿，实现利税 6 亿元。

村民集中居住区。主要规划为：一是多层建筑为主，为外地员工提供公寓化住宅；二是以别墅为主，适应农民独院式居住习惯，建成花园式村庄。

商贸购物服务区。目前小集镇上的邮政、电信、金融、医院、宾馆、网吧等设施配套，机构齐全，今后 10 年将围绕做大规模、做强系列、优优环境，使商业网点超千家，"三产"利税达亿元。

文化娱乐休闲区。以村部为中心，完善"八个一"工程：文化广场、农民书苑、远程教育工作站、全民健身中心、老年活动中心、少儿活动中心、农家乐园、农业示范区。让村民们像城里人一样生活，比城里人更加快乐。

高效农业示范区。主要在核心区外建设一个 200 万羽蛋鸡养殖、千亩花卉、千亩银杏、千亩设施栽培四大基地。并主攻旅游，实现特色景区超千亩，旅游收入超亿元。

这就是东南人的腾飞之梦，这就是东南人的奋进之歌。坚持科学发展，建成苏北华西，构建和谐东南，让东南成为环境美丽的田园，物质富足的家园、精神充实的乐园。他们将为此永不懈怠、永不满足、永不停步。

诗曰：孔雀东南飞，从来不徘徊。一飞冲天际，五彩映朝晖。东南的未来，在东南人的手中；东南的腾飞之路，在东南人的脚下……

资料来源：摘编自东南村史陈列馆相关资料。

第二节　农村经济发展别具一格

在致力发展农村经济的过程中，东南村解放思想、不拘一格，从 20 世纪 90 年代中期起就始终坚持壮大工业是强村之路，全民创业是富民根本的基本理念、策略和方针。当时，东南村村民郑志华、郑志宏、郑志荣等人不满足于天天在棉花地里劳作，萌生了创办棉花加工企业的念头。镇、村党委得知后，就把村里闲置的校舍腾出来，帮助郑氏兄弟创业。短短几年，东南村成了盐城地区有名的工业强村。在 20 世纪 90 年代乡村纺织工业得到初步发展的基础上，以兴办的棉纺企业为依托，东南村在盐城农村率先启动了村级工业集中区的建设。2001 年以来，东南村集中精力、财力，以每年 1000 万元以上的资金投入到东南纺织工业集中区的基础设施建设中。当年为了解决资金问题，11 名村干部以各自的住房为抵押，筹措 200 多万元，在东南工业集中区内建成了第一条主干道——大宏路。

经过 10 多年的建设和发展，占地三千多亩的东南工业集中区共进驻、投产企业 70 家，其中大宏纺织、宏华纺机、宏铭达纺织、粤宏化纤、国信热电投入均逾亿元。东南村土生土长的民营企业江苏大宏集团在国内外拥有 11 个子公司，固定资产逾 10 亿元，为省级高新技术企业和国家级农业产业化龙头企业。在大宏集团的影响和带动下，工业集中区内投入千万元左右的织造企业已达 60 家，同时扶持 20 多个农户搞起了户办工业。围绕工业集中区形成了纺机制造、胶辊、热电、轧花、棉纺、浆纱、织造、化纤、针织、服装一条龙的完整现代纺织产业链，工艺上下衔接，产品基本配套，企业规模大小适度。东南村的特色产业还吸引了闽浙、粤港、苏南、东北等地的外资大量涌入，一批新的产业投资项目在商谈中。

"泥腿子"出身的企业家们没有忘记他们的老本行，发展壮大后的工业通过有力的反哺农业，带动、促进农业改变传统生产方式和技术进步，推动东南村传统农业向现代农业转型，进而大大拓展了农业增效以及农民增收的空间。作为农业产业化龙头企业，带头推行"公司＋基地＋农户"运作模式，主动与村各棉花协会、合作社实施订单收购。例如，东南村高品棉合作社与大宏集团实行"订单农业"，由该集团对合作社中的广大棉农实行市场保护价收购，保证了棉农的基本利益，调动了棉农的积极性，使其将精力集中在科学种植、集约种植和精益种植上，从而促进了传统农业的技术进步。与此同时，纺织企业通常在经营利润中使出一部分与"订单"棉农共同进行二次分配，仅大宏集团每年返利就近 100 万元，并随着规模的扩大逐年增长，使广大棉农得到远比过去多得多的实惠。几年来，全村农民人均纯收入增幅都在 15% 以上。2013 年，东南村农民人均纯收入超过 12000 元，在盐城地区名列前茅。

工业的发展，推动了东南村级集体实力的不断增强，使村集体拥有为民办实事的能力，得以在新农村建设中集中相当规模的财力改善农业和村庄基础设施、实施民生项目、整治环境保护生态。更为重要的是，在发展工业的过程中，普及了市场经济知识，改变了东南人的思想意识和经济观念，使人们能够破除禁忌、敢于竞争，进而激发人们大胆创业、竞相致富、共同发展的热情。在东南村，全民创业成为一种常规现象，无论是村组干部，还是普通党员群众，以及刚从学校毕业的学生青年，都在各行各业中寻求商机，寻求发展。工业的发展，也带来了第三产业的兴旺。东南村从事纺机配件销售、棉纺产品经营以及餐饮、沐浴、超市、物流、交通、网络、通信、修理等服务业的人数有1000多人，本村95%以上的农村剩余劳动力得到了转移，同时还吸引了5000多名外来人口到东南村创业就业。此外，商务服务、工业设计、专业培训、专业咨询、小贷金融和投资理财等现代生产性服务业也开始在东南村崭露头角。随着就业创业环境和生活环境的不断改善，一些已在外地就业以及常年在外地打工的东南人也纷纷回村，或投资创办企业，或从事个体经营。

专栏12—2

顾志华：水生花卉铺就致富路

顾志华，2013年年仅26岁，毕业于某大学计算机系。大学毕业后，他本可利用专业优势，到沿海地区、发达城市发展，或是继承家庭花卉苗木种植产业。可是，顾志华和众多青年创业者一样，拥有年轻人敢闯敢拼的精神，他打算另辟蹊径自己创业。

当时，盐东镇东南村正根据发展规划，准备投资建设一个水生花卉项目。这与顾志华的想法不谋而合："由于家里是种植花卉苗木的，我从小就对花卉有一定的了解，再加上近年来，人们对水生花卉植物的认知程度逐渐加深，农业观光园、湿地公园、房地产水景、城市公园、污水治理行业对水生花卉的需求也在不断加大，水生花卉项目有着广阔的市场前景。"

有了方向，顾志华腾出全部精力，一门心思创办水生花卉基地。经过多方考察，2010年春，他与盐东镇东南村大学生村官共同投资500多万元，在东南村建起了占地120亩的"鹤乡仙莲苑"水生花卉基地，主要经营水生花卉栽植工程以及种苗销售业务。

　　然而初次创业并不容易,"尤其是在基地新成立的时候,我们在人脉、经验等方面还不成熟,订单很难争取。"顾志华深有感触。就拿近期承担的泰州河道工程项目来说,一得到泰州要实施河道水生花卉栽植工程的信息,他们就主动与泰州水利局对接,积极推荐本基地的产品,主动为工程制定实施方案,对方考察了五、六次后,终于签订合作协议。栽植工作完成后还需进行后期维护,维护效果良好,工程才顺利结束。据顾志华介绍,通过这笔订单,基地不仅获得了近40万元的纯利润,还与泰州水利部门建立了长期的合作关系。

　　经过三年多的努力,目前,"鹤乡仙莲苑"已发展成为集水生植物种植、研究、生产、销售于一体水生花卉基地,拥有荷花、碗莲、耐寒睡莲、千屈菜、花叶菖蒲、花叶水葱、再力花、美人蕉、花叶芦苇等100多个品种,在省内已具备了一定的知名度。

　　由于品种多、工程科技含量和水平高,工程订单纷至沓来,求购者络绎不绝。"有些客户一次就能买上万株甚至几十万株。"顾志华说,"基地还根据市场行情和需求,及时调整产品结构,陆续引进一些新品种。目前,产品已畅销上海、浙江等国内市场,远销美国、英国等国际市场。"

　　2013年4月,在区、镇相关部门的积极引导下,顾志华牵头成立了市鹤乡仙莲苑花卉专业合作社,吸纳成员105名,带领更多的农民走上合作致富的道路。

　　对于下一步的创业思路,顾志华说:"我打算再用三年时间,将基地扩展到500亩,打造成集农业观光、休闲、垂钓、餐饮为一体的生态农业旅游项目,使之成为盐城大市区东进路上的'荷花山庄'。"

　　资料来源:改编自盐东镇党委宣传办稿件。

　　专栏12—3

王杏华——失地不失志的"鸡司令"

　　饮水管安装在鸡笼上,鸡渴了张开嘴一碰,水自动流入嘴中;

喂料机均匀地将饲料送到食槽里；每隔一小时，刮粪机及时清理鸡粪，送出鸡场；监控探头覆盖到鸡场每个角落，整个鸡场听见的都是母鸡下蛋"咯咯"的欢叫声……这是人们在盐东镇东南村华兴现代化养鸡场里的场景，与传统的养鸡场迥然不同。这个养鸡场的主人就是失地不失志的"鸡司令"——王杏华。

王杏华是东南村二组村民，1993年高中毕业后就赴外地打工，经过一路摸爬滚打，积累了一些财富。2007年他回到家乡。然而家中的田地因为建设省道而被征用，他变成了一个失地农民。在外打工多年，见过世面的王杏华寻思：要过好日子，就要不等不靠，自己想办法创业。

就在这时，盐东镇开展了对失地农民的就业培训，王杏华抱着试试看的态度报名参加。授课老师从创业意愿、创业目标到创业项目详细讲解，使他获得了在农村创业的必要知识，自我创业的种子在他的心中萌芽。东南村历来就有蛋鸡养殖的传统，是蛋鸡养殖专业村，有发展养殖业的良好基础。经过仔细考虑和市场考察，王杏华决定投资建设养鸡场。

王杏华在走访调研中了解到，虽然东南村蛋鸡年饲养量近百万羽，但大多数养殖户都是采用传统的棚架式养鸡，防疫、消毒极为不便，饲喂都是人工方式进行，经济效益比较低。王杏华决定抛弃落后的传统方法，走现代化养殖道路。得知王杏华的这一想法后，区、镇农业主管部门及东南村给予全力支持，无论是在资金筹集还是在公司注册和技术指导等方面，王杏华都得到全方位帮助。2007年年底，占地10多亩的四幢约3200平方米的鸡舍竣工，一个规模化全电脑控制的现代化养鸡场建成投产。他在所有鸡舍里都安装了水冷空调，实现了自动供水、供料、排粪等，鸡舍里毫无异味，对周围环境无任何破坏和影响。

为了及早掌握养鸡技术，王杏华从零起步，从鸡病防治到饲料配制，在实践中学习，不懂就问、不懂就学，渐渐地从一个养鸡的门外汉变成了行家里手。至2013年，华兴养鸡场年饲养的蛋鸡已达 6 万羽，所产鸡蛋全部达到绿色无公害标准，每天有 10 多吨鸡蛋销往全国各地。

随着养殖场规模的扩大，机械化、自动化养殖水平在不断提高。自动化养殖省工节约成本效益高，只需轻揿按钮就成。畜禽机械的投入使用，除了节省人工外，还直接降低了养殖成本，拌和机调和比例比人工调和的比例更均衡，配方饲料的营养均衡率由过去的不足 90% 提高到 99% 以上，刮粪机的应用不仅清洁了鸡舍，刮下的鸡粪收集后，还卖给水产养殖户和肥料厂做有机肥，降低养殖成本，增加收入。"由于采用了先进的养殖设备和养殖技术，这些鸡喂养起来十分轻松。虽然投资大了一点，但一次投资就可多年获利，还是非常划算的。"王杏华说，下一步，他将利用自己的资金和技术优势，帮助更多乡邻走上现代化养殖道路，让大家共同致富。

资料来源：改编自盐东镇党委宣传办稿件。

第三节　新农村建设示范

2010 年 1 月，东南村荣获"江苏省社会主义新农村建设示范村"称号。按照盐东镇新农村建设总体思路，东南村有序推进村庄规划实施，继续加大新农村建设的基础设施投入、村庄建设投入、环境整治投入和精神文明投入，不断提高广大农民群众的收入水平、生活质量和文明素质，加快城乡经济社会发展一体化进程。

依托工业集群优势，东南村基础设施相继配套。2012 年，东南"新龙村"项目，16 幢 62 套总面积 15000 平方米的江南水乡特色民居基本建成，并完成外装饰，37 幢单体民居已基本建成，只需砌填充墙和外装饰；总面积 9700 平方米的特色水街项目一期工程及配套设施全部建成；投资 1 亿元的驿龙湾生态园一期项目，建成 150 亩人工湖景观和部分休闲度假项目；投资 800 万元总长 2000 米的大宏路改造路面工程完工，丰阳路整治工程全面结束；中子午河疏浚已完成，污水收集、处理项目也顺利完成。东南三星级"康居示范村"创建扎实推进，确保首批一次性通过省级验收。2013年除建成集镇区集中居住的500多户外，新建的华西苑别墅新区已初具雏形。

东南村早在2008年就投入300多万元，新建了功能完善的村级党群综合服务中心，为群众提供生产生活一站式服务。党群服务中心建筑面积达2000多平方米，内设党员活动室、村民议事室、图书室、书画室、产品陈列室、现代远程教育点等服务场所。其中东南村党员干部远程教育站点室内配有全套多媒体设备，6台多媒体计算机可接通盐城市图书馆的农村文化信息共享工程服务器，方便党员干部学习使用。室外配有LED大屏幕影音系统，可实时播放VCD、DVD和各种流媒体格式文件，接收中央、省、区、市台的电视节目，可供2000人同时收看。党群综合服务中心制定了"组织领导好、站点建设好、教学组织好、学用效果好、日常管理好"的"五好"标准，建立健全了远程教育工作人员守则、远程教育设备管理与使用制度、远程教育信息接收管理制度、远程教育信息反馈制度等相关工作制度。通过大力推行个性化选学方式，该站远程教育活动取得了良好效果。目前，培育、发展羊角椒、苗木花卉等多个特色项目，培育农民专业合作经济组织3个，带动农户1000余户，转移劳动力500多名，人均年增收4500元。

2011年5月，东南村建立盐城市党史教育基地。党史是一部很好的教材，在新的历史条件下，加强党史教育显得尤为重要。由于被称为苏北"小华西"的东南村经济发展速度快，城乡面貌好，在以工业强村、工业促农的农村经济发展过程中，诞生了很多奋斗创业的感人故事，因此，盐城市委决定在东南村建立盐城市党史教育基地。东南村以此为契机，以高度的政治责任感和历史使命感，重视党史教育基地建设，发挥基地的综合教育功能，教育全区干群特别是青少年更加热爱中国共产党、热爱社会主义，勤奋学习，牢记历史，艰苦奋斗，把先辈开创的事业不断推向前进。

2011 年 8 月 5 日，江苏省首家村史陈列馆在东南村建成开馆。该馆是根据《江苏省"名村村史馆"建设工程实施意见》，由江苏省委宣传部、江苏省文明委专门指导并拨款筹建，分昔日展现、成就展示、产品展览、未来展望 4 个展厅，整个陈列馆面积达 500 平方米。

民生是发展之本，生态是民生之基。东南村在发展农村经济过程中，在推进新农村建设中坚持尽全力改善老百姓生产生活条件，始终注意加强村域内的生态建设，加大环境整治，注重绿化亮化。村里多渠道筹集资金硬化道路、修建桥梁、清洁水源、整治田园、美化家园，不遗余力地治理村庄环境，努力构建"以人为本、以水为源、以绿为重、以园为美，村在园中、水在村中、楼在绿中、人在景中"的现代生态型乡村，让和谐文明之花盛开乡村。

为加强村庄建设管理，东南村专门成立了由 15 人组成的集镇管理和环卫管理专职机构。建立健全了"六清六建"制度："六清"即清理垃圾、清理粪便、清理秸秆、清理河道、清理污水源、清理乱搭乱建；"六建"即建立生活垃圾管理制度、建立人畜粪便管理制度、建立秸秆综合利用制度、建立水面保洁制度、建立达标排放制度、建立村容村貌管理制度。

目前全村自来水普及率①、广播通响率为 100%，有线电视入户率达到 98%，百户电话拥有数达 200 部，宽带用户 400 多户。在社会保障机制的建立方面，新型农村合作医疗覆盖面达到 100%；对全村贫困户统一实行低保，60 周岁以上失地农民一律享受养老金；对东南工业集中区所在地的农户，由相关企业对其给予水费、电费补贴。截至 2007 年年底，东南村已完成小康 20 项指标中的 15 项。到 2010 年，东南村已在盐东镇率先全面实现小康目

---

① 虽然东南村较早时期就建立起村域供水管网，但村民一直饮用的是地下水。2011 年盐城市推动区域供水，村供水管道与市区管道联网以后，通榆河成为东南村主要的饮用水源。随着近年来各级政府加大对通榆河沿岸工业污染和生活污染的治理力度，水质明显改善，村民饮水健康得到保障。

标，并顺利通过市、区两级的考核验收。

从 2003 年起，东南村就开始创建生态村的工作。东南村紧紧围绕建设社会主义新农村这一目标，认真贯彻落实科学发展观，以国家级生态村创建为抓手，大力开展生态农业观光旅游建设和农村环境综合整治八大工程。经过几年的努力，该村经济结构、环境面貌都发生了巨大变化，2005 年先后被授予"盐城市生态村"和"江苏省生态村"称号。然而，东南村并没有放慢脚步，而是对照国家级生态村创建标准，继续完善各项指标，向更高的目标进军。2011 年，东南村荣获国家环保部授予的"国家级生态村"称号。此后，全村干部、群众一丝没有松懈，不断投入人力、物力和财力，实施镇村一体绿化，全力推进绿化工程。同年，盐东镇投资480 万元在东南村兴建一座污水处理厂外配套官网工程，每天污水处理量达 112 吨，使东南村的污水处理能力和水平迈上一个新的台阶。加上此后两年在治理污染方面镇、村两级的持续投入，目前东南村村域内的生活污水处理率已达到90% 以上。

令人欣喜的是，腰包鼓起来的东南村村民们还有了科学规划的意识，全村上下达成了"项目要向工业区集中、三产要向小集镇集中、居住要向中心村集中"的共识。

近年来，东南村多数村民依靠种植羊角椒、养殖蛋鸡、发展特色农业和到东南工业集中区的企业工作，甚至自己创业，逐渐走上增收致富之路，日子过好了，群众对精神文化有了追求。为了满足群众在实现温饱后的更高层次精神生活需要，东南村建立了盐城市图书馆东南分馆和村文化中心。2009 年 9 月 11 日，东南村举行了盐城市图书馆东南分馆揭牌仪式和亭湖区村级文化中心示范点授牌仪式，同时进行了丰富多彩的迎中秋群众文艺演出。在上级部门的帮助和扶持下，东南村在村党群服务中心前面建起了文体广场以及农家书屋，既为村民提供了一个休闲、健身的场所，又成为省道331 沿线的一道亮丽风景。

每当夜幕降临，在村党群服务中心广场，霓虹灯闪烁，乐曲阵阵，辛劳了一天的村民在翩翩起舞。晚上来到这里跳舞的村民，人多时可达数百人。跳累了，还可以到隔壁里灯火通明的农家书屋里"充电"，开阔自己的视野。

村民吕正群是当地的养鸡大户。村图书馆建成后，他成为这里的常客。吕正群说："这里的图书种类多，专业知识也对口，看书不用花一分钱，农家书屋这种形式真的很好。"

"自从农家书屋和文体广场建成之后，村里看书学习、跳舞健身的人多了，打牌赌博、无所事事的人少了，既解决了农村文化娱乐的匮乏问题，还带动了村民们致富，形成了和谐的乡村文化氛围。"现任村党支部书记张伯盛兴奋的心情溢于言表。

"过去，村里连个像样的办事地点都没有，现在专门配置了和城里差不多的服务中心，增加了党员活动室、治安调解室、新农民学校、农家书屋等场所，这在以前想都不敢想。"东南村村民们谈起村里的变化时无不充满自豪感，"现在城里人看病报销，我们也能；城里人有广场，我们也有；城里人用的自来水、天然气、网络、数字电视等，我们都实现了。"

按照 2012 年出台的《亭湖区"15 分钟就业服务"基层平台标准化试点实施方案》，东南村继续加大投入力度，大力推进建设村级基层人力资源和社会保障服务平台，使其成为惠民、利民、便民服务的前沿窗口。按照"建立统一标识，完善服务功能，加强制度建设，亮化服务环境"的要求，高起点规划、高标准布局，建成了苏北一流的村级人社服务平台，实现了公共就业服务基层平台建设标准化、服务功能标准化、服务流程标准化和服务准则标准化的目标，并使之成为区、镇（街道）、村（居）三级人社平台服务体系的重要环节。

专栏 12—4

盐东镇东南村水环境综合整治项目环境影响评价公示

发布单位：江苏科易达环保科技有限公司

发布日期：2012 年 7 月 3 日

建设项目名称：盐东镇东南村水环境综合整治项目

建设项目概况：

根据亭湖区政府着力将东南村打造成康居示范村的要求，东南村拟对村部东侧陈李路二侧100余户沿街商铺、省道北侧农民集中居住小区的生活污水及周边河流进行综合治理，盐城市亭湖区盐东镇人民政府现投资480万元，新建盐东镇东南村水环境综合整治项目。

根据《中华人民共和国环境保护法》《中华人民共和国环境影响评价法》和《建设项目环境保护管理条例》的有关规定，应当在工程项目可行性研究阶段对该项目进行环境影响评价，为此建设单位特委托江苏科易达环保科技有限公司承担该项目的环境影响评价工作。

工程可能对环境造成的影响及拟采取的环保措施：

废水：项目运营期间将对周边住户的生活污水进行处理，最后达标排入项目周边河流。废水经上述防治措施处理后，对周围环境带来的影响较小。

废气：本项目废气主要为厌氧反应过程中产生的少量恶臭，为组织排放。

噪声：项目运营期间的噪声主要来自于机电等噪声，通过建筑隔声、距离衰减后，能达到相应的环境标准，对外环境影响较小。

固废：项目运营期间产生的固废主要为水处理产生的污泥。污泥由环卫部门统一清运处理。固废经上述防治措施处理后，对当地的环境影响较小。

环评文件提出的环境影响评价结论要点：

环评单位认为，在项目不违反国家及地方法律法规及规章制度、严格按照本环评提出的污染防治措施并保证其正常运行的情况下，可能受到该项目影响的周边居民通过公众调查对本项目建设不提出反对条件的前提下，从环境方面而言，本项目的建设是可行的。

征求公众建议和意见的主要事项和方式：

征求公众意见内容：

本次公示主要征求公众对于建设项目所在地环境质量的看法；对目前区域范围内存在的主要环境问题的认识；重点关心该项目建设及营运过程中可能存在的环境问题；对本项目环境保护工作的建议；对本次公众意见调查工作的建议。

本次公示将采取现场调查以及发放调查问卷等方式进一步征求公众意见。在此期间公众仍可以通过向指定地址电话、传真、写信或者面谈等方式发表自己的意见。

公众提出意见及查阅环评文件简本的方式和期限：

在本次信息公示后，公众可通过电话、信件、电子邮件或面谈等方式获取本项目环境影响评价简本、发表关于该项目建设及环评工作的意见看法。

资料来源：摘编自有关公告。

第四节　基本经验

在村级城乡经济社会发展一体化和新农村建设过程中，东南村深刻地认识到，农村经济是支撑社会主义新农村建设的重要基础，只有经济建设搞上去了，才会有能力、有实力处理好"三农"问题，使农民增收、农业增产、农村增益，从而实实在在地推进新农村建设。的确如此，东南村至今所进行的实践以及所取得的成绩，毫无保留地验证了这一真理。

东南村的新农村建设实践经验表明，第一，新农村建设需要强势的村领导班子引领。党的基层组织是党一切战斗力的基础。农村基层党组织和村委一班人一定要坚定信念，把发展农村经济作为首要任务，率先致富作为核心目标。农村工作千头万绪，但增加农民收入是农村一切工作的核心，也是检验农村基层党组织建设成效的重要标尺，要千方百计增加老百姓收入，让他们过上更加富裕幸福的生活。一是要不懈追求，持续努力。改变农业产业结构、发展各种非农产业、改善农村村容村貌、保证农民持续增收，这些均不是毕其功于一役能够实现的事，因此要有艰苦创业、长期作战的思想准备，坚定不移、坚持不懈地带领群众一步一个脚印地为既定的发展目标奋斗。二是要视野开阔，大胆创新。井底之蛙、墨守成规是不可能进行新农村建设的。农业传统、农村落后、农民难组织，这就需要以更宽的视野、更高的起点、更多的创新精神、更大的工作力度，才能促使其发生变化。另外，在农村产业发展、增进组织程度、创造活动载体、发掘协调机制、激发基层潜力、改善村容村貌、促进农民增收、加强党员教育管理等诸多方面，又有着巨大的创新空间。三是要作风顽强，精心组织。以统筹谋划、科学推进为前提，从群众最迫切需要的项目做起，把每一个项目都打造成精品，发扬"从早从紧、紧张快干、干就干好"的优良作风，坚持以快补晚，全面推进新农村建设。

第二，发展农村经济要解放思想，不拘一格。既可以搞集体经济，更需要大力发展个体私营经济；既可以致力改造传统农业，更需要积极引进现代农业生产方式，改变农业产业结构；还可以因地制宜，实现资源集约式转换，在保证基本农田红线不突破的前提下，进行招商引资，发展农村工业，然后反哺农业，推进农业现代化进程。其中，农村集体经济的发展壮大非常必要。农村集体经济增强后，不但可以提高农民收入，而且可以增加村级集体积累，使之能够集中力量办大事、兴大业，有能力进行农村道路、桥梁、饮用水、垃圾处理、河道整治等基础设施和配套建设，进一步为农村经济发展奠定基础。

第三，坚定不移、一着不让地搞好农业生产。农业是国民经济持续健康发展的根本保证，在现有的条件下，农业要想快速发展就必须走科学化、现代化、集约化之路。在村一级发展现代农业大有可为，可以采取土地流转、成立农村合作社、推广科技入户、加大科技培训力度等措施，引导农民发展高效农业、设施农业、特种养殖业等，切实扩大农业生产规模，并加强农民经纪人队伍建设，完善种养产销一条龙服务体系，走节约集约化发展之路，不断促进农业增产和农民增收。

第四，坚持不懈地保护农村环境。未来的社会主义新农村应该是经济繁荣、环境优美的、人人安居乐业的美好家园。在加快发展农村经济的同时，高度重视农村环境的保护，切不可走先污染后治理的老路、旧路，科学制定村居总体建设和发展规划，合理布局工业园、农业带和集中居住区，高效利用土地资源和水资源，建立和完善农村垃圾中转站、上下水体系、生活能源体系等公共卫生和生活基础设施，治理生活污染，并大力提高农民素质，倡导社会文明。树立长远眼光，走可持续发展之路，保持农村一片洁净而自然的生态环境。

第五，始终关注农村民生建设。发展农村经济的最终目的在于改变农村落后面貌，在于营造和谐、安定、美好的现代村庄生活环境，在于使每一个农村居民都能实现自己的"中国梦"，都能享受与城镇居民一样享受经济发展带来的成果。因而要持续强化农村学校教育、医疗卫生、养老保健、文化娱乐、公众科普、社会治安、法律援助、商贸服务、交通运输等基础设施建设，继续完善农村社会保障体系，不断扩大"新农保"的覆盖面和保障水平，让所有的农村居民学有所教、病有所医、老有所养、老有所乐，过上富足、安定的幸福生活。

第六，充分利用好农村工业集中区或工业园发展平台。农村集中区或工业园的定位应立足于环保和发展两大基本点。要科学指导和引导村居的工业园区建设，道路、水电、绿化等配套设施要及时到位，并抬高环境准入门槛，全力招引无污染的环保型新特产业，加强工业园的规划和布局，致力形成产业集聚带，放大规模和群发效应。同时，加大对现有企业的服务力度，为企业解决制约发展的资金、原料、人员等一系列难题，及时向企业提供市场和营销信息，帮助企业出谋划策，应对各种突发性危机，保障工业企业在健康、平稳的轨道上持续快速发展。

专栏12—5

把支部建在产业链上

农村产业结构变化。村级经济正由一家一户的小农经济形式走向市场化、产业化、规模化，从单一的种植业结构向农、副、工、贸多产业发展。这就要求党支部必须提供个性化、特色化的服务。依靠专业型党组织的引导和支持，推进特色产业的快速发展。

农村行政区划变化。村组合并后，地域扩大了，一般村（居）人口扩大到了3000人，村里党员人数也由原来的三四十个变成七八十个，有的还达到了100多个。党员人数增加、就业岗位多样化后，党组织的设置和活动要适应这一要求。

这是摆在农村基层党组织面前的新课题。

"党支部建在产业链上、党小组建在致富项目上、党员示范在创业岗位上。"盐城市村级党组织设置的这一新模式做出了令人满意的创新回答。东南村的基层党组织就是展示这一模式的典型。

从悬挂在东南村会议室的党支部设置图上，可以清晰地看出东南村的产业特征：以大宏集团为龙头的纺织、纺机产业，以及由各个党员专业示范大户带头的种养业。而各个支部的活动，正是围绕着这些特色产业展开。

工业党支部负责企业服务、招商引资、安置农村剩余劳动力等。农业支部则收集并向农民提供市场信息；培育和壮大农民经纪人队伍，培植植棉、苗木种植、养殖业等专业大户；引进新品种，开发名特优产品和经济作物，形成产业特色。

不同支部下辐射出的党小组，更是"各有专攻"。以农业党支部植棉业小组为例，小组成员全部是村里的植棉户，每逢支部开会时，这些植棉户们就集中一起，互通市场行情，会诊棉花种植难题。

这种围绕村里特色产业、建立在产业链上的专业支部，有力地提高了农村产业化规模，推动农村特色产业继续发展壮大。

　　江苏大宏纺织集团是东南村的龙头企业，设置了党支部后，集团董事长、村党委书记郑志华仅在 2004 年就带动 11 名村干部群众合股投入 1000 万元创办了两个公司，扶持施夕朋等 12 个"还巢凤"创办纺织项目，他还利用自己的资源引来了黑龙江、上海、广东和香港等地的客商来这里投资创业。村里的齐齐哈尔工业小区，聚集了以东北客商为主的 14 个以织布为主的企业，带动了全村纺织、纺机等配套产业的发展。

　　资料来源：根据有关资料、报道编写。

结 束 语

盐东镇考察报告终于到写结束语的环节了，当然盐东城乡发展一体化的实践并非是至此止步，应当说不过才刚刚起步。毫无疑问，对我国3.5万计的基层行政单位乡镇中的任何一个而言，无论是城乡统筹发展、新农村建设，还是城乡经济社会发展一体化，都是前所未有的创新性社会实践，都是一项极其艰巨、复杂的社会改造系统工程，需要经历几代人甚至十几代人的不懈努力。即使如此，相对盐东已经展现出来的、丰富多彩的实践，这部考察报告除导言外尽管用了十二章20余万字的内容，力求在粗线条梳理盐东历史线索和发展起点的基础上，客观、全面地反映现阶段全镇人民围绕乡镇城乡发展一体化的奋斗历程和阶段性绩效，也只能是管中窥豹。也正是如此，除在第五章对乡镇工业化进程有理论分析、第十二章对村庄样榜东南村有初步小结外，考察报告基本是以阐述、白描的形式展现盐东镇的实践和绩效。

的确，一方面，盐东镇牢牢抓住抓稳抓实了江苏省沿海开发上升为国家战略、盐城市发展东进、盐东被确定为城乡统筹示范镇这三大战略机遇，使盐东一直奔跑在城乡发展一体化的快车道上，驱动盐东的经济社会发展跨越一个又一个崭新的台阶，促进盐东的城乡面貌发生根本性变化。正是在中国共产党的正确领导下，盐东镇全镇人民迎难而上、团结拼搏、共同努力，在乡镇一级实施城乡统筹乃至城乡发展一体化方面敏于抓住机遇、勇于积极探索、敢于大胆实践，才取得了一些阶段性的绩效，积累了宝贵的经验，受到广大人民群众的赞誉，得到省、区、市各级政府的肯定。尽管这些探索和实践还只是初步的、阶段性的，但对贯彻落实十八届三中全会"健全城乡发展一体化体制机制"、形成"新型工农城乡关系"的精神要求，盐东镇当前的实践和经验仍然有着重要的现实意义和参考价值。尤其是盐东镇地处苏北欠发达地区，作为一个完全脱胎于传统农业、农村的中国现代乡镇雏形，在创造新型小城镇和新型城乡关系的过程中，所已经经历的持续探索和实践，被誉为"盐东方案""盐东样本"，其更具有典型的示范意义和广泛的指导意义。

另一方面，也应当清醒地看到，当前盐东镇在推进城乡经济社会发展一体化过程中还存在不少困难和问题，主要有以下几点：保持经济持续增长的基础还不稳固，优化产业结构、提高创新能力、转变发展方式、传统产业转型升级的任务还很艰巨；园区建设、重大招商引资项目建设与土地资源的供给有较大矛盾，还存在违章建设、违法用地等情况；集镇建设和管理与人民群众的期望还有差距，有待进一步提高；影响社会稳定和谐的矛盾仍然存在，改善民生、维护稳定仍需加倍努力；农业增效的渠道还不够宽，农民持续增收难度加大；"强镇扩权"试点中政府自身建设还需进一步加强，经济发展环境有待进一步优化，人民群众对机关服务的满意度有待进一步提高；需结合行政管理体制改革进一步调动干部工作积极性，并需妥善解决改革中利益受损者的安排、补偿问题；村与村之间的发展和工作成效不平衡，少数村的队伍建设需要加强，少数干部的作风仍需进一步转变；等等。这些困难和问题，一些是长期困扰盐东的老问题，一些是在发展过程中出现的新问题。困难和问题的存在，并不意味着前进的方向是错误的。正如前文所述，城乡发展一体化是一项前所未有的创新性社会实践，前进过程中一定会出现这样那样的问题。实践表明，发展起来的问题，往往比不发展的时候更多，也更具复杂性。人们有理由相信，盐东镇党委、政府一定会高度重视这些问题，采取有效措施，努力加以解决。

正所谓改革未有穷期，发展永无止境。党的十八届三中全会对城乡发展一体化作出了重大部署，吹响了新一轮破除城乡二元结构的号角。盐东镇党委、镇政府将继续探索符合盐东实际的城乡发展一体化之路，团结和带领全镇人民凝聚共识、攻坚克难、汇聚力量，形成城乡统筹合力，推进盐东加快发展、科学发展、又好又快发展。

主要参考文献

［1］盐城市城市总体规划（2003—2020），内部资料。

［2］盐城市盐东镇统筹城乡发展规划（2009—2030），内部资料。

［3］盐东镇国家级生态镇建设规划（2011—2030），内部资料。

［4］盐东镇国民经济和社会发展第十二个五年规划，内部资料。

［5］《盐东镇镇志》，内部资料。

［6］盐东镇党委宣传办公室稿件，内部资料。

［7］《盐城市统计年鉴（2009）》，中国统计出版社，2009年。

［8］《中国建制镇统计资料（2009）》，中国统计出版社，2009年。

后 记

　　本书是罗仲伟研究员主持的 2010 年度中国社会科学院国情调研课题"盐东镇考察"的最终成果。课题的调查和研究工作得到中国社会科学院经济研究所的指导和支持，受到盐城市亭湖区政府的关注，盐东镇政府及相关部门给予了真诚接待和鼎力协助。

　　课题立项以后，课题组先后三次赴盐东进行实地考察、调研。考察、调研工作受到盐东镇党委、镇政府的高度重视，时任盐东镇党委书记李新仁作为课题组成员之一，不仅参与了课题大纲的设计和部分章节的修改、审定，还精心安排和指导考察活动，使课题组几乎得以走遍盐东镇的每一个角落，了解到盐东镇发展历程中的几乎每一个细节。顾硕、陈为民、郁荣、李翠凤、吕晓俊、仓公荣、杨维华、郑志华、郑志宏、郑志荣、李慧芳、奚玉琦、陈兴丽、陈瑞华、王杏华等同志或接受了课题组的访谈，或为考察提供了资料，接受访谈或给予协助的还有更多无法记录下姓名的盐东镇居民和基层干部。刘兴国博士为促成盐东镇考察提供了帮助，并参与了部分调研工作。借此均向他们表示衷心感谢。

　　最后，中国社会科学院经济研究所剧锦文研究员和工业经济研究所吕铁研究员审读了本书书稿，并提供了同行专家出版推荐意见，谨向他们表达感谢之情。此外，经济研究所科研处陆桦处长的指导、督促，也是本书得以较高质量完成的重要条件，谨致谢意。

　　本书由罗仲伟和李新仁拟定全书大纲，并完成了全书的数稿充实、修改工作。卢彬彬博士承担了第四、第八、第十、第十一章共四章的写作任务；贺俊博士承担了第五、第七章两章的写作任务；黄阳华博士承担了第六、第十二章两章的写作任务；其余章节均由罗仲伟承担。全书最终定稿工作由罗仲伟完成。